Sammlung Luchterhand 727

Über dieses Buch:

»Die große Frage der Erziehung ist diese: Wie verwandeln wir dasjenige, was den Kindern zunächst unsympathisch sein muß, in Sympathie?«

Rudolf Steiner

Wie ein Magnet ziehen Waldorfschulen junge Eltern aus allen Kreisen an. Kein Pauken, kein Sitzenbleiben, »angstfreies Lernen«, Freude, Liebe, »freie Entfaltung aller individuellen Kräfte«, Wärme verspricht die Waldorfschule.

Die Waldorfschule gibt Schutz und das Gefühl von Aufgehobenheit, und nicht nur darin gleicht sie einer Glasglocke. Sie ist auch ein Ort mit verinnerlichten Verbotsregistern und unsichtbaren, seelischen Gittern. Waldorf-Pädagogik hat eine genau ausgearbeitete Theorie und Praxis: die anthroposophische Lehre Rudolf Steiners. Sie umfängt Kinder wie Eltern auf Lebenszeit.

Die Autorin berichtet aus eigener langjähriger Erfahrung. In diesem Buch zieht sie ihre ernüchternde, aufklärende und kritische Bilanz.

Über die Autorin:

Charlotte Rudolph, geb. 1951, schlug (waldorfgemäß) zunächst eine künstlerische Laufbahn ein, Töpferlehre und Kunststudium. Schließlich zog sie nach Berlin, studierte Philosophie, Religionswissenschaften, Soziologie und Psychologie, und promovierte 1985.

Charlotte Rudolph

Waldorf-Erziehung

Wege zur Versteinerung

Mit einem Epilog von
Klaus-Peter Meyer-Bendrat

Mit zahlreichen Abbildungen, Grafiken
und Faksimiles im Text

Luchterhand
Literaturverlag

Originalausgabe
Sammlung Luchterhand, August 1987
4. Auflage, Mai 1988

(früher erschienen
im Hermann Luchterhand Verlag GmbH & Co KG,
Darmstadt und Neuwied, ISBN 3-472-61727-6)
Lektorat: Wieland Eschenhagen
Umschlaggestaltung: Alexander Branczyk

Gesamtherstellung bei der
Druck- und Verlags-Gesellschaft mbH, Darmstadt
ISBN 3-630-61727-1

Inhalt

I.
Einladung nach Waldorf

»Sobald dagegen eine Seele Moral hat oder Religion, Philosophie, vertiefte bürgerliche Bildung und Ideale auf den Gebieten der Pflicht und des Schönen, ist ihr ein System von Vorschriften, Bedingungen und Durchführungsbestimmungen geschenkt, das sie auszufüllen hat, ehe sie daran denken darf, eine beachtenswerte Seele zu sein, und ihre Glut wird wie die eines Hochofens in schöne Sandrechtecke geleitet. Es bleiben dann im Grunde nur noch logische Fragen der Auslegung übrig, von der Art, ob eine Handlung unter dieses oder jenes Gebot fällt, und es hat die Seele die ruhige Übersichtlichkeit eines Feldes nach geschlagener Schlacht, wo die Toten still liegen und man sofort bemerken kann, wo ein Stückchen Leben sich noch erhebt oder stöhnt.«

R. Musil, Ein Mann ohne Eigenschaften Bd. I, S. 186.

Spruch für Kinder

Meine Gedanken fliegen zur Schule hin:
Dort wird mein Körper gebildet
Zur rechten Tätigkeit,
Dort wird meine Seele erzogen
Zur rechten Lebenskraft,
Dort wird mein Geist erweckt
Zum rechten Menschenwesen.

Rudolf Steiner

Eine phantastische Geschichte?

»Wer hat genug Mut, Wut und Not, um die eigene Waldorfschulvergangenheit aufarbeiten zu wollen und zu können?«

Mit diesem Inserat habe ich vor vielen Jahren eine Möglichkeit gesucht, mich mit meiner Geschichte auseinanderzusetzen.

Wer anrief, und es schien überhaupt nicht mehr abzureißen, waren vor allem Eltern. Sie wußten sehr wohl, daß ich kein Sozialinstitut oder Auskunftsbüro bin, waren aber erstaunt darüber, daß jemand unter der Waldorfschule gelitten haben soll und wollten nun Genaueres wissen.

»Wir haben uns wirklich erkundigt«, hieß es, »aber wir haben noch nie gehört, daß jemand nicht gerne auf der Waldorfschule war.« Und wenn ich sagte: »Ich war ja auch gerne dort.« – »Ja, aber warum wollen Sie denn jetzt etwas daran kritisieren?«

Oder sie sagten: »Ich habe auch schon einmal gehört, daß das eine Weltanschauungsschule sein soll. Aber mein Kind ist da so aufgeblüht.«

Gleichzeitig sprachen die vielen Anrufe den großen Mangel an Kontakt- und Informationsmöglichkeiten drastisch aus.

Die anderen Anrufe kamen von denen, die ich hatte ansprechen wollen. Es waren lediglich drei. Und auch hier:

»Ich habe noch nie gehört, daß jemand nicht gerne auf der Waldorfschule war.« – »Hast Du denn schlechte Erfahrungen gemacht? – Sicher überall gibt es Gutes und Schlechtes, aber im Ganzen war es doch schön.« Das war der Tenor, die Erinnerung an die auf den ersten Blick schönste Zeit der Kindheit – und es ist schwer, sich aus dieser Vergangenheit zu lösen.

Welches Kind bekommt schon so viele Märchen erzählt, singt, malt, bastelt, musiziert, spielt Theater, steht bei Feiern auf der Bühne, ist keinem sichtbaren Leistungsdruck unterworfen, kann sich austoben – und das in der Schule! Und welche pädagogische Einrichtung kann mit Stolz darauf verweisen, daß diese glückliche Erfahrung auch schon die Kinder machen konnten, die vor drei Generationen diese Schulen besuchten:

»Gehe ich über den Unterricht, der trotz der tiefen Theorie manche Unzulänglichkeiten aufwies, zu dem Gesamteindruck über, so kann ich nur sagen, daß eine derartig warme und glückliche Stimmung die ganze Schule und jeden einzelnen Menschen zu durchpulsen schien, daß auch der flüchtigste Beobachter unmittelbar von ihr ergriffen wurde.«[1]

Nicht viel anders berichtet ein Hospitant aus dem Jahre 1926 – aber er spricht zugleich etwas sehr Vertracktes an; die Einheit von scheinbarer Zwanglosigkeit und Anpassung:

»Es gibt weder eine mechanische Zucht noch eine intellektualistische Überladung mit Stoff. Die Haltung der Kinder ist eine

1 *E. Karsen* (der selbst kein Anthroposoph war), in einem Unterrichtsbericht von 1923, S. 99.

zwanglose. Sie bringen ihre Gedanken nach Belieben zum Ausdruck, fragen ihre Lehrer bzw. Lehrerinnen, ergänzen, berichtigen ihre Klassenkameraden, helfen ihnen, soweit sie können, . . . die Lehrer behandeln die Kinder bestimmt, freundlich und liebevoll, waren dabei aber frei von aller Sinnlichkeit . . .

In den Deutsch- und Geschichtsvorträgen, auch im Gesangunterricht begleiteten die Kinder ihren Vortrag mit rhythmischen Handbzw. Fußbewegungen, stehend und in der Bewegung. Auch die Haltung der Kinder bzw. ihr Gesichtsausdruck war dem Inhalte des vorgetragenen Stoffes angepaßt. Ein Kind z. B. schüttelte sich vor Frost, als es von dem Frieren der Königstochter erzählte; alle Kinder verfuhren dem Beispiel dieses Kindes entsprechend. Das gab ein Frieren in der ganzen Klasse, so daß man beinahe mitfror.«[1]

> Ein sehr auffallendes und bezeichnendes Merkmal von Anthroposophen sind ihre festen Blicke. Sie schienen mir – ich gehörte zu den Kindern mit einem häufig schlechten Gewissen – früher allgegenwärtig und seelendurchbohrend zu sein. Nur zu gut (allerdings mit leichtem Neid über die fehlende Demut Kafkas Steiner gegenüber), kann ich diese Schilderung verstehen:
> »In seinem Zimmer suche ich meine Demut, die ich nicht fühlen kann, durch Aufsuchen eines lächerlichen Platzes für meinen Hut zu zeigen, ich lege ihn auf ein kleines Holzgestell zum Stiefelschnüren. Tisch in der Mitte, ich sitze mit dem Blick zum Fenster, er an der linken Seite des Tisches. Auf dem Tisch Papiere mit ein paar Zeichnungen . . . bedeckt mit einem kleinen Haufen Bücher, die auch sonst herumzuliegen scheinen. Nur kann man nicht herumschauen, da er einen mit seinen Blicken immer zu halten versucht. Tut er es aber einmal nicht, so muß man auf die Wiederkehr des Blickes aufpassen.« **F. Kafka**, Tagebücher, S. 38.

In allen Waldorfschulen hängen zwar Rudolf-Steiner-Bilder, es gibt Andachtsfeiern, Kristalle stehen auf lila Deckchen künstlerisch angeordnet, die Architektur kommt weitgehend ohne rechten Winkel

1 *K. Hövels,* S. 63 f.

aus, die Wände sind in verschiedenen Farben getönt (jede Klasse hat ihre sanfte, scheinbar erdverbundene Farbe) – doch Waldorfschüler wissen kaum etwas darüber, für welchen Zweck dieser besondere Aufwand getrieben wird. Im Gegenteil: Sich damit zu beschäftigen, behindert angeblich die gesunde Entfaltung. Der Intellekt, zu früh entwickelt, töte die Seele. Deshalb sollten wir die guten Dinge auf uns wirken lassen, statt mit dem Kopf sollten wir mit dem Herzen verstehen. Das war 1968, als ich in der 10. Klasse war.

In der Schule begannen wir, wissenschaftlich zu lernen, und die Studentenbewegung schwappte von draußen zu uns herein. Manchen von uns kam es so vor, als säßen wir in einem Glaskasten, durch den wir zwar nach außen sehen konnten, eine Berührung aber nicht möglich war. Der Protest der wenigen Aufwiegler erstreckte sich darauf, im Eurythmieunterricht kaugummiknatschend und im Cowboygang herumzulatschen; dort also, wo der aufrechte Gang oberstes Gebot war.

Waldorfschüler – ein Gütezeichen für freiheitliche und zugleich privilegierte Gesamterziehung?

Unter den Altersgenossen in der Stadt waren wir bekannt als: die Deppen, die zu doof sind für eine staatliche Schule, »da kann man nicht mal sitzenbleiben«; als die Arroganten, die alle reich sind »und trotzdem ihr Abitur kriegen«. Bei den Anhängern der Regelschule galten wir als »undisziplinierte Bande«, als die, die keine Ruhe und Ordnung halten müssen, aus denen nie etwas werden kann. Dies war sogar für manche anthroposophisch angehauchte Eltern ein Grund, ihre Kinder nicht auf die Waldorfschule zu schicken. Natürlich ist uns auch Interesse und Sympathie entgegengebracht worden, meist aus sog. gebildeten Kreisen, wo die Waldorfschule den Ruf hatte, besonders musisch-begabte Kinder zu fördern; ein Ruf, dem sie sicherlich mehr Schülerinnen als Schüler verdankte.

Ob nun Aufwiegler oder nicht: auch wir sind alles in allem gerne dorthin gegangen. Ich selbst besuchte zwischenzeitlich eineinhalb Jahre eine öffentliche Schule und konnte mich weder im Unterricht noch in der Klasse zurechtfinden. Als ich wieder zurückkehren durfte, war ich unsagbar glücklich.

»Erziehung zur Freiheit.« Das ist die zugkräftigste Parole, mit der Anthroposophen für ihre Schule werben. Und keineswegs handle es sich um eine »Weltanschauungsschule«, beteuern sie immer wieder und haben es im übrigen oft auffallend schwer, sich selbst als Anthroposophen überhaupt zu kennzeichnen.

Natürlich gibt es einen untrennbaren Zusammenhang zwischen der Anthroposophie als Weltanschauung und der Vorstellung von dem, was die Kinder als »freie Persönlichkeiten« einmal werden sollen: Idealbürger – kommunikativ und umgänglich, lebenstüchtig und lebensfreudig, willensstark und ausgeglichen. Welches immense Maß an Selbstkontrolle dafür aufgebracht werden muß, diesen Anforderungen gerecht zu werden, bleibt dabei aber ungefragt.[1]

Alternativen will ich nicht anbieten. Ich bin auch nicht auf der Suche nach ihnen, weder im Blick auf ein anderes Menschenbild, noch im Blick auf die Waldorfschule selbst. Kritik verdankt sich keinem Tauschgeschäft.

Die Waldorfschule ist eine Einrichtung, an der Sektenhaftes klebt, ob »wir« sie nun in Freiburg, München oder Berlin besuchten. Für diejenigen, die nicht zwischen die Mühlsteine eines »normalen« Elternhauses und der anthroposophischen Ansprüche geraten waren, oder die sogar zu den Sündenböcken gehörten, war sie eine Art friedliche Lebensgemeinschaft. Sie bot, so schien es, ein beschützteres und besseres Leben an, war wie ein Bündnis gegen die Welt.

Klassische Waldorfschüler haben auch Jahre später noch einen Blick füreinander. Sie erkennen sich als ›peer-group‹ an ihren Gesten, ihrer Art zu reden, sich anzusehen, zu bewegen. Die Anthroposophie sitzt ihnen nicht nur im Kopf, sondern auch in den Knochen.

1 »Daß man sich selbst kontrollieren können muß, gilt längst als akzeptierte ethische Norm des Verhaltens und jeder, der dagegen verstößt, wird . . . vehement diskriminiert. Dennoch kommt schon ein oberflächliches Nachdenken auf die Zweideutigkeit eines Selbst, das gleichzeitig kontrolliert und kontrolliert wird. Erst recht gerät eine historische Rekonstruktion in Kalamitäten, wenn sich zeigt, daß die Selbstverständlichkeit des Begriffs (Selbstkontrolle) das Resultat eines unerhört vielschichtigen Begriffes ist, der eher einem Schlachtfeld mit unklaren Fronten als einer kontinuierlichen Linie ähnelt. Besonders die zivilisationstheoretische Annahme, daß vor Zeiten ein Umbruch von schwer erträglicher Außenkontrolle zu ›freiwilliger Mitbestimmung‹ stattgefunden habe, ist trotz seiner Plausibilität schwer verifizierbar, es sei denn, man unterschlägt die maßlosen Opfer an Lebenskraft, die der Bruch gekostet hat.«

F. Guttandin, D. Kamper, S. 7.

Nicht so ganz von dieser Welt

»Da sind zunächst einmal Erinnerungen aus frühester Kindheit: zu meinen liebsten Spielzeugen gehörten Holzklötze, -häuser, -puppenmöbel aus anthroposophischer Hand(Maschine), insbesondere der ›Bauernhof‹. Mir gefielen das warme, meist fast naturbelassene Material, die Stabilität, . . . die glatten Formen, und daß die Hausdächer teils asymetrisch, teils überdies lila angemalt waren, störte mich nicht im geringsten. Die Erziehung durch meine Eltern war zwar nicht von Anthroposophie geleitet, jedoch sanft angehaucht. Das schlug sich am deutlichsten in der Gesundheitserziehung nieder (Kleidung nur aus Naturfasern, Vollkornbrot und Fruchtsaft statt Brötchen und Marmelade . . .), zeitigte aber auch ganz andere Wirkungen: in sehr unangenehmer Erinnerung steht bei mir das ständige Haareschneiden – dabei sollte es befreiend auf die Seele wirken! . . . Oft kann man die Anthroposophen schon an ihrem Äußeren erkennen; an allen ›typischen‹ Anthroposophen fiel mir ein gemeinhin als ›natürlich‹ bezeichnetes Aussehen auf: ungeschminkte, braun gegerbte Gesichter (bis ins hohe Alter), ausgesprochen schlichte Frisuren. Und die Kleidung – positiv als zweckmäßig, bösartig als zeit- und formlos zu bezeichnen – dabei aber aus edlen, reinen Naturmaterialien in Natur- oder Pastelltönen gefertigt. Den Eindruck, den diese Leute auf mich machen, möchte ich so umschreiben: entweder wirken sie völlig durchgeistigt (meist die Älteren unter ihnen), aber nicht so ganz von dieser Welt, oder aber sie erscheinen – manchmal erschreckend – naiv, ›lieb und froh‹, also auch nicht dieser, sondern einer sehr heilen Welt angehörend. Beide Typen schließen dabei einander allerdings nicht aus. Manche von ihnen sprechen nur noch so, als würden sie gerade Eurythmie machen, also mit bebender, leicht erhobener Stimme; konträr dazu die Beobachtung (vor allem an Waldorflehrern) eines sehr bewußten Einsatzes von Stimme und Sprache als Mittel präziser Mitteilung.«

A. Brena, Vorwort.

Bei den wenigen Autoren, die sich als Nicht-Anthroposophen mit der Waldorfpädagogik beschäftigt haben, fällt ein roter Faden auf: ob 1920, 1950 oder auch 1980 – die glückliche Atmosphäre im Unterricht und in der Schule, das emotionale Eingebundensein der einzelnen sowie ihre Kreativität werden generell lobend hervorgehoben. Erst seit kurzem wird auch – verhalten noch – Kritik gewagt.

Es stimmt: Waldorfschüler lernen im allgemeinen mit Freude. Aber lernen sie deshalb ohne Angst? Gewalt, die allgemein auf Kinder ausgeübt wird und Zwänge, denen sie an Regelschulen unterworfen sind, sind sichtbar und sinnlich erfahrbar. Die Freude in der Waldorfschule ist nicht ohne Zwang und Macht, doch sie ist in Watte gepackt. Wie man sich auch dehnt, streckt, wehrt; was man auch anstellt, es gibt nur selten Grenzen, die sichtbar werden, nur selten Wirkliches, mit dem man sich konfrontieren kann. Mit Anthroposophen läßt sich nicht streiten. Selbst dann, wenn Schüler von der Schule fliegen, bleibt der Schein der Einvernehmlichkeit gewahrt. Hinter dem Rücken der betroffenen Schüler werden Gespräche mit den Eltern geführt, die dann zu der »Einsicht« kommen, daß es wohl für ihr Kind das beste ist, wenn es geht. (Wenn der Schein allerdings nicht mehr gewahrt werden kann, werden andere Strukturen sichtbar.)

Die Schwierigkeit, sich mit Anthroposophen konkret auseinanderzusetzen, gilt nicht nur für Kinder oder Eltern in der Frage der Schulwahl und der praktizierten Erziehungsarbeit, sondern auch für meine Absicht, aus meiner eigenen Erfahrung den kritischen Blick zu öffnen. In den anthroposophischen Schriften lassen sie »tausend Blumen blühen«, aber nichts wird beim Namen genannt. Und überhaupt: wer kein Anthroposoph ist, kann nicht über Anthroposophie schreiben, er ist einseitig, verbohrt oder gar von Ahriman, dem materialistischen Teufel besessen.

Die Waldorferziehung besteht nicht aus einzelnen erzieherischen Akten, auch nicht in der Vermittlung von Wissen, sondern im Grunde ist sie eine subtile und umfassende Seelentherapie. Sie bildet ein hermetisch abgeriegeltes und panoptisches Regelsystem für die Einstellung der Kinder und die Selbstregulierung der Lehrer.

In der phantastischen Waldorfwelt leben Gespenster, die gespenstische Wirkungen erzeugen; Unwirkliches erwacht zum Leben, und Lebendiges wird auf liebevollste Weise versteinert. Natürlich sprechen die Waldorfschulen auf grundlegende Bedürfnisse an – wenn auch nicht auf wirklich allgemeine. Es sind vor allem die Eltern aus der bildungs- und kulturbewußten Mittel- bzw. Oberschicht, die Wert auf die musische und kreative Entwicklung ihrer Kinder legen. Individualität, Freiheit und Eigenverantwortung sind für sie Werte, die sie oft in ihrem eigenen gutbürgerlichen Familienleben und ihrer qualifizierten wie privilegierten Arbeit verbinden können.

(Die meisten Waldorfeltern der neueren Schulen sind sympathisierende Nicht-Anthroposophen. Zahlen kursieren hier bis zu 90%. In den klassischen Waldorfschulen, d. h. denen, die über 25 Jahre bestehen, ist der anthroposophische Elternteil sehr hoch. In Stuttgart z. B. liegt er bei ca. 55–60%. Die Steiner-orientierte Hibernia-Schule, die mit Industriezweigen im Ruhrgebiet zusammenarbeitet und zu ca. 25% aus Arbeiterkindern besteht, ist eine Ausnahme. Insgesamt ist die Waldorfschule eine reine Bürgerschule für begüterte Eltern.)

Wer sich mit der Waldorfschule beschäftigt, setzt sich also mit der Erziehung von Kindern auseinander, die behütet aufwachsen und gesellschaftlich isoliert unterrichtet werden. Konflikte, die diese Kinder zu bewältigen haben, entstehen auf dem Boden materiellen Reichtums und eines kultivierten Familienlebens. Nur hier können die anthroposophische Moral und das anthroposophische Bild vom Kind und seinem »Wesen« zumindest ansatzweise seine Bestätigung und Verwirklichung finden. Inwieweit diese Lebensideologie verarbeitet werden kann und wie sie das weitere Leben praktisch bestimmt, hängt von Bedingungen ab, die außerhalb der Waldorfschule und der Anthroposophie liegen.

Die Schule von der besonderen Art

Seit Anfang der siebziger Jahre ist die Waldorfschule als Alternative zur Regelschule bekannt und modern geworden. Daß es kaum eine wissenschaftliche Auseinandersetzung mit ihr gibt, hindert den Gründungsboom nicht; wahrscheinlich fördert es ihn regelrecht. Die Eigenwerbung prägt das allgemeine Bild. An manchen Orten müssen die Kinder schon bei ihrer Geburt zur Schule angemeldet werden. Und oft ist der Platz im Kindergarten eine nötige Voraussetzung für die Aufnahme in die Waldorfschule.

Die Waldorfschule ist schon auf den ersten Blick etwas Besonderes. Das fällt sofort auf, wenn man sich, egal in welchem Bundesland und welcher Stadt, dazu entschließt, sie aufzusuchen. Sie liegt fast immer im Grünen, ein Stück weit von der Straße entfernt und oft von dort her nur noch dezent durch Bäume schimmernd.

Entwicklung der Waldorfschulen in der Bundesrepublik Deutschland seit 1945

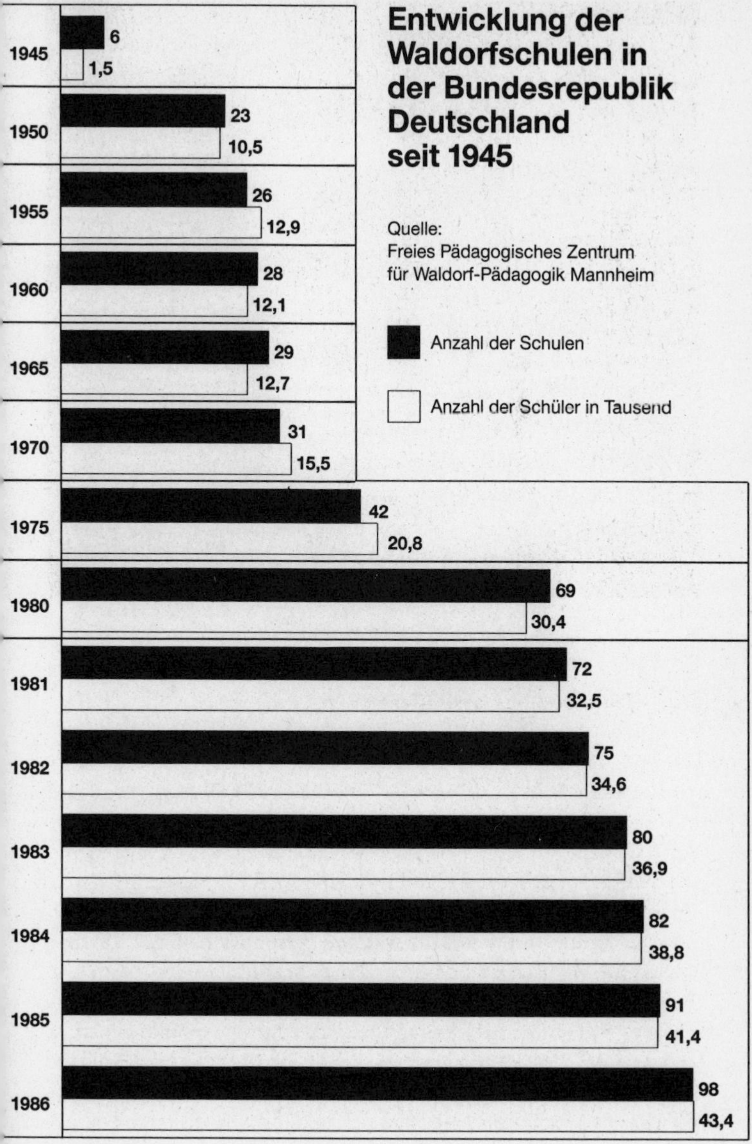

Da steht sie dann in ihrer eigenwilligen Architektur, bei der man lange und manchmal sogar umsonst nach Rechtecken Ausschau halten muß. Hier steht kein großer, grauer Betonklotz an der Straße, gibt es keine sterilen Gänge und weißen Schulräume, erinnert nichts an den Massenbetrieb von anderen Schulen. Vor den Schrecknissen der »brave new world« sind die Kinder und Erwachsenen sichtbar geschützt.

Ein bißchen Klatsch

Bundeskanzler Helmut Kohl hat seinen Sohn, der ehemalige Bundes-Bildungsminister und Bürgermeister der Freien und Hansestadt Hamburg Dohnanyi seine Tochter auf die Waldorfschule geschickt.

Der ›Grüne‹ Bundestagsabgeordnete Otto Schily, der bei den RAF-Prozessen Gudrun Ensslin verteidigte – Michael Ende, bekannt durch seine ›Unendliche Geschichte‹, und auch Ulrike Meinhof waren Waldorfschüler.

Auch an mächtigen finanzkräftigen Gönnern fehlt es den Waldorfschulen nicht. Mag z. B. Siemens auch zu den drei größten Rüstungskonzernen im Bereich der Elektronik außerhalb der USA gehören; Peter von Siemens ist Anthroposoph. Als solcher glaubt er sich auch besonders prädestiniert dafür, mit großem Verantwortungssinn mit der Atomenergie umzugehen, »mit dem Restrisiko müssen wir leben«. Daran wiederum ändert auch der anthroposophische »Achberger-Kreis« nichts, der wesentlich die Programmatik der »Grünen« in Baden-Württemberg beeinflußt.

Aber nicht nur Schutz will die Waldorfschule ausstrahlen; sie ist eine »bauliche Symphonie in Gestalt, Sinn und Material«, wie ich in einem ironisch gemeinten Zeitungsartikel las. Doch gerade das will sie sein. Pädagogische Ziele werden in anthroposophische Formen gegossen, und es gibt nichts, was nicht genaustens überlegt und bis hin zur »entwicklungsgemäßen« Akustik, dem Lichteinfall der Fenster in Höhe und Himmelsrichtung usw. aufeinander abge-

stimmt ist. Geld spielt – fast – keine Rolle, und Zurückhaltung im verschwenderischen Gebrauch der Naturmaterialien ist ebenfalls nicht angesagt. In einer fürwahr großen, intimen »bergenden

Gebärde« bietet das architektonische »Gesamtkunstwerk« eine einzigartige Lebenshilfe: da ist die Eingangshalle ein festlicher Augenschmaus, hier werden Schüler und Eltern wahrlich empfangen. Da kuscheln sich die Unterrichtsräume aneinander, ist nichts grell beleuchtet und alles mit sanften Farben getönt. Heimisch und wohlig sei es hier, wird suggeriert, aber diesen Eindruck herzustellen, gelingt nicht immer: ich kenne einige, die sich beim Betreten dieser geweihten Stätte eher einverleibt fühlen.

Die Seele der Schule ist die Aula. Sie ist der Ort, wo sich bei den regelmäßigen Feiern alle unter einem Dach zusammenschließen können.

Am Portal jeder Waldorfschule hängt ein eckenloses Schild, in geschwungener Waldorfschrift »Freie Waldorfschule«. Und einige Eltern wissen schon: das bedeutet, daß die Lehrer keinen Beamtenstatus haben, daß sie anthroposophisch ausgebildet sind, und daß

Lehrerausbildung in adventistischer Hoffnung

»Für solche, die sich als Lehrer auf die Waldorfschule einlassen wollen, gibt es seit Jahren ›Arbeitswochen‹, früher nur in Stuttgart, jetzt auch in Hamburg und Wanne-Eickel. Der Zuspruch ist außerordentlich: die Tagung, von der hier berichtet werden soll, sah mehr als tausend Teilnehmer, überwiegend weiblich und meistens jung, Studenten und Lehramtsanwärter, auch honorige Aussteiger, die es in ihren vermarkteten Berufen nicht mehr aushalten, Umsteiger, die mehr als nur Fachleute sein wollen, Anhänger der grünen Welle Natur und Apostel eines technikfreien Naturumgangs. Sie fanden sich am Ursprungsort der Waldorfschulen zusammen . . . zum geringeren Teil in abwartender Skepsis, zum größeren in adventistischer Hoffnung, hier Antwort auf die Themafrage der Arbeitswoche zu finden: »Schule und Unterricht aus Einsicht in Lebens- und Schicksalsgestaltung.« In der Tat ein großes und bewegendes Thema, recht dazu angetan, eine Atmosphäre von Kirchentag und Pfadfinderei zu erzeugen.«

K. Prange, Erziehung zur Anthroposophie, S. 8.

das Kollegium in Leitung und Verwaltung autonom ist. Nichts soll in diese »hineinreden oder hineinregieren, was im Staate oder in der Wirtschaft tätig ist.« (Steiner) Die Freie Waldorfschule muß Ausdruck des »Freien Geisteslebens« sein – wenn auch er auf den Geldbeutel der Eltern nicht verzichten kann.

Es fällt auf, schreibt P. Brenner, der Vater eines Waldorfkindes, »daß Steiner zwar den Einfluß des Staates auf die Erziehung der Kinder aufs Schärfste verurteilt, jedoch in seinen eigenen Schulen an dessen Stelle einfach sein Lehrerkollegium setzt ... Daß die Elternschaft beispielsweise in irgendeiner Weise in Erziehungsfragen mitzureden hätte, ist nirgends vorgesehen. Und so wird es heute in den Rudolf-Steiner-Schulen auch gehandhabt: Ein oft vollständig undurchdringliches Lehrerkollegium operiert oft unter größter Geheimniskrämerei über die Köpfe sowohl der Eltern als auch der Kinder und der Geldgeber hinweg und fühlt sich kaum zur Rechenschaft schuldig, geschweige denn zur Zusammenarbeit.«[1]

Eltern*mitarbeit* dagegen wird verlangt. Der Vater eines Waldorfschülers in ›Die Zeit‹: »Es hat uns noch keine Schule so auf Trab gebracht wie die Waldorfschule.« Fast täglich gibt es Versammlungen, Kurse, Übungen, Beratungen. Denn was nutzt die ganze Schule, wenn die Eltern in der zweiten Tageshälfte doch nur wieder alles umstürzen, was die Schule den Kindern nahebringen wollte; wenn die Kinder zum Beispiel Bildervergiftungen aus den künstlichen Fangarmen des Fernsehens nachmittags empfangen, wo die lebendigen Bilder des Unterrichts vom Vormittag nachklingen sollen? Elternmitarbeit also ja – aber unter den Bedingungen einer »kommunikativen Einbahnstraße« (Barz) – oder auch unter der Bedingung, daß jedes selbständige Denken »an der Türe zum Rudolf-Steiner-Paradies abgegeben worden ist« (Brenner).

Eltern haben kein Recht auf Mit*bestimmung*. Und vor allem haben sie bei Spannungen keinen Schutz durch staatliche Regelungen. Selbst langjährige Lehrer, Eltern und Schüler können von heute auf morgen fallengelassen werden wie eine heiße Kartoffel. Die Waldorfschule muß sich nicht legitimieren, nicht auseinandersetzen, keine Gründe angeben. Sie *kann*, wenn *sie* will.

1 *L. Ledder, P. Brenner*, S. 133.

an die Westdeutsche Allgemeine Zeitung (WAZ) vom Januar 1985 zu einem Konflikt in einer Waldorfschule im Ruhrgebiet:

»Mein Kind mußte noch andere Erfahrungen machen: Vom Ohrenziehen bis hin zu Kopfnüssen und kräftigen Tritten gegen die Schienbeine (mein Kind war zu diesem Zeitpunkt neun Jahre alt) reichen die Erfahrungen. Man scheut sich nicht, den Eltern klarzumachen, daß in ihren Erziehungsmethoden die Ursachen für angebliche Störungen liegen, mit denen sich der Lehrer auseinandersetzen muß. Zum Schluß wird den Eltern angeraten, einer Untersuchung im hauseigenen Waldorfkrankenhaus ›aber nur dort‹ zuzustimmen.«

»Ich kann nur meinerseits in aller Deutlichkeit vor übereilten Entscheidungen, das eigene Kind eine Waldorfschule besuchen zu lassen, warnen, weil ich glaube, daß die Kritikfähigkeit mündiger (sprich: aufgeschlossener und wohl auch neugierig fragender) Eltern leicht auf Mißtrauen stoßen und alsbald den Kindern zum Nachteil gereichen kann . . .«

»Es ist einfach eine bodenlose infame Lüge, wenn behauptet wird: Kinder nicht genehmer Eltern werden von der Schule verwiesen. Das Kollegium macht es sich nicht leicht in den Entscheidungen, ein Kind von der Schule abzuweisen; es muß schon ein schweres Fehlverhalten eines Schülers vorliegen oder untragbar große Störungen der Klassengemeinschaft die Ursache für eine solche Entscheidung sein, die das Lernen aller Mitschüler dadurch so erschwert. In diesen Fällen steht allen Eltern übergeordnet der Elternbeirat mit Rat und Hilfe zur Seite. Es stellt sich nun die Frage, was suchen und erwarten diese Eltern von einer Schule.
. . . Die Eltern werden in Einführungsgesprächen genauestens von Fachpädagogen unterwiesen und sie haben sich letztendlich für diese Schule besonderer Art entschieden.«

Ähnlich wie auf der Seite der Eltern, sieht es auf der Seite der Waldorfschüler aus. Schülermitarbeit ist Pflicht; Schülermitbestimmung dagegen ein Zugeständnis, das auf die Oberstufe beschränkt ist und zudem jederzeit zurückgenommen werden kann. Der seit immerhin über 65 Jahren festgelegte Lehrplan und die genau überlegte Unterrichtsweise sind prinzipiell unantastbar.

Die Privilegien, die sich Waldorfschüler erkämpfen können, sind gering und je nach Schule unterschiedlich. Von einer Freiburger Waldorfschule habe ich z. B. gehört, daß zwei Schülerinnen der Oberstufe dabei gesehen wurden, wie sie in einem öffentlichen Café rauchten. Sie wurden vor die Gesamtkonferenz bestellt. Eine der Berliner Waldorfschulen dagegen hat nach hitzigen Diskussionen erlaubt, daß ab 15 Jahren in der großen Pause vor dem Schulgelände geraucht werden darf.

Ist es in der einen Schule undenkbar, Klassen- und Schulsprecher zu haben, über Tschernobyl im Unterricht zu reden oder eine eigene Schülerzeitschrift herauszugeben, ist das bei der anderen fast selbstverständlich. Es gibt also, wie in jedem System, Bewegungsspielräume. Und es gibt auch etliche Waldorflehrer, meist sind es die jüngeren und noch nicht alteingesessenen Anthroposophen, die sich für Veränderungen einsetzen. Teilweise werden sie von ihren Kollegen schlicht geduldet, teilweise aber auch gönnerhaft behandelt oder intrigant bekämpft; viele bewerben sich von vornherein nur an neueren Waldorfschulen.

Leider stellen viele Schüler fest, daß auch diese progressiven Lehrer bald resignieren, verknöchern, und »so richtig anthroposophisch« geworden sind. Dann verpönen sie – wie ihre älteren Kollegen auch – politische Themen, halten Vorträge über angebliche Objektivitäten, lassen mit sich kaum mehr reden, und finden unnormal-krankhaft, was sie vorher noch altersgemäß-normal fanden.

Mag die Waldorfschule wegen der begrenzten Mitbestimmungsmöglichkeiten einige Schüler und Eltern immer wieder enttäuschen, so hat sie doch andere Attraktionen anzubieten: Keine Noten und kein Sitzenbleiben.

Mit dem Verzicht auf Notendruck korrespondiert der Schwerpunkt auf musische Fächer. Daß die Kinder nicht, sobald sie überhaupt fähig sind, stillzusitzen, mit Kenntnissen wie Rechtschreibung, Einmaleins usw. traktiert werden, sondern einen immensen Spielraum für ihre Phantasien behalten, macht die Waldorfpädagogik sympathisch. Und die Eltern wissen darüber hinaus, daß Zahlen und Buchstaben aus selbstgemalten Bildern entwickelt werden; daß Rechtschreibefehler in den ersten Jahren kein Thema sind und daß die Kinder lange Zeit keine Hausaufgaben machen müssen.

Ohne Ausnahme ist in den ersten Jahren jedes Fach von Malen und Zeichnen, Tanzen und Spielen, Singen und Musizieren, Märchen und Bildern durchsetzt. Ein Unterricht, in dem der Intellekt gefordert und das Abstraktionsvermögen beansprucht wird, wird bis zum 12. Lebensjahr vehement abgelehnt.

Die Art des handwerklichen Unterrichts ist der nächste Bonus der Waldorfpädagogik in der Sicht vieler Väter und Mütter: hier wird nicht das bekannte Training der konventionellen Geschlechterrollen betrieben, wo die Jungen feilen, sägen und bohren, während die Mädchen häkeln, stricken und kochen. Vielmehr haben beide Geschlechter in allen Altersstufen und allen Fächern ausnahmslos gemeinsamen Unterricht. Mit dieser, zunächst äußeren, Regelung wird ein Ideal von vielen bildungsbewußten Eltern eingelöst, ein verbreiteter Widerstand vor allem gegen die traditionelle Frauenrolle aufgenommen. Was die anthroposophischen Erzieher dabei allerdings im Sinn haben, liegt weniger auf der Hand: »Da die Geschlechter weder in der Familie noch sonst im Leben getrennt sind, sollten sie auch in der Schule nicht getrennt werden. Es sollte bekannt werden, daß die Differenzierung der Geschlechter sich dann am natürlichsten und gesündesten vollzieht, wenn sie in gemeinsamer Arbeit in der Schule sich entwickeln und aufeinander wirken können.«[1]

»Angstfrei lernen, selbstbewußt handeln« – »Erziehung zur Freiheit«. Diese Parolen, mit denen Anthroposophen für ihre Schule werben, wecken bei vielen Eltern Erinnerungen und Assoziationen an ihre eigenen Ideale von einer antiautoritären Erziehung (Summerhill). In den Waldorfschulen scheint das Kunststück zu gelingen, diese Ideale mit den gesellschaftlichen Anforderungen zu verbinden: Die Kinder gehen nicht nur gerne zur Schule, sie lernen

1 *E. Uehli*, Denkschrift in: Erziehungskunst, Jahrgang VII, H. 2, S. 367.

dabei auch noch. Aber der Schein von einer antiautoritären Erziehung trügt: Gestraft wird an Waldorfschulen durchaus, und oft nicht knapp. Wichtiger aber ist die Stellung des Waldorflehrers. Er ist stark und soll es auch sein.

Die Dominanz des Lehrers wird mit allen erdenklichen didaktischen, pädagogischen, organisatorischen und psychologischen Maßnahmen gestützt und regelrecht inszeniert:

»– Die Sitzordnung bestimmt der Lehrer; der Unterricht ist überwiegend frontal, auf den Lehrer gerichtet.
– Über Lehrplan- und Unterrichtsgestaltung entscheidet der Lehrer im Rahmen eines allgemeinen Jahresplanes.
– Im Unterricht werden keine üblichen Lehrbücher verwandt; alles Wissen wird durch den Lehrer oder über Originaltexte vermittelt.
– Über die Lehrmethoden, Lehrinhalte und die Schulgestaltung und -verwaltung besteht Konsens bei den Lehrern; es gibt in der Regel keine Konkurrenzsituation unter den Lehrern, die die Autorität untergraben könnte.
– Enge Zusammenarbeit der Lehrer mit dem Elternhaus der Kinder; die Erziehung in der Schule und im Elternhaus soll sich gegenseitig unterstützen.«[1]

Außerdem:

– Die Klasse wird acht Jahre lang im Prinzip von ein und demselben Lehrer erzogen. Und der scheint schlicht allwissend zu sein: »Schreiben, Deutsch, Grammatik, Geschichte, Mythologie muß er geben Sachkunde, Heimat-, Erd-, Menschen-, Tier- und Pflanzen- und Gesteinkunde, Rechnen, Geometrie, Astronomie, Physik, Chemie, Ernährungslehre.«[2]

Aber es geht den Waldorflehrern auch weniger darum, Wissen (»Spezialistentum«) zu vermitteln, als um die Zentrierung auf ihre eigene Person. Denn nach Steiners Menschenkunde brauchen Kinder Autoritäten, denen zuliebe sie lernen, und deren Vorbild sie folgen wollen – ein extrem direktiver Ansatz, der seltsamerweise auch Eltern attraktiv erscheint, die sich sonst einer autoritätskritischen Erziehung verpflichtet fühlen.

1 Bildungsläufe, S. 137.
2 *P. Brügge*, S. 83.

Ist die Waldorfschule eine Alternative? Für wen und für welche Erziehungsziele? Immerhin sind Autonomie, emotionale Stabilität und kritische Selbständigkeit bundesweit in den Rahmenrichtlinien des staatlichen Unterrichts verankert und als Erziehungsziele verbindlich. Und auch der Rückgriff auf Ideale aus einer Zeit, in der der Begriff vom Vollmenschen noch keinen bitteren Nachgeschmack hatte, findet sich z. B. in den Lehrplänen für die Gymnasien Baden-Württembergs wieder:

»Durch die Behandlung sorgfältig ausgewählter, werthaltiger Stoffgebiete schult (der Unterricht) die Kräfte des Verstandes, pflegt er den Willen und das Gemüt und erschließt den Sinn für die Welt des Geistes und der sittlichen Werte . . . Der Charakter wird außerdem dadurch geformt, daß der Schüler sich in das Leben seiner Klassen- und Schulgemeinschaft einordnet, daß er sich zur Mitarbeit und Mitverantwortung aufgerufen fühlt und so immer mehr vor Entscheidungen gestellt und zur Selbständigkeit geführt wird.«[1]

Angesichts des Alltags an öffentlichen Schulen sind solche gepflegten Sprüche reinste Sonntagsreden. Aber Anthroposophen nehmen sie ernst. Natürlich auf ihre Weise.

1 Das Kultusministerium des Landes Baden-Württemberg zu den Lehrplänen von 1957, S. 7.

II.
Aus dem Arsenal der Weltanschauungsschule

ZEUGNIS

FÜR DIE KLASSE II IM SCHULJAHR 1974 / 1975

HAUPTUNTERRICHT

Mein Leib ist meiner Seele Haus,
sie wohnt darin, geht ein und aus.
Durchs Auge strahlt die Sonn' herein,
die Augen sind die Fensterlein.
In Worten geht die Seel herfür,
Mein Mund ist meiner Seele Tür.
Der starken Diener hab ich vier,
zwei Hände und zwei Füsse hier,
zwei helfen mir aufs erste Wort
zwei tragen mich an jeden Ort.

(Zimmer)

Heike hatte es auch in der zweiten Klasse sehr leicht, das aufzunehmen, was es zu lernen und zu üben gab. Mühelos gelang es ihr den Zugang zur Rechtschreibung zu finden und ebenso mühelos rechnete sie. Es fällt Heike jedoch nicht leicht, dem Unterricht immer konzentriert und anteilnehmend zu folgen. Gern läßt sie ihre Gedanken herumspazieren und man wünscht sich von ihr vielmehr Gleichmaß in der Mitarbeit und viel mehr innere Anteilnahme.

Heikes Rechen- und Schreibhefte sahen zu Beginn des Jahres sehr schön aus, im Laufe der Zeit wurde ihre Schrift jedoch etwas nachlässig und glitt zu schnell und flüchtig dahin. Sie sollte sich wieder mehr um ein bewußtes Gestalten der Buchstaben und Zahlen mühen. Denn Heike hat, wenn sie sich bemüht, gute Formkräfte, wie man an ihren sehr schönen Formenzeichnungen sehen kann. Auch beim Wasserfarbenmalen zeigt sie viel Geschick und schönes Farbempfinden. Bei unseren sprachlich-rhythmischen Übungen könnte sie noch viel tüchtiger mittun und die Klasse mehr stützen.

Bei all den schönen Fähigkeiten sollte man nicht übersehen, daß Heike doch recht schwankend und unsicher in ihrem Wesen ist und es schwer hat, zu einer inneren Harmonie und Ordnung zu kommen. Teils sehr empfindsam und schüchtern, teils aber auch keck und vorwitzig mit dem Wort, ist sie dem Lehrer oft keine Stütze, sondern braucht selbst viel Hilfe, um sich sammeln und ordnen zu können und etwa nicht den Unterricht zu stören. – Eine große Freude und auch eine Hilfe für sie selbst ist es, daß sie ganz ohne Ehrgeiz und Stolz ihre Begabung erlebt und immer bereit ist, in netter Weise ihren schwächeren Mitschülern weiterzuhelfen. Hier findet sie ein Betätigungsfeld, das ihr hilft, ihre überschüssigen Kräfte, die sonst leicht vagabundieren, in sinnvoller, für alle hilfreicher Weise einzusetzen.

FACHUNTERRICHT

ENGLISCH

Heike hatte keine Mühe mehr, mutig und kräftig mitzusprechen. Sie hat sich sehr schön mit den fremden Lauten verbunden. In diesem Jahr wurde sie sogar oft recht übermütig–, das lenkt ab.

~~FRANZÖSISCH~~ RUSSISCH

Nach kurzer Zeit des Übens vermochte Heike Worte und Verse klar geformt und sicher wiederzugeben. Sie tat dies jedoch nicht sonderlich gern allein. Heike möge sich nur rechte Mühe geben, die anderen nicht zu stören, wenn sie längere Zeit zum Lernen brauchen!

EURYTHMIE

Nur selten ist es Heike gelungen, sich intensiv mit dem eurythmischen Tun zu verbinden. Sie sollte viel aufmerksamer bei der Sache sein, um zu einer harmonischen Bewegung zu kommen.

MUSIK

Heike flötet sicher und schön und nimmt an allem musikalischen Tun freudigen Anteil.

HANDARBEIT

Heikes liebstes Tun in der Handarbeitsstunde ist das Vorlesen, doch müssen wir aufpassen, daß auch die geschickten Hände, wenn sie fleißig arbeiten, von Geduld und Freude begleitet werden.

LEIBESERZIEHUNG

Religionsunterricht der Christengemeinschaft:

Heike ist ein stiller, aber aufmerksamer Lauscher und malt schöne Bilder.

VERSÄUMNISSE: 28 Tage VERSPÄTUNGEN:

»Gerade die Motive, die bei Gelegenheit einer auf andere Ziele gerichteten Handlung ermöglicht, gelebt und eingeübt werden, sind mächtig, weil wir nicht wissen, daß wir diese Motive haben. Das Undurchschaute ist wirksamer als das Durchschaute: denn sobald ich erkenne, was meine Motive sind und woher sie stammen, ist ihr Bann gebrochen.«

K. Prange. Erziehung zur Anthroposophie, S. 121.

Das Zeugnis

In der anthroposophischen »Welt des Geistes und seiner sittlichen Werte« müssen sich die Eltern schon zurechtfinden können, deren Kind eine Waldorfschule besucht. Zum Beispiel müssen sie Zeugnisse verstehen. Denn daß die Lehrer auf Noten verzichten, bedeutet nicht, daß es keine Beurteilungen gäbe. Sie haben nur eine individuellere Gestalt und richten den Blick auf das Verhalten und die seelische Verfassung der Kinder.

»Nicht Quersummen aus einem Notenbüchlein fließen zusammen, sondern Einsichten eines über die Jahre hindurch beobachtenden und dabei vielleicht auch beharrlich irrenden Denkens.«[1] Zusätzlich zu den Zeugnissen werden auch die selbstangefertigten »Epochenhefte« (jeden Morgen für zwei Stunden das gleiche Fach, ca. 1–2 Monate) bewertet. Da steht z. B. unter dem Epochenheft eines Kindes, das bis auf die letzten beiden Seiten eher zwanghaft-sorgfältig als schlampig geführt worden ist: »Einige sehr schöne Seiten, aber im ganzen machen Deine Hefte immer einen unordentlich zerfahrenen Eindruck; siehe nur S. 32–34. Solch eine Fuscherei hat Morgenstern nicht verdient.«

Von den Einschätzungen des Lehrers sind die Waldorfschüler, die bis zum 14. Lebensjahr vorwiegend von einem einzigen Pädagogen behütet, erzogen und unterrichtet werden, außerordentlich abhängig. Dazu kommt, daß auch die anderen Lehrer Anthroposophen sind, den Blick des Klassenlehrers also teilen.

Ein Kind der Waldorfschule – das ist ein, jedem Lehrer unterschiedlich erscheinender, vorwiegend über die schulische Leistung definierter junger Mensch – mal gut, mal schlecht, je nach Fach und

1 *P. Brügge*, S. 85.

»Sie sollte ihren Trotz einmal richtig ausleben dürfen«

»Da hatte ich beispielsweise ein Mädchen in der Klasse, das sich immer wie eine trotzige kleine Prinzessin gebärdete, der alles zu dumm war, was die anderen taten. ›Nein!‹ war ihr häufigster Ausspruch, und gern spottete sie über die anderen. Sie sollte diese Haltung einmal richtig ausleben dürfen. So kam ich nach langem Suchen und Versuchen zu folgendem Spruch:

Es war einmal ein Königstöchterlein,
das sprach voll Stolz zu allen Freiern: ›Nein!
Euch mag ich nicht, ihr seid mir viel zu alt,
zu lang, zu kurz, zu dick, zu dünn, zu kalt.‹
Kam auch ein Graf, ein Herzog, ein Baron,
sie jagt sie alle fort mit Spott und Hohn.
Den besten König selbst verhöhnt sie hart
und schimpft ihn lachend König Drosselbart.

Wer war's, den sie zuletzt zum Manne nahm?
Ein schlechter Bettler war's, den sie bekam.
Soll kochen, flechten, spinnen mancherlei,
doch ging ihr, was sie nur begann, entzwei.
Voll Angst und Kummer lebt sie und verzagt;
zuletzt ward sie des Königs Küchenmagd.
Und erst als Scham und Schand gar zu hart,
ward aus dem Bettler König Drosselbart!«

K. Böhm in: Die Rudolf-Steiner-Schule, S. 72 f.

Note – sondern es ist das, was es ihm gegenüber von seiner »Seelenlandschaft« mitteilt bzw. was er davon zu verstehen glaubt. Und Kinder anthroposophischer Eltern haben dabei natürlich von vornherein die besseren Karten.

In den ersten Klassen sind die Zeugnisse primär für die Eltern bestimmt. Die Kinder bekommen als ihren eigenen Teil nur den Zeugnisspruch, ein »Leitmotiv für die Zukunft«, richtungsweisend für ihre Zukunft und so etwas wie ein »feines Gebet«. Meistens bestehen diese Leitsprüche aus abstrakten Weisheiten oder sind schlicht ein in Worte gesetzter erhobener Zeigefinger oder ein deutliches Lehrstück.

Mit dem Zeugnisspruch alleine ist es aber nicht getan. Er muß sich, sozusagen als permanente Erinnerung und Nachhilfe für besseres Verhalten, tief einprägen. Einmal in der Woche, an dem Wochentag, an dem das jeweils betroffene Kind geboren ist, stellt es sich vor die Klasse. Sorgfältig muß es seinen Spruch rezitieren. Für viele Schüler ist das eine Tortur, bei der sie sich vor ihrer Klasse und dem Lehrer in Grund und Boden schämen.

Die Waldorfschule ist keine Leistungsschule. Sie ist eine Moralschule, in der die Seele gepflegt werden soll. Dabei hebt sie auf eine »Erziehung zur Selbsterziehung« ab. In ihr geht es eher um Wesensleistungen als um Wissensleistungen, eher um Wesenskontrollen als um Wissenskontrollen. Der Lehrplan ist entsprechend aufgebaut.

Das Fundament des Lehrplans

> »Wie die Moral der Pädagogik in der Didaktik zur Unterrichtspraxis wird«
>
> (Titel eines Steiner-Vortrags vom 5. 9. 1919)

Die Moralwelt der Waldorfschule wird, u. a. durch Märchen, Mythen und Legenden verinnerlicht, die keineswegs nur Mittel sind, ein sonst trockenes Unterrichtsfach zu beleben. Sie werden selbst zum Fach. Sie werden von den Kindern nachgemalt, nacherzählt, nachgeschrieben, nachgespielt; Lieder werden dazu gesungen, Gedichte rezitiert. Daß dabei Schreiben und Lesen gelernt wird, tritt wie ein Nebenerfolg auf.

Bis zur fünften Klasse bilden Märchen, Legenden, Gleichnisse, Fabeln, biblische Erzählungen, germanische Götter- und Heldensagen, griechische Mythologien das Fundament des Lehrplans. Ein moralischer Atem durchweht den ganzen Unterricht. Staunen, Ehrfurcht und Verehrung möchten die Lehrer bei den Schülern wecken; Vorbilder von Mut, Wahrhaftigkeit und Treue in ihnen tief verwurzeln, und die Liebe zur sittlichen Ordnung und Schönheit der Welt soll ihr steter Begleiter sein.

Vor emotioneller Verarmung, innerer Verödung, Entidealisierung und Animalisierung, den angeblichen Folgen verfrühter intellektueller Entwicklung, möchte der Anthroposoph seine Kinder bewahren. Aber er unterschlägt, daß sie mit *seinem* Intellekt und *seinem* Gemüt fertigwerden müssen.

Die Märchen mit ihrem moralischen Gehalt eignen sich hervorragend als Instrument der seelischen Disziplinierung, aber auch – Bettelheim benutzt sie dazu – als therapeutisches Mittel. Und so, wie es um den »Sinn für das Gute« geht, geht es dann auch um den »Sinn für das Schöne«, erhält die Ästhetik an den Waldorfschulen ihren hohen Stellenwert.

Der Anthroposoph will nicht bloß den Kopf belehren. Er will den ganzen Menschen erfassen. Versuchen Sie, bittet Steiner seine Lehrer, »Nie so zu erzählen, daß Sie auf Kopf und Verstand reflektieren, sondern so zu erzählen, daß Sie in dem Kinde gewisse stille Schauer – in gewissen Grenzen – hervorrufen, daß Sie den ganzen Menschen ergreifende Lüste oder Unlüste hervorrufen, daß dies noch nachklingt, wenn das Kind weggegangen ist, und daß es dann zu dem Verständnisse davon und zu dem Interesse daran erst übergeht. Versuchen Sie zu wirken durch Ihr ganzes Verbundensein mit den Kindern.«[1]

Auf diese Weise lernen die Kinder zum Beispiel Schreiben: Sie bekommen ein Märchen über einen guten und starken König erzählt, und lernen eine Strophe über ihn, die sie kräftig im Chor rezitieren, darauf auch stampfend:

Ein *K*raftvoller *K*önig *K*ommt zu dem *K*ampf wo die *K*lingen *K*lirren und *K*rachen. So lernen sie, was das »K« für ein Wesen sei.

Anschließend malen sie den guten kämpfenden König mit ihren Wachsfarben; die Krone trägt er auf seinem Haupt, und das Schwert in seiner Hand. Mit seinem nach oben gestreckten Arm und seinem nach vorne gestellten Fuß scheint er bereit, gleich seinen Feind zu vernichten. Am nächsten Tag wird er in dieser Zeichnung magerer, und dann noch magerer, und schließlich bleibt nur noch das »K« übrig, »und vielleicht die Geschichte seiner Entstehung«, hofft F. Carlgren.

1 *R. Steiner*, Erziehungskunst, Methodisch-Didaktisches, S. 21.

Lehrplan der Waldorfschulen

	UNTER- UN				
Schuljahr	**1**	**2**	**3**	**4**	**5**
Erzählstoff	Märchen	Legenden Fabeln	aus dem Alten Testament	nordische Mythologie	griechische Mythologie
Geschichte					Alte Kulture Griechen
Kunstgeschichte					
Sachkunde/Erdkunde			Ackerbau Hausbau	Heimatkunde	Geographie
Technologie und Praktika					
Naturkunde				Mensch/Tier	Pflanze
Physik					
Chemie					
Sprache	Sprechverse Erzählübung	Lesen	schriftliche Berichte	Grammatik	
Fremdsprachen: Englisch Französisch Latein	Englisch/Französisch				
Mathematik/Geometrie	Rechnen mit ganzen Zahlen			Brüche	Sachrechne
Zeichnen	Formenzeichnen			Freihandgeometrie	
	Zeichnen aus Erzählstoffen und Realfächern				
Malen	Farberleben, Übungen am Farbkreis				
Plastizieren					
Singen					
Instrumentalmusik	Blockflöte			Spielgruppe andere Instrumen	
Eurythmie	Laut- und Ton-Eurythmie				
Turnen	Spiel-Turnen		Gymnastik/Geräteturnen/Orientierungslauf		
Werkunterricht für Knaben und Mädchen					Holzbearbei-tung/
Handarbeit für Knaben und Mädchen					
Gartenbau					
Kochen/Hauswirtschaft					
Religion (nach Konfessionen)					

ITTELSTUFE			OBERSTUFE			
	7	8	9	10	11	12
ömische ieschichte	fremde Völker Entdecker	Biographien				
Römer Mittelalter	von der Renaissance bis zur Gegenwart		Kultur- und Wirtschaftsgeschichte			
			Malerei/ Plastik	Poetik	Musik	Architektur
eographie/ eologie	Geographie/ Astronomie	Geographie/ Klimatologie	Astronomie	Morphologie	Kartographie	
			z. B. Forst-, Landwirtschaft-, Industrie- und Sozialpraktika			
Mineral	Anthropologie			Biologie		
Physik						
	Chemie					
		Stilistik Geschäftsbriefe			Literaturgeschichte	
Latein						
Algebra			Kombinatorik	Logarithmen	Sphärische Trigonometrie	Diff.- und Integralrechn.
	Planimetrie	Stereometrie		Trigonometrie	Darstellende Geometrie	Analytische Geometrie
ieometrie	Geometrisches und Technisches Zeichnen			Feldmessen		
hlezeichnen	Perspektive	Schwarzweiß- zeichnen			Architekturzeichnen	
	Aquarellmalen					
	Chor					
	Orchester					
	Leichtathletik/Sport					
chnitzen			Metallarbeit/ Schmieden	Schreinern/Korbern		Steinhauen
			Schneidern Schustern	Spinnen Weben	Buchbindern	

Das K dem König, das P dem Priester, das F dem Fisch, das Q der Quelle, das B dem Bären oder auch dem Bad – der Phantasie der einzelnen Lehrer sind da keine Grenzen gesetzt. Auf eines aber kommt es immer an:

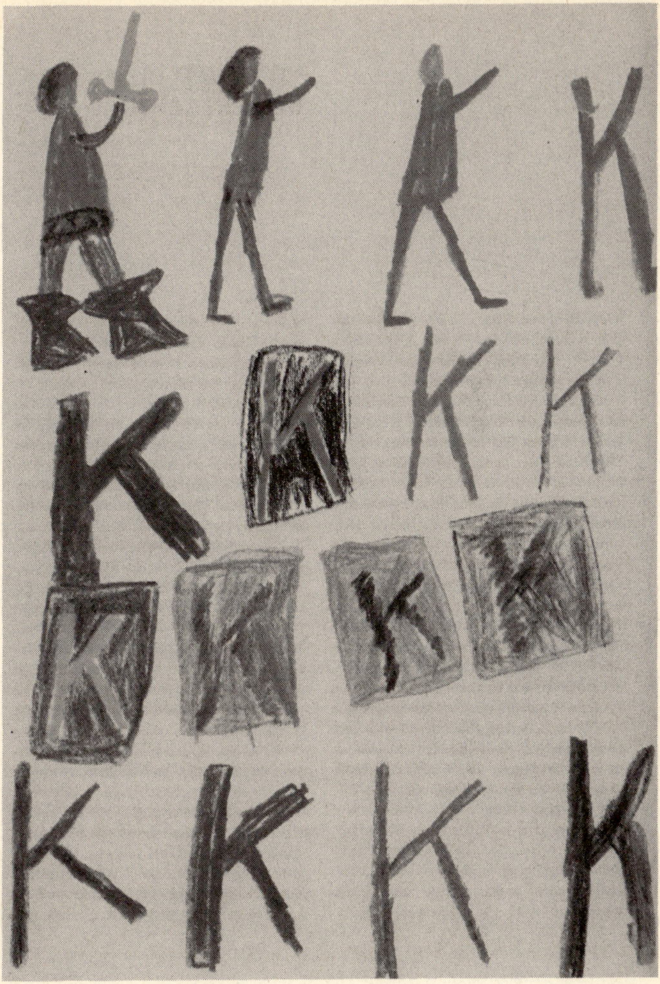

»daß man in rationeller Weise schlau ist, das heißt, daß man immer hinter den Kulissen auch etwas hat, was wieder zur Erziehung und zum Unterricht beiträgt . . . Seine Beispiele so wählen, daß das Kind gezwungen ist, an etwas zu denken, was zu gleicher

Zeit zu einer moralisch-ästhetischen Haltung beitragen kann, das ist gut.«[1]

In der zweiten Klasse werden Fabeln erzählt, in denen Tiere für menschliche Stärken oder Schwächen stehen. Ein Frosch, der wie ein Ochse aussehen will, bläht sich auf, bis er platzt. Ein Fuchs springt nach den Trauben, kann sie aber nicht erreichen, und behauptet dann, sie seien sowieso nur sauer. Ein Hirsch sieht sein Spiegelbild im Wasser, bewundert seinen Kopfschmuck, verachtet seine Beine. Als er fliehen muß, bleibt er mit seinem Geweih in einem Baum hängen und versteht endlich, daß das, worauf er so stolz war, ihn ins Verderben brachte.

»Mitunter lächeln die Kinder, mitunter sind sie empört: ›Wie lächerlich sind die!‹

Wenn der Lehrer zu viele Fabeln erzählt, gehen vielleicht das Lachen und die Entrüstung in Hohngelächter über. Also brauchen die Fabeln ein Gegengewicht: Erzählungen, die nicht lächerlich machen, sondern erheben. Als Kontrast zum Menschen in Tiergestalt möchte man den Menschen schildern, der ›das Tier‹ in seinem Inneren bezwungen hat.«[2]

Still und ernst werden die Kinder, wenn sie innerlich mitwandern auf den legendären Wegen von großen Übermenschen. Ehrfurcht und Bewunderung sollen sie empfinden, während ihnen zugleich nahegelegt wird, zu begreifen, wie unvollkommen sie selbst noch seien. Der Lehrer muß ihnen ein »höheres Wesen« verkörpern; auch er muß zu bewundern sein. Und sie müssen lernen zu verstehen, daß sie seine Führung brauchen. Beigebracht wird ihnen auch, was »der Mensch« alles leisten kann, wenn er sich nicht verführen läßt von niederen, dunklen, animalischen, egoistischen u. ä. Mächten, sondern wahrhaft ›gut‹ ist.

»Welchen Eindruck mag es hinterlassen, wenn der Klassenchor im ›Christophorusspiel‹ singt:

Wir wollen suchen den stärksten Herrn,
Wir wollen folgen dem hellsten Stern,
Wir wollen wirken das höchste Gut
In Ehrfurcht und in Diene-Mut
Wir wollen dienen.

1 *F. Carlgren*, S. 91.
2 *R. Steiner*, a. a. O., S. 68.

Solche Worte, in vielen Proben wiederholt, prägen sich dem Gemüt ein und verleihen dem Kinde Wachstumskräfte.«[1]

– Wachstumskräfte wofür? Als Waldorfschülerin weiß ich zwar sehr genau, wer Christophorus war, und daß solche Verse nur »gut gemeint« sind. Inzwischen jedoch hinterlassen sie auch einen faschistoiden Nachgeschmack, weil ich die Kenntnis der jüngsten deutschen Geschichte – außerhalb der Waldorf-Schule – nachgeholt habe.

Auf dem Lehrplan der dritten Klasse stehen Erzählungen aus dem Alten Testament; um Geschichtsbewußtsein geht es hier und um die Einsicht in die Dualität der Welt, denn das Alte Testament stellt laut Anthroposophie die Evolution der Menschheit dar. Hier sind die Lehrer in ihrem Element, malen sie plastisch aus, daß Unglaube, Zweifel und Ungehorsam Verbrechen sind, die sich Auge um Auge, Zahn um Zahn rächen. Der Sturz der Engel, die Entstehung des Bösen, Sündenfall und Sintflut sind Themen, an denen »entwicklungsgemäß« der unbedingte Gehorsam gegenüber ›dem Herrn‹ abgehandelt wird. Und das heißt auch (aber nach Möglichkeit indirekt) gegenüber ihrer eigenen Autorität. Damit das Alte Testament nicht Angst (statt Mut zu dienen) macht, wird den Schülern als Gegengewicht vom Leben der Propheten erzählt; das gliedert sie wieder in die Welt göttlicher Führung ein, vermittelt neue Geborgenheit.

Mit der vierten Klasse beginnen die germanischen Götter- und Heldensagen. Lieblingsthema ist die »Götterdämmerung« und passend dazu das »Nibelungenlied« mit seinem Schwerpunkt auf Blut, Boden, Natur und (ein bißchen) Magie. Da erwirbt sich der blonde, arische Siegfried durch seine gewaltfähigen Heldentaten Rechte, die ihm schicksalshaft zustehen.

Gleichzeitig beginnt die Tierkunde, wo gelehrt wird, daß das Tier einseitig, der Mensch aber »Krone der Schöpfung« sei.

»Sie können da dem Kinde schon etwas mehr zumuten, weil das Behandeln des Tierischen ja erst eintritt im 10., 11. Lebensjahr. Dem Kinde die Tiere so nebeneinander beizubringen – gewiß, wissenschaftlich ist das ganz gut, aber wirklichkeitsgemäß ist es nicht. Wirklichkeitsgemäß ist nämlich, daß das ganze Tier-

1 *B. Mellinger* in: Der Lehrerkreis, S. 30.

reich ein ausgebreiteter Mensch ist. Nehmen Sie den Löwen: er ist die einseitige Ausbildung besonders der Brustorganisation. Nehmen Sie den Elefanten: die ganze Organisation ist auf die Verlängerung der Oberlippe hin ausgebildet; die Giraffe: die ganze Organisation ist auf die Verlängerung des Halses hin ausgebildet. Wenn Sie jedes Tier so begreifen, daß irgendein Organsystem des Menschen vereinseitigt ist im Tier, . . . dann kommen Sie dazu, sich zu sagen: das ganze Tierreich ist ein fächerförmig auseinandergefalteter Mensch, und der Mensch ist seiner physischen Organisation nach die Zusammenfaltung des ganzen Tierreiches.«[1]

Diese arrogante Naturmystik erfährt im Unterricht ihre seelenpflegerische Bereicherung. Die grasende Kuh mit ihrem riesigen Verdauungsorgan z. B. läßt sich parallelisieren mit den Phlegmatikern, den meist dicken Kindern, die zuviel essen und träge sind. Für sie speziell wird von der Kuh erzählt, sie können sie nachmalen, sie spielen, sich identifikatorisch in ihre Situation einleben, und schließlich daran ihre Einseitigkeit begreifen. Wenn sie später nicht mehr kuhähnlich sind, verändern sie sich auch körperlich, werden geistig-seelisch-leiblich gesünder und kommen damit ein Stück näher an die Krone der Schöpfung, an den harmonisch-vollkommenen Menschen. Die hier schon angedeutete Temperamentslehre hat, in Verbrüderung mit dieser entstaubten und neu aufgelegten Naturmystik, rassistische Züge.

Die fünfte Klasse hört Erzählungen aus der griechischen Mythologie. Sie hört vom Chaos und hilflos »in der Sinneswelt« umherirrenden, taumelnden Menschen. Und sie hört vom Kosmos mit seinen logischen Gesetzen, den die Götterdreiheit Zeus, Chronos und Chton geschaffen hat. Prometheus knetete die Menschen aus Ton, und mischte ihnen Eigenschaften von Tieren bei. Skylla, die in ihrer Höhle alles verschlingende Meeresgöttin (anthroposophisch formuliert: die Menschen zerstörende Sinneswelt) will auch Odysseus verschlingen. Sechs furchtbare Köpfe hat sie auf einem langen Hals mit tödlichen Zähnen in drei Reihen, und vor allem eine bedrohliche Höhle; aber Odysseus kann ihr widerstehen und ist gerettet. Er hört auch auf die Sirenen nicht, auf ihre verlockenden

1 *R. Steiner*, Die pädagogische Praxis, S. 93 f.

Der Adler

In Licht und Luft lebt der Adler. Mit ausgebreiteten Schweigen begrüßt er als erster aller Geschöpfe die aufgehende Sonne. Mit wenigen Flügelschlägen gleitet er durch die Lüfte, immer höher zieht er seine Kreise der Sonne nach. Wahrhaft königlich ist er im Flug. Auf Erden aber ist er ein Fremdling, komisch wirken seine Gehversuche.

Würde man den Adler seines wunderbaren Federkleideß berauben, bliebe nur ein dürres Gerippe von ihm übrig. Seine Krallenfüße sind wie vertrocknet, aber strahlenhaft weit dringt sein Auge, weiter als bei jedem Tier. Seine voderem Gliedmaßen sind zu mächtiegen Flügeln entwikelt, und sein Federkleid, von den feinsten Flaumfedern bis zu den weit in

Liebeslieder, die ihm, hätte er auf sie gehört, nur den Tod gebracht hätten.

Diese vehement patriachalischen Darstellungen von »tragischen Schicksalsprüfungen« sollen den Kindern Lebenshilfe geben – doch es scheint, daß sich Anthroposophen selbst in erster Linie helfen müssen:

»Angst vor ›Niederem‹«

»Aus Deutschland ist mir die Geschichte eines Hausvaters bekannt, der ernsthaft gerügt wurde, weil ihm eine 17jährige Behinderte einen Gutenachtkuß gab. Sexuelle oder erotische Themen scheinen in anthroposophischen Kreisen ein absolutes Tabu zu sein. Statt dessen wird sublimiert. Dagegen ist natürlich grundsätzlich nichts einzuwenden. Der Mensch ist ja nicht ein völlig den Instinkten ausgeliefertes Tier. Doch gibt es unterhalb der Halslinie nicht nur Sexualorgane, sondern dort befindet sich auch der Sitz dessen, was man etwas altväterlich mit »Herz« bezeichnet, womit nicht einfach die Pumpe gemeint ist. Mit diesem »Herz« scheinen die Anthroposophen auf Kriegsfuß zu leben. Auch mit anderen Innereien, denen ja bekanntlich die vitalen Kräfte zugesprochen werden . . .
Der Versuch, die Bestie im Menschen zu überwinden scheint mir nicht nur ins Absurde gesteigert zu sein, sondern sogar auf weite Strecken das Gegenteil des Beabsichtigten zu produzieren: Ich kann mich kaum erinnern, so miese Intrigen erlebt oder beobachtet zu haben, wie gerade im Zusammenhang mit anthroposophischen Institutionen.

Unehrlichkeit, Verstocktheit gepaart mit einer zuweilen unglaublichen Überheblichkeit zeichnen diese Vorgänge. Das Opfern von Mitmenschen zugunsten eigener Unzulänglichkeit scheint an der Tagesordnung zu sein, wie uns zahllose Berichte und Beobachtungen aus allen möglichen Gegenden der Welt immer wieder zeigen.«

L. Ledder, P. Brenner, Abschied von der Anthroposophie, S. 9.

Der wohl idyllischste Unterricht an Waldorfschulen ist die Pflanzenkunde, das »Gegengewicht« zur griechischen Mythologie. Hier werden Familienbilder gemalt, wo sich die ganze Welt schützend und schonend, sinnspendend und Dankbarkeitsgefühle nahelegend auf die Kinder hinzuorientieren scheint.

Gleichzeitig werden sie auch darin belehrt, wie sie sich laut Steiner selbst entwickeln: Pilze sind wie Säuglinge, die den ganzen

In der kleinen Kinderstube des Waldes wachsen die Pilze. Dicht schmiegen sie sich an den weichen, feuchten Waldboden. Die großen Waldbäume breiten schützend und schattend ihre Zweige über sie. Die kleinen Pilze scheinen zu schlafen. Ganz still ist es um sie herum.

Der Fliegenpilz leuchtet wie eine bunte Blume;

Der Bovist prahlt wie eine dicke Kartoffel.

Was sind die Pilze denn nun eigentlich?

Tag nur schlafen. Algen gleichen kleinen Kindern, die schon anfangen, sich aufzurichten. Aber sie brauchen noch Hilfe, müssen sich überall festhalten, so, als träumten sie noch. Die Blütenpflanzen schließlich sind es, die in der Pflanzenwelt ganz wach sind, die die Krone tragen. Die Rose gleicht einem Menschen, der schon klar denken kann. »Die Pflanzenwelt ist die sichtbar gewordene Seelenwelt der Erde und daher mit der Seele des Menschen zu vergleichen«, so Steiner.

In der sechsten Klasse löst sich, so scheint es vom Lehrplan her zunächst, das mythenverbundene Fundament des Unterrichts zugunsten sachlicherer Darstellungsweisen. Was aber in den Geschichtsheften zu finden ist, ist ein unentwirrbares Netz von Sagen und realen Vorgängen. Der Unterschied zwischen beidem wird den Schülern zunächst bewußt verschwiegen. Gerade im Anblick der schon drohend aufziehenden »Animalisierung« und »Sexualisierung« muß prophylaktisch darauf geachtet werden, daß die tiefdringenden religiösen Impulse charakterstärkend (oder auch charakterspaltend?!) wirken.

Quer durch die Welt, immer wieder aufs neue und aus anderen Perspektiven werden an religiösen und moralischen Materialien die »Stufen der Menschheitsentwicklung« anthroposophisch bearbeitet. Über die bürgerliche Geschichtsschreibung, die ja auch ihre Heldenerzählungen hat, geht ein solcher Unterricht noch weit hinaus. Hier wird Stoff vergewaltigt, und das bewußt:

»Ein problematisierendes Betrachten des letztlich immer zur Verhärtung neigenden Römertums ist hier nicht am Platze, wie auch die Möglichkeit des Abgleitens in Illusionäres, wie sie im Griechentum liegt, hier nicht hervorgezerrt werden darf. Hier ist es genug, wenn der Lehrer darum weiß.«[1]

Wie mit Griechenland, so mit Indien, Persien usw.

Einem Waldorfschüler sollte es vom Geschichtsunterricht her selbstverständlich sein, daß wir nicht nur im 20. Jahrhundert leben, sondern im neunten Jahrzehnt, das der Erzengel Michael prägt. Er sollte auch von der Frühgeschichte der Menschheit wissen, z. B. von der (der ›Akasha-Chronik‹ Steiners entnommen) Atlantischen Zeit.

1 *B. v. Schilling* in: Die Rudolf-Steiner-Schule, S. 158.

Die Atlantier hatten »Vorrichtungen, die sie – sozusagen – mit Pflanzensamen heizten, und in denen sich die Lebenskraft in technisch verwertbare Kraft umwandelte. So wurden die in geringer Höhe über dem Boden schwebenden Fahrzeuge der Atlantier fortbewegt. Diese Fahrzeuge fuhren in einer Höhe, die geringer war als die Höhe der Gebirge der atlantischen Zeit, und sie hatten Steuervorrichtungen, durch die sie sich über diese Gebirge erheben konnten«.[1]

Wenn Waldorfschüler Chemieunterricht haben, sollte ihnen klar sein, daß Erze niemals nur in ihrer chemischen Zusammensetzung betrachtet werden können, weil sie vom Kosmischen beeinflußt sind. Daß England im Meer schwimmt und von außen durch die

Sternenkräfte festgehalten wird, ist eine, in Geologie beizubringende, unumstößliche Tatsache. In Biologie haben Waldorfschüler schon erklärt bekommen, wie das Schriftbild oder die Stirn eines Menschen mit schlechtem Charakter aussieht, und begannen, sich mit ihren Mitschülern physiognomisch zu vergleichen. Aber der betreffende Lehrer hat die Steiner'schen Regeln verletzt: solches sollen die Schüler nur ahnen – die Aufklärung über das Wesen des Menschen darf nicht ›zu früh‹ beigebracht werden.

Wenn ein Waldorfschüler von seinem Wissen als einem selbstverständlichen Bildungsgut ausgeht, muß er feststellen, daß seine

1 *R. Steiner*, Aus der Akasha-Chronik, S. 29.

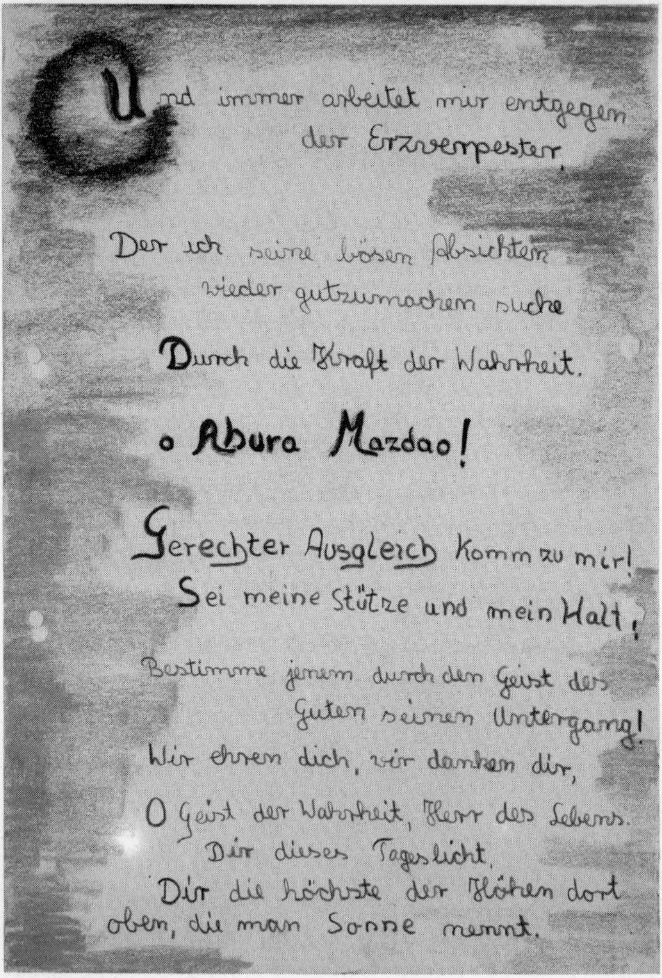

Selbstverständlichkeiten außerhalb der Waldorfschule kaum jemandem verständlich sind. Viele Waldorfschüler kommen sich nach ihrem Schulabgang besonders dumm vor, wissen nicht mehr, was sie glauben sollen und können. Sie müssen die ihnen in zwei

Denksystemen und in zwei unterschiedlichen Weltbildern erklärten ›Tatsachen‹ entmischen. Sie müssen lernen, was ihnen als übersinnliches Wissen (innerhalb des animistischen und mystischen Weltbildes) beigebracht wurde, und was als sinnlich-reales Wissen (innerhalb eines eher vernunftsorientierten bzw. naturwissenschaftlichen Weltbildes).

»Von der Renaissance bis zur Gegenwart« steht auf dem Lehrplan für die siebte und achte Klasse. Aber was zur Gegenwart gehört, liegt im Bereich anthroposophischer Interpretation und ist in diesem Rahmen je nach Konfrontationsfähigkeit der einzelnen Lehrer unterschiedlich.

Aber immerhin hat mit dem 12. Lebensjahr ein einschneidender Umschwung begonnen; werden intellektuelle Fähigkeiten nicht mehr blockiert sondern langsam zugelassen und schließlich sogar gefördert. Einen Bruch bedeutet dies nicht: ob Mineralogie oder Klimatologie, ob Physik oder Chemie, ob Mathematik oder auch Geometrie – der Grundsatz ist das »Hervorgehen des Wissenschaftlichen aus dem Künstlerischen«. Und es ist, darauf weist Steiner immer wieder hin, gerade im Lernen abstrakter Begriffe ein Moralunterricht »in ganz besonderer Art« notwendig.

»Im Physikunterricht der Oberstufe lernt der Schüler . . . die Unterschiede der Lichtquellen und ihre physikalischen Funktionen kennen. Gleichzeitig lernt er, . . . daß die Qualität des Lichtes einer Kerze, einer Glühfadenbirne und einer Neonröhre sehr unterschiedlich ist, nämlich darin, daß in der Kerze gute Wesenheiten zu Hause sind, und in der Neonröhre der menschlichen Seele sehr schadende dämonische Geister sich wohlfühlen und daß man darauf achten soll, in wessen Lichtreichweite man sich befindet.«[1]

Der Eintritt in die neunte Klasse ist ein großer Einbruch in das Leben jedes Waldorfschülers. Plötzlich gehen die Lehrer vom »Du« zum »Sie« über, wird der vertraute Klassenlehrer von Fachlehrern abgelöst, werden Diskussionen hin und wieder zugelassen – ja, sogar gefördert – bekommen die meisten Fächer einen trockenen und wissenschaftlichen Charakter, gibt es massiv Hausaufgaben, muß man anfangen zu pauken. Außerdem hat sich der Klassenzusammenhang geändert, haben, wegen der zu erwartenden Lei-

1 Seminarpapier von Dr. Meyer-Bendrat, Hannover.

stungsanforderungen, einige Schüler die Waldorfschule verlassen (müssen).

Wie aus heiterem Himmel schlägt, so scheint es vielen, »die Welt« zu . . . Jetzt gilt es, sich auf das Abitur vorzubereiten, das staatlich abgenommen wird. Von nun an rückt das Aneignen von Faktenwissen, das Erarbeiten von Lerntechniken, Pauken und Büffeln an die erste Stelle.

So in etwa geht es in den staatlichen Schulen zu, glauben manche, und sind froh darüber, *den* Horror nicht schon zuvor erlebt zu haben. Daß sie jetzt den Preis für die vorangegangenen »schönen Schuljahre« bezahlen und ein ungeheurer Wissenswust nachgeholt werden muß, entzieht sich den meisten.

Und noch etwas anderes ist nur schwer zu verarbeiten: der Abschied vom Klassenlehrer, gerade zu einem Zeitpunkt, wo die Leistungsanforderungen immens groß werden. War er doch für viele, und er wollte das auch sein, eine Art Elternersatz. Dazu kommt, daß er den Schülern nicht mitteilen wird, woher sein Rückzug stammt. »Es ist eben an der Zeit«, sagt er vielleicht, und denkt an Steiners Menschenkunde, laut der an die Stelle der vorherigen »selbstverständlichen Autorität« eine »selbstgewählte Autorität« treten soll. Mit diesem Plan zieht er sich zurück. Eine Infragestellung seiner Person, unter Umständen mit Hilfe von pubertären Konflikten, kann nicht geschehen. Er setzt sich ab, bevor er, vielleicht, abgesetzt werden könnte. »Die freie Wahl der Herren, schafft die Herren oder die Sklaven nicht ab.« (Marcuse)

Ein anderes Programm bleibt ebenfalls hinter den Kulissen; der kommende Leistungsdruck bezieht sich nicht nur auf die Anforderungen des Staates, sondern auch auf das anthroposophische Menschenbild. Die Jugendlichen seien »erdenreif« geworden, was heißt, reif genug, auch selbst einmal zu urteilen.

Kaum daß ihnen zugestanden wird, Dinge, Menschen und Verhältnisse zu befragen und zu beurteilen, kommt schon ein warnender Zeigefinger. Subjektives gehört hier nicht herein. Das anzusteuernde Ziel ist die Verbindung von »Wahrheit« und »Wissenschaft« und die Herstellung einer »objektiven« Haltung.

Mit all dem eng verbunden setzt sich noch eine andere, ebenfalls heimliche Strategie durch. Wenn, so Steiner, »der Mensch

Waldorfschule – Pädagogik der Ganzheitlichkeit?

»Wenn zur Ganzheitlichkeit eine umfassende, den ganzen Menschen mit Geist, Seele *und Leib* erfassende Betrachtungsweise gehört, dann sollten eigentlich alle drei Wesenheiten des Menschen gleichbedeutend sein. Doch dieses ist in der Anthroposophie nicht der Fall. Die Überbetonung des geistig-seelischen Bereiches weist der Körperlichkeit (dem physischen Leib) eine mindere Rolle zu. Dem Körper, als der Bereich, der von allen Wesensgliedern am stärksten der Materie verhaftet ist, gebührt nur insofern Beachtung, daß er als Seelenhülle, als Hülle des Ich notwendig ist. Seine Körperlichkeit, seine Triebe und das Begehren sind dem Menschen bei seiner Entwicklung nicht förderlich, sondern hinderlich. In diesen Bereich hinein gehört auch die Sexualität. Sie hat darum in der Waldorfschule keinen Raum. Sexualkundeunterricht gibt es nicht. Da sich aber die Pubertät de facto auch in einer Waldorfschule nicht leugnen läßt, muß sie in der entsprechenden Altersstufe zumindest Erwähnung finden. Dieses geschieht jedoch nicht in einem Klassengespräch zwischen Lehrern und Schüler/innen, sondern an Elternabenden der 10. und 11. Klasse. An diesen Abenden wird den Eltern der Unterrichtsstoff der Oberstufe vorgestellt. In diesem Zusammenhang erfolgt dann der Hinweis, daß sich die »Kinder« jetzt in einem Alter befinden, in dem sie dazu neigen, sich zu sehr mit sich selbst zu beschäftigen (die »Kinder« sind inzwischen 16/17 Jahre alt).«

D. Huber in: Widersprüche, S. 18 f.

nicht genügend Interesse für die Welt draußen hat, wird er auf sich selbst gelenkt, dadurch beginnt er, in sich selbst allerlei auszubrüten . . .

Wenn man die Hauptschäden der heutigen Zivilisation ins Auge fassen will, so bestehen sie im wesentlichen . . . darinnen, daß die Menschen viel zu viel mit sich selbst beschäftigt sind . . .

Das ungünstigste Lebensalter für die Beschäftigung mit sich selber ist das Lebensalter zwischen dem 14., 15. und dem 21. Jahre.

In diesem Lebensalter muß die Urteilsfähigkeit, die in diesem Alter erblüht, umgelenkt werden auf die Weltzusammenhänge auf allen Gebieten . . .

Das, was man von innen spürt, das regt einen sofort an, sich mit sich selbst zu beschäftigen, wenn man nicht genügend nach der Außenwelt abgelenkt ist.«[1]

Die Eurythmie

Eurythmie, der »schöne Rhythmus« oder auch die »beseelte Körperkultur« ist eine Art Allheilmittel und das Mark der Waldorfpädagogik. Sie ist obligatorisches Unterrichtsfach für alle Schüler, und es gibt kaum etwas, auf das sie nicht heilend wirkt. Schlechte Augen, Rückenschmerzen, Verstopfungen, aber auch Aggressionen, Egoistisches, Triebhaftes im weitesten Sinne können mit ihrer Hilfe kuriert werden.

Vor der Schule, während der Schule, nach der Schule, Eurythmisches ist immer angebracht, und besonders schwierigen Schülern wird extra nachgeholfen.

»Ich trage in meinem Erdenmenschen einen himmlischen Menschen« (Steiner), diese Empfindung soll, bis in jede Geste hinein, die Eurythmie wecken und zum Ausdruck bringen. Eurythmieveranstaltungen sehen entsprechend aus:

»Wir besuchen mit einem Kind erstmals eine Eurythmie-Aufführung . . . Die schweigenden Gestalten in ihren schönfarbigen Gewändern und Schleiern, die so lebendig jede feinste Gestaltung und Wendung mitmachen, bewegen sich schreitend zum rhythmisch gesprochenen Wort oder zur Musik. Der ganze Raum um sie scheint erfüllt durch die Formen, die ihre beschwingten Arme und seelenvollen Hände in diesen Raum hineinschreiben und unhörbarhörbar hineintönen. Das Kind schaut regungslos zu . . . Dann, nach einem tiefen Seufzer stellt es die Frage: Sind das Engel?«[2]

Es scheint wirklich so: Oft noch unterstützt von der priesterlich vorgetragenen und anthroposophisch gestalteten Sprache scheint

1 *R. Steiner,* Erziehungsfragen, GA 302, Vortrag am 16. 6. 1921.
2 *Dr. med. Bort* in: Heilende Erziehung, S. 139 f.

alles heilig durchflutet. Da schweben die schweigenden Gestalten mit versteinertem Antlitz, als hätten sie kein Gesicht, das mimisch sprechen könnte und keinen Körper, dem der Boden noch irgendetwas bedeutet. Da gibt es keine Berührungen untereinander und keinen Blick, der den anderen trifft. Ständig bestimmen harmonische, fließende Bewegungen das Bild – ein Bild, das mich immer daran erinnert, was Bloch als die Elfengeisterweise des Balletts bezeichnete: »es zeichnet eine menschliche Landschaft vor, der wie der leibliche Schwerpunkt so auch die Schwere fehlen soll« – sogar der Boden wird noch verneint: er wird nur gebraucht, um ihn elfengleich zu streifen und den Schwung der Glieder durch die augenblickliche Hemmung neu zu beleben. Was sagt Rudolf Steiner zur Eurythmie?

»Wird dasjenige, was alltägliche Gebärde ist, in die artikulierte Gebärde der Eurythmie umgesetzt, so ist das, was man sieht, wenn es umgesetzt gedacht wird in die Sprache, die von Wesen zu Wesen fließt, eigentlich dasjenige, was die ERZENGEL miteinander sprechen. Der Mensch hebt sich also vom schweren Boden hinauf in die Region, wo geistig-göttliche Wesen ihre Mitteilungen gießen in die besondere Art und Weise, die eben ihnen eigen ist, wo die Bewegungen nicht so sind, man könnte sagen, daß ihnen die Schwerekomponente eingefügt wird, sondern wo sich Bewegung loslöst und ganz peripherisch in dem Kosmisch-Freien schwingen will. Und das Nicht-Einfügen in die Schwere ist die Hinneigung zum Ewigen.«[1]

Abstrus-mystisch ist das Ganze zwar. Doch keineswegs wirkungslos. Die Körpersprache ehemaliger Waldorfschüler verrät einiges von der eurythmischen Vergangenheit.

Im allgemeinen aber können kleinere Kinder diese Sprache der Erzengel nicht ausstehen, wenn sie sie selber machen sollen. Ihnen gefällt die bewegungswidrige Art nicht, zu gehen, sich zu bewegen, und sich auf diese Weise total zu disziplinieren. Die Frage ist, wie diese Kinder dahin zu bewegen sind, daß sie eine solche Schwerelosigkeit mögen lernen. Ihre Lust zu spielen und Musik zu hören wird aufgenommen: sie spielen Eurythmie als Bewegungsspiel, wo sie bucklig wie Gnome trippeln, furchtbar wie Riesen stampfen, und

1 *R. Steiner* zit. in: Heilende Erziehung, S. 140 f.

natürlich immer wieder Disziplin üben. Bald laufen sie »der Logik des Kosmos abgelauschte« geometrische Figuren auf dem Boden, damit ihre Seele hin- und herschwingen kann zwischen Innen und Außen, Körper und Geist, Sinneswelt und Geisteswelt. Hier werden Empfindungen diktiert, werden ›neue‹ Sinne entwickelt, und es dauert nicht lange, bis sie lernen, die sprachgestalteten Gedichte mit buchstaben- und lautfixierten, religiös aufgeladenen Gesten zu begleiten. Waldorfschüler werden in die Wortmagie der Anthroposophen eingeweiht; sie lernen nicht nur das normale Alphabet, sondern auch das eurythmische.

> »Indem wir uns im *A* mit ausgebreiteten gestreckten Armen dem Weltall öffnen, ›hineingreifen in die Sterne‹, kann dieses Weltall von allen Seiten, von außen nach innen in unsere Seele, in unser ganzes Wesen einströmen. Indem wir im *E* die Arme kreuzen und durch Berührung fest einen Punkt der eigenen Organisation spüren, fühlen wir unser Selbst, fühlen wir das Geistige der Welt in uns. Nun erfolgt eine Umkehr, eine Wende: Aus dem Mittelpunkt unseres eigenen Wesens, von innen nach außen, sprüht feurig die Kraft des *I*. Sie führt uns wieder zurück in die Welt, aber so, daß wir im *O* unsere Seele herausheben aus der Leibgebundenheit, voll und ganz sie erfüllend mit dem Geiste, der sich vor und außer uns offenbart. Was wir im *A* empfangen, geben wir im *O* in individueller Form der Welt zurück. Im *U* halten wir fest an unserem Leibe, der sich wie in Furcht und Erstarrung zusammenzieht; auf der anderen Seite lebt in dem *U* eine Dynamik, die uns in Geistessehnsucht jubelnd weit, weit wegführen möchte aus der Erdgebundenheit.«
>
> **Dr. med. Bort,** in: Heilende Erziehung, S. 151.

Vokale stärken die Persönlichkeit, Konsonanten schwächen sie und sind bei egoistischen Menschen angebracht. Und wenn ein Kind den Eindruck macht, träge, willensschwach zu sein – real also vielleicht so willensstark ist, daß es sich nicht von all den schönen Unterrichtsinhalten mitreißen läßt, auch vom »Mut zu dienen« nichts hält – empfiehlt Steiner ein eurythmisch willensweckendes »Einhämmern«.

»ICH TRAGE IN MEINEM ERDENMENSCHEN EINEN HIMMELSMENSCHEN«
Jedem Buchstaben hat Steiner »sein Wesen« gegeben – eine Geste und Empfindung zugedacht, die bis in die Fingerspitzen hinein erlebt und in der ganzen Haltung zum Ausdruck kommen muß.

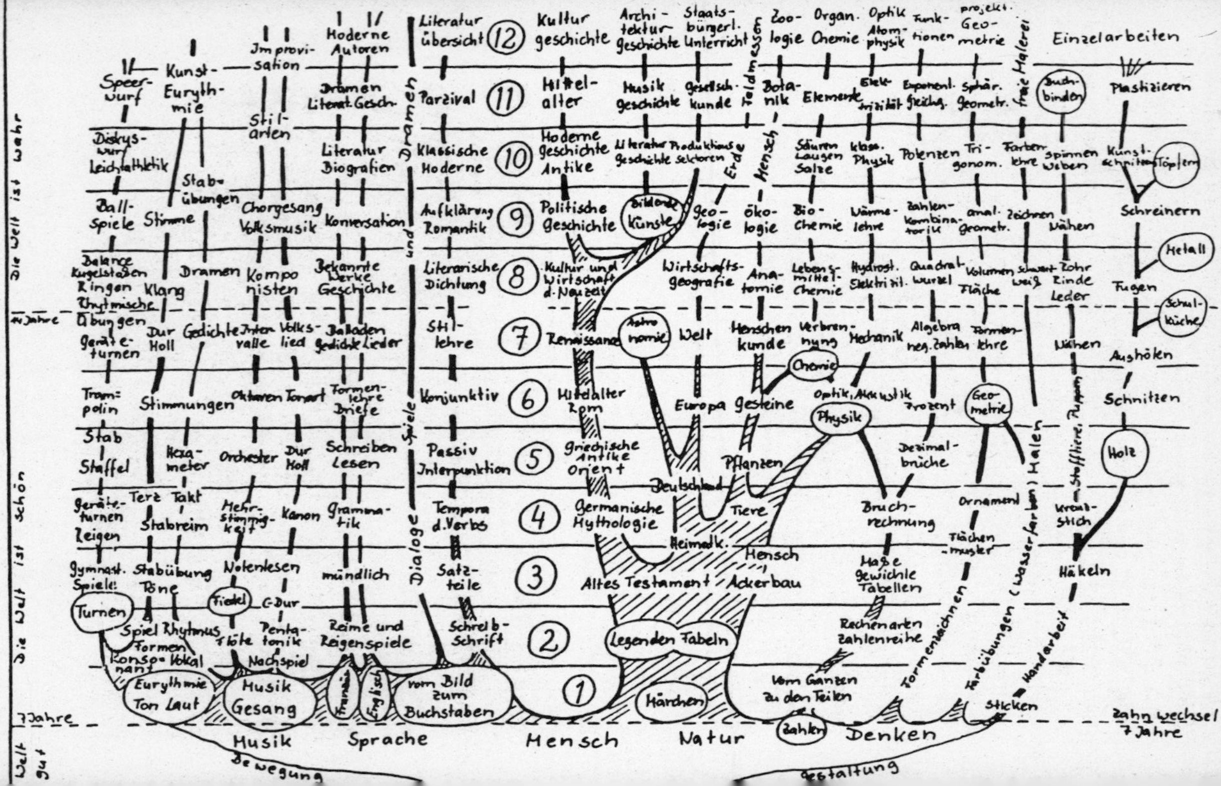
Die Welt ist wahr
Die Welt ist schön
Welt gut
7 Jahre
14 Jahre
Einzelarbeiten
Literatur übersicht
Kultur geschichte
Architektur Geschichte
Staatsbürgerl. Unterricht
Zoologie
Organ. Chemie
Optik Atomphysik
Funktionen
projekt. Geometrie
Parzival
Mittelalter
Musik Geschichte
Gesellsch. kunde
Botanik
Elemente
Elektrizität
Exponenl. Gleichg.
Sphär. Geometr.
Plastizieren
Buchbinden
Klassische Moderne
Moderne Geschichte Antike
Säuren Laugen Salze
Polenzen
Trigonom.
Spinnen Weben
Töpfern
Aufklärung Romantik
Politische Geschichte
Bildende Künste
Geologie
Ökologie
Biochemie
Wärmelehre
Schreinern
Nähen
Literarische Dichtung
Kultur und Wirtschaft d. Neuzeit
Wirtschafts geografie
Anatomie
Lebensmittel Chemie
Quadratwurzel
Volumen Fläche
Metall
Fugen
Schulküche
Stil lehre
Renaissance
Astronomie
Welt
Menschen kunde
Verbrennung
Mechanik
Algebra
Formenlehre
Aushölen
Konjunktiv
Mittelalter Rom
Chemie
Europa
Gesteine
Optik, Akustik
Physik
Prozent
Geometrie
Schnitzen
Passiv Interpunktion
Griechische Antike Orient
Pflanzen
Dezimalbrüche
Holz
Tempora d.Verbs
Germanische Mythologie
Deutschland
Tiere
Bruchrechnung
Ornament
Kreuzstich
Satzteile
Altes Testament
Heimatk.
Mensch Ackerbau
Maße Gewichte Tabellen
Flächenmuster
Häkeln
Schreibschrift
Legenden Fabeln
Rechenarten Zahlenreihe
Formenzeichnen
Farbübungen (Wasserfarben) Malen
Handarbeit
Vom Bild zum Buchstaben
Märchen
Vom Ganzen zu den Teilen
Zahlen
Sticken
Zahnwechsel 7 Jahre
Musik
Sprache
Mensch
Natur
Denken
Bewegung
Gestaltung
Eurythmie Ton Laut
Musik Gesang
Französisch
Englisch
Turnen
Dialoge Spiele und Dramen

Je älter die Schüler werden, desto schöngeistiger ist auch ihre Eurythmie. In den höheren Klassen wird zu klassischer Musik und humanistischen Gedichten geübt, choreographisch-festgelegte Bewegungen zu einer »lebendig schwingenden Gruppenbewegung« werden zu lassen. Das gemeinschaftskultische WIR wird in dieser Zeit ausgiebigst gepflegt, speziell gegen die Gefahr, pubertär allerlei auszubrüten.

Allerdings: ganz kampflos geht das nicht. Gerade in der Oberstufe latschen immer wieder einzelne Schüler betont erdenschwer in den Eurythmiesaal, die Hände fest in beiden Taschen, und wollen wissen, was das Ganze soll. Aber Aufklärung darüber können sie von ihren Lehrern nicht erwarten.

Die Unterrichtskunst

Epochenunterricht

Das ist sozusagen der Hauptstamm des organischen Kunstwerks. Er hat zunächst den Sinn, daß sich die Kinder 1–2 Monate auf den gleichen Unterrichtsstoff konzentrieren. Sie können sich leichter mit ganzem Herzen auf die anthroposophischen Lehrinhalte einlassen, wenn sie nicht von anderen Fächern immer wieder herausgerissen werden. Das Sich-Einleben wird ihnen im Ganzen leichter gemacht, sie strengen sich also auch mehr an. Gegen Ende des Jahres wird das Gelernte, unter Umständen Vergessene, in Form von Rezitationen aufgefrischt.

Zwei Stunden lang Epochenunterricht. Das heißt: Der Unterricht beginnt mit einem gemeinsamen Morgenspruch; mit einer gesammelten Andachtsstimmung. Abschließend wird ein Lied gesungen, werden Sprachübungen gemacht, sagen einzelne Schüler ihre Zeugnissprüche auf. Nach diesem geistdurchdrungenen gemeinschaftskultischen Abschnitt beginnt die Wiederholung von dem, was am vorausgegangenen Tag dargestellt worden ist. Diese Wiederholung kann ›sachlich‹ sein und die Denkfähigkeit der ausgeruhten Kinder in Anspruch nehmen. Daraufhin folgt die

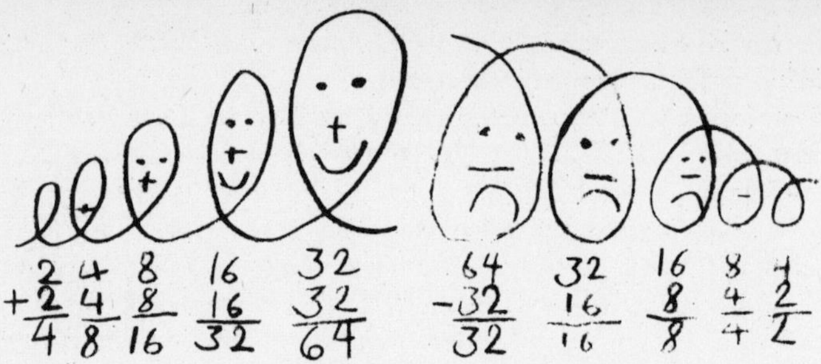

Verdoppeln und Halbieren

Darstellung des neu zu erlernenden Stoffs. Der Lehrer bemüht sich um lebendiges, plastisch-anschauliches Erzählen, die Haltung der Kinder bleibt rezeptiv. Er ist der »Dirigent der Klasse«, sie »schwingen mit«. Die »Phase der Eigentätigkeit« schließt den Epochenunterricht ab; es wird gemalt, gespielt, gesungen; Stücke werden für die Monatsfeier eingeübt, oder Nacherzählungen bzw. Diktate in die Hefte eingetragen.

Nun gehört auch Rechnen zum Hauptunterricht dazu. Die Frage wirft sich also auf, wie denn hier durch Erzählen und andere phantasiefördernde Mittel dem Intellekt aus dem Wege gegangen werden kann.

Die Antwort:

»Wir lassen dem Kinde die Zahlen so vorentwickeln, wie es der tatsächlichen Entstehung der Zahl entspricht. – Und da muß der für das heutige intellektuelle Bewußtsein paradoxe Satz ausgesprochen werden: Die größte Zahl ist die Eins und alle anderen Zahlen sind nur Bruchstücke derselben, sind also aus der Eins hervorgegangen. Diese noch ungeteilte, unzerbrochene Ur-Eins ist das Primäre, sie steht am Anfange. Indem aber diese göttliche Ureinheit geteilt, gebrochen, zersplittert wird, entstehen als Sekundäres die Zahlen. Durch ein Zerbrechen der Eins (auf schweizerdeutsch heißt es ›verbrechen‹), durch Entzweiung ist die Zwei entstanden.«[1]

Auch hier soll sich die Weltentwicklung in der Entwicklung der Kinder wiederholen – diesmal biblisch:

1 *W. Aeppli*, S. 42.

Am Anfang war das Wort, die Ordnung – am Anfang war alles Eins, und dann kam der Sündenfall.

Der normale Rechenunterricht hat die Welt, im Zuge des Materialismus, auf den Kopf gestellt. Anthroposophen stellen sie wieder auf die Füße.

Die Umsetzung des steinerschen Prinzips, daß jeder Unterricht aus einer Einheit, Ganzheit, Harmonie hervorgehen muß, ist auch für die moralische Entwicklung attraktiv. Man nehme z. B. einen schönen Stab, lasse die Einheit von dem Kind empfinden und zerbreche ihn. Durch das »Verbrechen« entstehen viele Teile, die es beginnen kann, zu zählen. Und damit sein Kopf nicht zu stark begrifflich belastet wird, wird es zählend mit den Händen klatschen und mit den Füßen stampfen, nach Vorgabe des Lehrers. So bleibt das Wissen nicht im Kopf, es wird in den Körper eingeschrieben – »der Körper zählt mit«. Auch die anthroposophische Zahlenmystik kann weitergegeben werden. Durch sie erlebt das Kind: Ich selber bin EINS, unteilbar. Aber ich trage auch die zwei und drei in mir. Mit zwei Augen, zwei Ohren, zwei Armen, Händen, Füßen, sehe ich meine Eltern, höre auf sie, und kann ihnen helfen. Die Drei? Der Arm gliedert sich in drei Teile, und die Finger, auch das ganze Bein – eigentlich der ganze Mensch (Kopf, Rumpf, Gliedmaßen).

Schreiben-Lernen

Das gleiche Prinzip: Kinder müssen in ständiger Verbindung zum kosmischen Ganzen bleiben. Im Rechnen muß immer von der Summe ausgegangen werden – im Schreiben von einem gemalten Bild, aus dem sich die Buchstaben herausentwickeln können. Auch Eurythmisches ist zu verwenden:

»Wenn du dich so hingestellt hast und Ah! gesagt hast, da ist das so, wie wenn von deinem Innern hinausgegangen wäre wie in einem Winkel aus deinem Mund der Sonnenstrahl. Was in deinem Innern lebt, wenn du den Sonnenaufgang siehst, das läßt du so (. . .)

ausströmen aus dir und bringst es hervor, indem du A sagst. Du läßt es aber nicht ganz ausströmen, du hältst etwas davon zurück, und da wird das dann zu diesem Zeichen.«[1]

Nein, Menschen sind nicht begrenzt. Sie sind ein »Atemzug im Kosmos«.

Der Kulturstufenplan fehlt auch hier nicht: das Kind muß naturgemäß zurückversetzt werden in die Zeit, wo das Schreiben entstand. Nur so ist das Weltfremde des heutigen Schreibens zu überwinden. Anzuknüpfen ist an Weltformen, intuitiv vom Lehrer zu erfassen (F=Fisch, Q=Quelle) – der Übergang von der ägypti-

»Kein Unterricht verläuft im richtigen Fahrwasser, der nicht begleitet ist von einer gewissen Pietät gegen die vorangehende Generation. So gefühls- und empfindungsmäßig diese Nuance bleiben muß, so muß sie doch mit allen Mitteln bei den Kindern kultiviert werden; daß das Kind mit Achtung, mit Respekt hinschaut auf das, was die älteren Generationen schon erreicht haben, und was er auch durch die Schule erreichen soll.
Dieses Hinschauen auf die Kultur der Umwelt mit einer gewissen Achtung, das muß in dem Kinde gleich von Anfang an erregt werden, so daß es wirklich in denjenigen Menschen, die schon älter geworden sind, gewissermaßen etwas höhere Wesen sieht. Ohne die Erweckung dieses Gefühls kommt man im Unterricht und in der Erziehung nicht vorwärts.«

R. Steiner, Erziehungskunst, Methodisch-Didaktisches, S. 53.

»Es kommt also gar nicht darauf an, ob sie (die Erwachsenen) wirklich überlegen sind oder nicht (das wäre in vielen Fällen äußerst schwer, in den meisten Fällen überhaupt nicht zu entscheiden), sondern darauf, daß sie die Pflicht des Stärkeren zum Recht des Stärkeren pervertieren, gegenüber Kindern sich verhalten *dürfen* wie sie es sich gegenüber anderen Erwachsenen niemals herausnehmen würden.«

E. v. Braunmühl, Antipädagogik, S. 129.

1 *R. Steiner*, Erziehungskunst. Methodisch-Didaktisches, S. 73.

schen Kultur in die phönizische (Entwicklung vom Bild zum Buchstaben) muß von den Kindern erlebt werden.

Am meisten beeindruckt hat mich damals, daß der, der ein heiliges Wort in der ägyptischen Bilderschrift falsch geschrieben hatte, zum Tode verurteilt wurde. Um Schreibfehler mit Angst zu besetzen, bedarf es keiner schlechten Note zu den Zeugnissen. Steiner bezweckte (wie ich dann erst als Erwachsene im Nachlesen von seinen Werken erfuhr), nicht zuletzt, mit solchen Erzählungen Achtung und Respekt bei den Kindern auszulösen.

Mit zu dieser Schulung zum Respekt – der Machtstärkung der Lehrer und Autoritätsabhängigkeit der Schüler – gehören all die didaktischen Mittel, mit denen sie dazu veranlaßt werden etwas zu lernen, ohne etwas zu verstehen. Sie sollen das auch nicht, nicht einmal ansatzweise. Sie müssen es glauben, daß das gut für sie ist, und sie werden das sicher später auch merken.

Abgehandelt wird dieses pädagogische Instrumentarium unter den Stichpunkten: *Rhythmuslehre:* Wiederholungen = Sich-Betätigen, ohne nachzudenken. *Rein gedächtnismäßiges Üben:* wirkt nicht auf den Verstand, wenn das Kind nicht versteht, was es übt – wirkt gut auf das Gemüt. *Regeln gefühlsmäßig »einimpfen«:* wirkt gut auf den »noch-schlafenden Willen«.

Durch die Unterrichtsmethoden sollen die Kinder »infiltriert« werden. Sie sollen hinhören lernen – dann gehorchen sie auch. Und wenn nicht, dann müssen sie eben einsehen, »daß einer in der Schule befehlen muß« (Steiner).

In diesem Rahmen gibt es eine ganze Reihe von Sprachübungen, die jeden Epochenunterricht begleiten.

Redlich ratsam
Rüstet rühmlich
Riesig rächend
Ruhig rollend
Reuige Rosse
Protzig preist
Bäder brünstig
Polternd putzig
Bieder bastelnd
Puder patzend
Bergig brüstend

Solche Sprachübungen sind den meisten Waldorfschülern verhaßt. Ich habe früher oft versucht, den Inhalt zu verstehen. Ich dachte zuerst, er sei nur versteckt, und ich könne ihn später begreifen. Aber es gibt tatsächlich keinen, bis auf den, daß sprechend »die Seele schwingt und klingt«. DAS WORT lebt eben besonders gut in blanken, inhaltsleeren Sprachformen.

»Das Wort« umspült die kindliche Seele auch im Epochenunterricht. Altdeutsche, griechische, gothische, lateinische (im Ruhrgebiet auch russische) Texte werden des Klanges wegen mühsam auswendig gelernt. Ständig wiederholt sollen sie sich tief einprägen. Das gothische Vater-Unser beherrsche ich in den ersten Zeilen immer noch, trotz meiner nur scheinbaren Beteiligung bei solchen Texten.

Durch permanentes Wiederholen von Immergleichem soll eine Art nicht intellektuelle Gedächtnisschulung stattfinden. Aber man kann wohl auch sagen: wo ein Motiv zum Lernen fehlt, muß eingehämmert werden. Daß viele Kinder einfach das Vorgegebene lustlos nachplappern, ist sicher nicht im Sinn der Sache. Dafür ist es ganz im Sinn der Steiner'schen Entwicklungstheorie, wenn die Wißbegierde der Kinder nicht ernst genommen wird, und sie auf ihre Phantasien zurückgeworfen bleiben.

Das Spiel mit den Sprachklängen, das Laufen und Klatschen auf die Rhythmen der Reime dagegen ist wohl der freudigere Teil, der den anstehenden Ungehorsam verhindern kann.

»Das wirklich Musikalische und das wirklich Dichterische ist ein Neuschaffen, und aus diesem Neuschaffen heraus wird einmal die spätere Jupiter-, Venus- und Vulkanentwicklung entstehen. Wir retten gewissermaßen das, was noch entstehen soll, aus der vorhandenen Nullität seines Daseins in die Realität hinein, indem wir an das Musikalische anknüpfen.«[1]

Englisch und Französisch gibt es ab der ersten Klasse als Nebenfach. Der Unterricht gliedert sich nach dem üblichen Prinzip dreifaltig:

Rhythmischer Teil (Begrüßung, Spruch, Lied)
Mittlerer Teil (Üben von Bekanntem, Einführen von Neuem)
Ruhiger Teil, Ausklang (Lied, Spiel, Märchen-Hören)

1 *R. Steiner,*: Erziehungskunst. Methodisch-Didaktisches, S. 49.

Natürlich werden die Märchen, wie alles andere auch, nicht übersetzt. Ihr Inhalt wird vage angedeutet. Kinder phantasieren und spielen mit Worten, auch mit Klangmelodien. Sie sollen dabei bleiben, die Schönheit der Sprache zu erleben und möglichst viel zu rezitieren. Erst in den höheren Klassen kann der Lehrer beginnen, zu übersetzen, werden auch Vokabeln gelernt. Kurz vor dem Schulabgang sind sogar Interpretationen möglich. Vorher sind sie »etwas ganz Furchtbares« (Steiner).

Während der Epochenunterricht vorwiegend die kognitive Entwicklung (animistisches und bildhaftes Denken, später auch Abstraktionsfähigkeit) stützen soll, liegt der Schwerpunkt anschließend (z. B. in den Fächern Fremdsprachen, Eurythmie, Musik) auf dem rhythmischen Wiederholungsprinzip. Am frühen Nachmittag folgt Künstlerisch-Praktisches: Handarbeit, Werken, Gartenbau. Die dahinterstehende Dreigliederungsidee: Das Kopfsystem (Denken) wird schwerpunktmäßig zuerst angesprochen. Dem folgt das Rumpfsystem (Fühlen) und schließlich das Gliedmaßensystem (Wollen). Dreigliederung ist nicht Dreiteilung: alles ist miteinander verbunden und trägt sich gegenseitig. Die künstlerischen Fächer stellen sich nicht neben die intellektuelleren Tätigkeiten – jede Stunde soll selbst ein Kunstwerk sein. Daher wird gerade im Epochenunterricht auf den Sinn für Einheit und Harmonie, für »Gutes« und »Schönes« hinerzogen. Widersprüche dagegen werden als krankhaft abgeschnitten, oder es wird eifrig harmonisiert, »geheilt«. Wer mit den musischen und künstlerischen Fächern verbindet, daß die Kinder hier ihre eigenen Gefühle ausdrücken sollen oder gar dürfen, irrt.

»Das Pflichtgefühl reift, wenn der Tätigkeitsdrang künstlerisch in Freiheit die Materie bezwingt« (Steiner). Ein Schüler äußerte einmal unmutig:

»Selbst wenn Chagall aus Versehen an unserer Schule eine Stelle bekäme, müßte er bald wieder gehen, weil er ja alles falsch macht.«[1]

Waldorfschüler sollen den Farben ihre anthroposophisch definierten Eigenschaften »ablauschen«; sich vom Holz oder Ton »erzählen lassen, was diese wollen«. Es geht gerade nicht um die

1 A. Miller wählte dieses Zitat als Klappentext für ihr Buch »Am Anfang war Erziehung«.

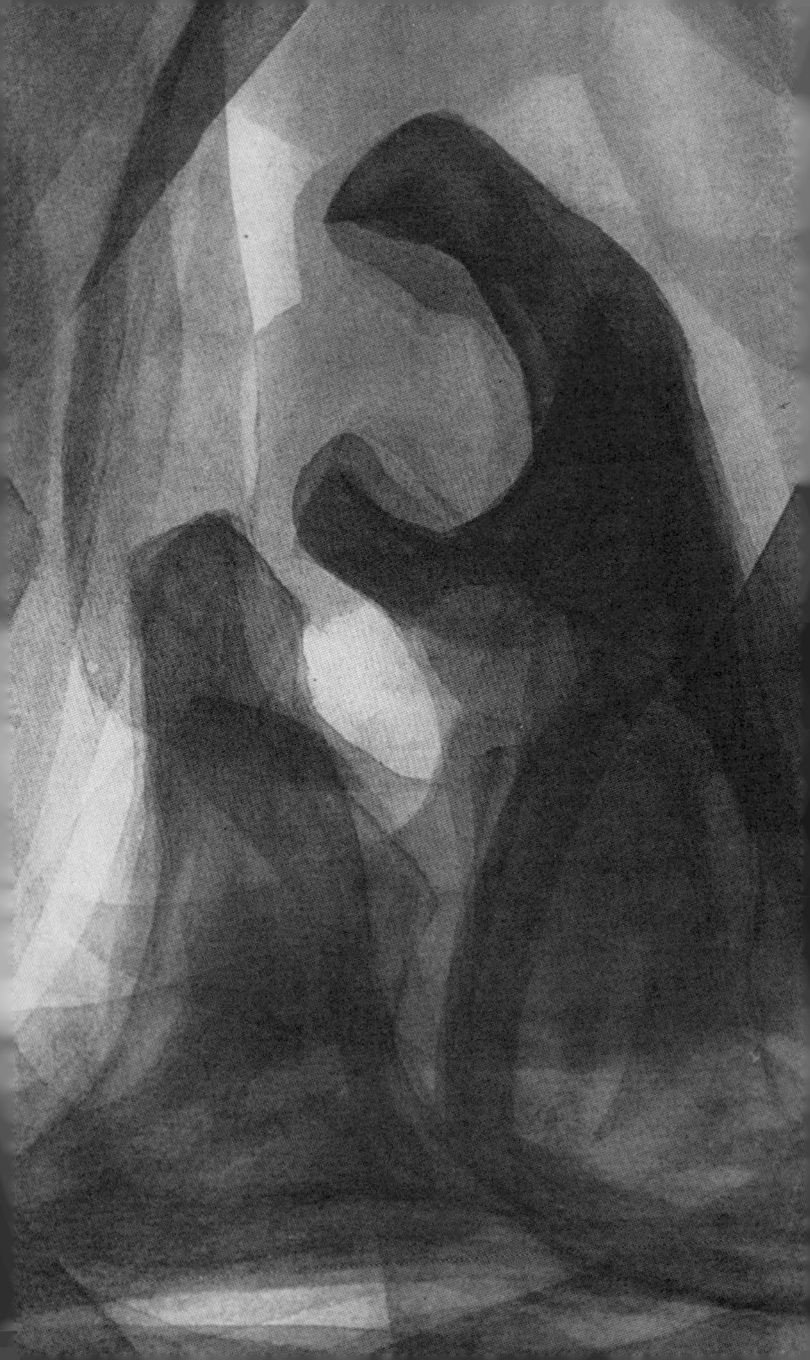

Gefühle der einzelnen, um ihre Sinnlichkeit und Lust, sondern um eine freudvoll erledigte pflichtbewußte Askese.

»Ich kann mir keinen Zustand denken, der mir unerträglicher und schauerlicher wäre, als bei lebendiger und schmerzerfüllter Seele der Fähigkeit beraubt zu sein, ihr Ausdruck zu verleihen«[1], schreibt Montaigne. Die Waldorferziehung ghettoisiert Kinder nicht nur. Sie raubt ihnen auch einen Teil ihres Lebens. Ein Ausdruck davon ist der mehr und mehr kursierende Begriff »Waldorfsyndrom«. Er steht für die Schwierigkeit, den Bruch zwischen dem scheinbar beschützenden Leben und der gesellschaftlichen Realität zu verarbeiten. Und er steht auch für die große Unfähigkeit vieler Waldorfschüler, ihre eigenen Wünsche, Ängste, Konflikte wahrzunehmen und auszudrücken. »Früh gelernt ist halb gewonnen«: ›Negatives‹ wird meist schon im Vorfeld des Bewußtseins einem dagegengestellten harmonisierenden positiven Lebensgefühl unterworfen. Aus Nöten werden Tugenden, bevor die Not überhaupt bewußt wird.

In diesem Zusammenhang hören Waldorflehrer oft den Vorwurf, daß sie zur Lebensfremdheit erziehen. Nein, beteuern sie, das tun wir nicht: Die letzten vier Schuljahre sind ja gerade dazu gedacht, die Jugendlichen in das »nackte Leben« einzuführen. In der neunten und zehnten Klasse stärken wir ihren allgemeinen Idealismus, in der elften und zwölften Klasse achten wir auf die geistige Differenzierung. Und wir geben den Schülern sogar die Möglichkeit, diese Ideale in den Praktikas zu überprüfen. Und wo?

»Ein in eine schöne Landschaft eingebetteter Hof mit vielgestaltiger Produktion und einem idealistisch gesinnten Landwirt, ein Forstamt mit befreundetem Oberforstmeister, der Umwelt- und Landschaftsschutz im Sinn hat, ein inselartiges Dorf mit Behinderten, eine Großgießerei in einer fränkischen Kleinstadt mit Partnerschaftsmodell und einem menschlich-partriarchalischen Unternehmer – . . .

Zum größten Teil wurden diese Orte auf Grund persönlicher Verbindung ausgewählt, auf Grund historischer Gegebenheiten. Sehr wohl überlegt wurden aber möglichst solche Praktikumsorte ausgewählt, deren Wirklichkeitsgehalt darin liegt, menschliche Lebensbedingungen zu erhalten und neu zu schaffen. Durch den Enthusiasmus der Menschen, die dort arbeiten, sollen sie auch bei den Schülern Weltvertrauen erzeugen und Keime von Idealen bilden können. Nur das ist in der Welt das eigentlich Wirkliche, ›Reale‹, was lebensfähig ist und nicht zerstörerisch wirkt.«[1]

Nicht anders als jede Schule hat die Waldorfschule ihren Fahrplan zur Bildungsreise. Aber dieser Fahrplan ist kosmischer Art. Er ist immens vielfältig und einfältig zugleich. Egal in welchem Fach, es geht in allen erdenklichen Variationen stets doch nur darum, die anthroposophische Weltanschauung und Lebenshaltung vor den Schülern auszubreiten, sie erleben zu lassen und möglichst lebenslänglich zu verankern. Im Unterricht wird nicht nur Stoff vergewaltigt, es wird auch Stimmungsmache betrieben. Der allseits moralisch gestaltete Unterricht soll nicht nur eine »seelische Massage« sein – er soll die Kinder bis in ihren Körper hinein prägen.

Waldorflehrer wissen daher sehr genau, wie sie so erzählen können, daß ihren Zuhörern der Atem bei Bösem stockt, und wie sie erleichtert wieder aufatmen, wenn »das Gute siegt«. Und so können sie selbst als Erlöser erscheinen. Sie wissen, daß Märchen, Fabeln, Legenden, Geschichten ein gutes Mittel dazu sind, die Schüler an sich zu binden.

Und sie hoffen, daß es ihnen u. a. auch damit gelingt, alles sich anbahnende Böse auch in den Kindern schon vorbeugend »auszurotten«. Das ist der tiefere Grund dafür, daß z. B. vor dem neunten Lebensjahr (zweite Trotzphase – das Kind findet Märchen kindisch und will oft nicht mehr gehorchen) die Autorität des Lehrers stellvertretend am notwendigen Gehorsam gegenüber DEM HERRN behandelt und wieder gefestigt wird. In dieser Zeit gehen, symptomatisch für das Alte Testament, die Erzählungen auch nicht mehr nur gut aus.

Natürlich wird in der Waldorfschule die anthroposophische Lebenshaltung und Weltanschauung nicht nur gelebt und verankert, sie wird auch abgefragt, geprüft und bewertet.

Das Vertrackte an der gesamten Steinererziehung sind im Grunde die unendlich vielfältigen Betrugs- und Selbsttäuschungsmanöver. Was wirklich stattfindet, wird getarnt:

1 *Ch. Gögelein* in: Die Rudolf-Steiner-Schule, S. 192.

»Nicht außer acht wird zu lassen sein, daß schlechte Gewohnheiten durch entsprechende abstoßende Bilder aus dem Felde geschlagen werden können. Wenig helfen zumeist Ermahnungen gegenüber solchen schlechten Gewohnheiten: läßt man aber das lebensvolle Bild eines entsprechend schlechten Menschen auf die jugendliche Phantasie wirken und zeigt man, wozu eine in Frage kommende Neigung in der Wirklichkeit führt, so kann man viel zur Ausrottung wirken.« **R. Steiner**, Die Erziehung des Kindes, S. 28.

Ein Waldorfsyndrom?

»Ich fand das Herausgehen aus der Waldorfschule erst einmal gar nicht so schlimm. Irgendwie ging ich davon aus, daß ich schon durchkommen und ›meinen Mann stehen‹ werde. Auf der Universität fand ich es zuerst schrecklich. Alles war so anonym, und ich kannte kein einziges Fremdwort. Ich fand mich entsetzlich dumm, auch unerfahren und blöffte, indem ich vorgab, alles mögliche zu wissen. Ich habe mich dann ziemlich schnell einer linken Hochschulgruppe angeschlossen. Außerdem lernte ich bald eine Musikerclique kennen, mit der ich fast jeden Tag zusammen war. Irgendwann kamen wir ins Erzählen. Da kannte ich alle schon ein bis zwei Monate. Als sie erfuhren, daß ich auf der Waldorfschule war, erfuhr ich, daß einige von ihnen in einem anthroposophisch geleiteten Zirkel Steiner lasen. Ich muß wie intuitiv Leute gesucht und gefunden haben, die meiner Vergangenheit nahestanden, und habe mich dem Steiner-Kreis auch angeschlossen. Daß ich gleichzeitig freß- und magersüchtig war, fiel niemandem auf, nicht einmal mir selbst. Ich fand es absolut stark, mich soweit zu beherrschen, daß ich tagelang nichts essen und trinken mußte. Das klappte lange, bis ich, meistens abends, Unmengen von Essen in mich reinstopfte. Was, war mir eigentlich egal.«

(Eine Waldorfschülerin über die Zeit zwischen ca. 1973 – 1977.)

»Herrschaft wird nicht Herrschaft, Macht nicht Macht, Führung nicht Führung genannt. Sie erscheinen in dem weiten Mantel menschenfreundlicher Liberalität.«[1]

»Etwas spitz formuliert könnte man sagen: Der Schwindel ist so geschickt als Original-Menschenliebe getarnt, daß man an ihm jahrelang vorbeigehen kann, ohne die Fälschung zu erkennen.«[2]

1 *K. Prange*, S. 161.
2 *L. Ledder, P. Brenner*, S. 4.

III.
Die ganze Welt in einem Kopf: Rudolf Steiner

»Er ist ein Menschheitsführer. Denke Dir – solch einer seltenen Persönlichkeit einmal im Leben begegnen, noch mehr: ihr als reifer Mensch freiwillig und liebend *folgen* zu dürfen.«

Ch. Morgenstern über R. Steiner in einem seiner Briefe aus Kristiana.

Der Zaubergarten Anthroposophie entsteht

Wer ist Rudolf Steiner, von dem in jeder Klasse ein Bild hängt, für den Gedenkfeiern veranstaltet werden, von dem sogar erzählt wird, er sei der fünfte Evangelist, denn er habe im Buch der Weltenschöpfung lesen können?

»Wenden wir uns also Steiner selbst zu. Das ist in seinem Fall um so mehr geboten, als die anthroposophische Geistesforschung bis zur Stunde im wesentlichen eine Ein-Mann-Unternehmung geblieben ist . . .

Die Anthroposophie ist, als Schulrichtung im Konzert der intellektuellen Strömungen, über seine Forschungsresultate nicht hinausgegangen. Sie gleicht der Pallas Athene, die als fertige Gestalt dem Haupt des Zeus entsprungen ist. Insofern stellt die Geistesforschung Steiners ein Kuriosum dar; es dürfte sich hier um die einzige Disziplin mit wissenschaftlichen Anspruch handeln, die schon bei ihrer Geburt am Ende war.«[1]

Der kleine Rudolf Steiner muß ein sehr einsamer, verschlossener, meist grübelnder Junge gewesen sein. Er wurde 1861 in Kraljevec (damals Ungarn, heute Jugoslawien) geboren und wuchs in verschiedenen Grenzdörfern Niederösterreichs auf. Sein Vater war bei der Eisenbahn angestellt. Durch seine häufigen Versetzungen mußte die Familie mehrmals umziehen; sie konnte sich aber nirgends richtig einleben.

Die Familie. Das waren seine Eltern aus Österreich, er selbst und zwei jüngere, namenlos gebliebene Geschwister. Über sie und seine Mutter verliert er keine zwei Sätze.

»Im übrigen gehören Privatverhältnisse nicht in die Öffentlichkeit. Sie gehen sie nichts an.

Und mein geistiger Werdegang ist ja ganz und gar unabhängig von allen Privatverhältnissen. Ich habe das Bewußtsein, er wäre der

1 *K. Prange*, S. 31.

Unter der Überschrift *»Mensch ist Kosmos und zeitlos«* hat K. Prange in faszinierender Kürze die wesentlichsten Merkmale von Steiners Wesens-Schau zusammengefaßt:

»Was ist nun Steiners Grundgedanke? Er ist sehr einfach und zugleich höchst abstrakt. Steiner hat ein uraltes Bild aus der Kindheit der Menschheit aufgenommen und modern kostümiert. Der Gedanke ist: Der einzelne ist ein Kosmos im kleinen, der Kosmos ein Mensch im großen. Das ist aber nicht als Bild und Metapher gemeint, das ist wirklich so. Es gibt eine Grundgleichung zwischen dem Endlichen hier und dem Ewigen dort, dem Irdischen und dem Zeitlosen. Man kann hin und her gehen: wie wir als Menschen uns sehen mit Kopf, Rumpf und Gliedmaßen, so ist die Welt im ganzen; und schauen wir auf Sonne, Mond und Sterne, auf Pflanze, Tier und Stein; dann erkennen wir uns selbst.

Diese Grundgleichung läßt sich endlos variieren und instrumentalisieren. Der Knochenbau des menschlichen Arms enthält nach Steiner z. B. die klassische Tonskala und insofern die musikalischen Ordnungen; die Eurythmie ist aus dem Kehlkopf ›herausgeholt‹; der Zahnbestand eines Kindes deutet auf seine intellektuelle Verfassung; die Art, wie es mit den Füßen auftritt, enthält Hinweise auf frühere Erdenleben, die Geometrie ist aus dem Kosmos und aus dem Skelett des Menschen extrapoliert; die vier Grundelemente spiegeln die vier Temperamente, die Temperamente die Weltzeitalter, diese wiederum die Phasen des irdischen Lebens usw. usw. Es ist ein Zaubergarten, wo eine kleine Bewegung hier eingreift in den großen Weltenplan, wo nichts verloren geht, sondern alles Folgen hat, und wenn nicht in dieser Inkarnation, dann in der nächsten. Gerade die Lehre von den wiederholten Erdenleben zeigt ein Grundmotiv bei Steiner: Er will das Ganze fassen, alles und jedes, aber dieses Ganze soll zugleich unbegrenzt und ewig sein. Das bedeutet für das menschliche Leben: es ist nach beiden Seiten hin offen, vorwärts in die nachtodlichen Zustände, rückwärts in die vorgeburtlichen Schicksale. Der Mensch ist zeitlos wie der Kosmos, im strengen Sinn gerade nicht sterblich, sondern auf einer Dauerreise von einer Inkarnation zur anderen. Dazu wird ein Totalwissen in Anspruch genommen, nicht nur im Blick auf die Entstehung der Welt und ihren Fortgang, sondern ebenso für frühere Erdenleben und künftige Zustände verstorbener Personen. So erzählt Steiner davon, was z. B. Goethe und Schiller nach ihrem Ableben durchzumachen hatten und welche Aufgaben sie in ihrer nächsten Erdenrunde zu gewärtigen haben. Die praktische Pointe bei alledem ist, der seherisch Geschulte kann aus bestimmten Handlungen und physiognomischen Eigenarten auf frühere Schicksale schließen und danach Menschen beurteilen. Warum hat etwa Karl Marx das ›Kapital‹ geschrieben? Weil er die soziale Frage ernst genommen hat oder weil er die angelsächsische Nationalökonomie mit Hegelscher Dialektik kombinierte oder aus sonst einem Grunde? Der Geisterseher sieht anders: Marx war in seinem vorherigem Leben der gepeinigte Pächter eines gnadenlosen Großgrundbesitzers, dem er es jetzt mit einer tückischen Sozialtheorie heimzahlt. Das ›Kapital‹ ist der niederträchtige Racheakt eines kleinen Angestellten; so sieht die anthroposophische Menschenerkenntnis in der Praxis aus.«

K. Prange in: Elternforum, H. 3, 1986.

ganz gleiche gewesen, bei ganz anderer Gestaltung meines Privatlebens.«[1]

So wenig über die »Privatverhältnisse« des jungen Steiner aus seiner Biographie zu erfahren ist, so bestürzend ist es: »Ich war ein Fremder im Dorf«, ein »Fremdling im Elternhaus«, »ich lebte ohne Anteil an dieser Umgebung«.

Wahrscheinlich blieb ihm keine Wahl: schon früh beziehungsgestört spaltete er seine Gefühle so weit von sich ab, daß er dem realen Leben gegenüber gleichgültig wurde. Er spielte nicht, sondern zog sich in die Natur zurück, wo, so schien es ihm, Berge und Bäume,

1 *R. Steiner,* Lebensgang, S. 264 f.

Blumen und Steine zu ihm sprachen. Hier und in der Kirche des Dorfes fand er Geborgenheit und Trost: »Ich dachte, sann und empfand fortwährend mit jener anderen Welt«; mit einer Welt übrigens, von der sein Vater, ein aufklärerischer ›Freigeist‹, nichts wissen wollte.

Schon als Kind hatte Steiner sein erstes Hellseher-Erlebnis. Demnach erschien ihm eine Frau und bat: »Versuche jetzt und später, so viel du kannst, für mich zu tun!« Daß sie sich zu dem Zeitpunkt seiner Vision umgebracht hatte, habe er erst Tage später erfahren.

Die Lebenden scheinen unendlich fern, die Toten nah – das menschliche Leben fremd, die »geistigen Welten« vertraut. Auf dem Boden dieser Tragik entwickelt Steiner im Grunde genommen sein ganzes Weltbild und seine Anthroposophie.

Das erste Aufkeimen seiner Weltanschauung sieht er in der Entdeckung der Geometrie.

»Wochenlang war meine Seele ganz erfüllt von der Kongruenz von Dreiecken, Vierecken, Vielecken; ich zergrübelte mein Denken mit der Frage, wo sich eigentlich die Parallelen schneiden; der pythagoreische Lehrsatz bezauberte mich.

Daß man seelisch in der Ausbildung rein innerlich angeschauter Formen leben könne, ohne Eindrücke der äußeren Sinne, das gereichte mir zur höchsten Befriedigung. Ich fand darin Trost für die Stimmung, die sich mir durch die unbeantworteten Fragen ergeben hatte. Rein im Geiste etwas erfassen zu können, das brachte mir ein inneres Glück. Ich weiß, daß ich an der Geometrie das Glück zuerst kennen gelernt habe.«[1]

Aber ist die Befriedigung, die er hier findet, nicht ein trauriges und fanatisches, hoch theoretisches Spielen mit Formen und gedanklichen Abstraktionen? Und das bei einem Jungen, der gerade 10 Jahre alt ist – der durch das Dorf strolchen und Abenteuergeschichten lesen sollte – der vielleicht abends seine magischen Zahlenspiele hat, um seine Unruhe zu beschwichtigen, einschlafen zu können mit einer übersichtlich geordneten Welt. Auch den Jüngern Steiners müßten sich eigentlich die Haare sträuben über die »zu früh« entdeckte Geometrie und die immense »verknöchernde«

1 *dgl.* a. a. O., S. 16.

Nachfühlen könnten Sie es nur, wenn . . .

»Hochgeschätzte gnädige Frau!
Schelten Sie mich nicht als den ewig Unzufriedenen, wenn ich meinen Brief wieder mit dem Satz beginne, daß mir der Glaube schwer, sehr schwer wird, wieder für unbestimmte Zeit Weimars Jämmerlichkeiten ertragen zu können, da ich wieder mehr als eine Woche hindurch bessere Verhältnisse gesehen habe. Wenn die aus diesen Verhältnissen fließende Grundstimmung nicht gar so mächtig wäre, so würde ich sie schon aus dem Grunde verschweigen, damit meine Briefe nicht dem Vorwurf äußerster Langweiligkeit ausgesetzt wären. Denn es gibt wohl keine langweiligeren Menschen als die, die ewig klagen. Aber bei mir kommt es wahrlich nicht auf diese oder jene kleine oder große Unannehmlichkeiten an. Diese möchte ich gerne ertragen. Solches verstimmt für kurze Zeit, aber man kann doch wieder aufatmen, wenn bessere Augenblicke des Lebens kommen. Etwas anderes ist es aber, wenn uns Zustände umgeben, die uns *fortwährend* das Gefühl des Ekels einflößen. Und dieses ist es, was ich nicht loswerde, wenn ich all die Jämmerlichkeit, die Kleinlichkeit, die Borniertheit, sehe, die mich hier umgibt. Um so größer aber ist das Gefühl des Dankes, das ich Ihnen und Ihrem geschätzten Herrn Gemahl gegenüber empfinde und hiermit ausspreche, dafür, daß Sie mich wieder einmal Ihrem lieben Kreise durch eine Reihe von Tagen angehören ließen. Ich sage wirklich nicht zu viel, wenn ich gestehe, daß mir die Wiener Tage wie ein schöner Traum erscheinen. Sie sind freilich darauf angewiesen, mir das zu glauben, denn nachfühlen könnten Sie mir es nur, wenn Sie von den beiden Gliedern des Gegenstandes, Wien und Weimar, auch das zweite kennten.«

R. Steiner, Brief v. 14. 12. 1891.

Intellektualität Steiners. Säße er bei ihnen in der Klasse, wäre von einem sehr kranken Kind die Rede.

Steiner selbst fällt nichts auf, denn seine Autobiographie dient ihm zur Beweisführung für seine Lehre. Und diese hat mit geometrischen Parallelisierungen und mathematischen Konstrukten sehr viel zu tun. (Zum anthroposophischen System siehe auch Epilog, S. 177 ff.)

Bis zu seinem 36. Lebensjahr gelang es ihm nicht, sich irgendwo zu verwurzeln. Er studierte länger Naturwissenschaften, schloß das Studium aber nicht ab. Er promovierte zwar in Philosophie, doch bei einem Professor, bei dem er nicht studierte. Er hatte oft für lange Zeit kein Geld und mußte viel hungern. Mit Gelegenheitsarbeiten (Nachhilfe, Abendkurse, Journalistisches) schlug er sich durch. 1886–1890 fand er eine feste Anstellung bei der Familie Specht. Hier war er Hauslehrer und machte seine ersten tiefergehenden pädagogischen Erfahrungen mit einem Jungen, der einen Wasserkopf hatte.

Kaum schien das Leben leichter, zog er nach Weimar. Dort hatte er das Angebot erhalten, die naturwissenschaftlichen Schriften Goethes mit einer eigenen Einleitung herauszugeben. Von 1890–1897 war er ständiger Mitarbeiter im Goethe-Schiller-Archiv, aber die Stadt war ihm verhaßt.

In seinen Briefen klagt er über sein Doppelleben und er klagt über Weimar, diese »Leichenstätte deutscher Größen«, in der er niemanden finden kann, der ihn versteht. Intellektuelle sind ihm hölzern und kalt. Mystiker sind ihm süßlich und sentimental. Adelige findet er unehrlich und unnatürlich. Ich »lechze nach Menschen«, schreibt er, und gleichzeitig ist er erfüllt von einem unsagbarem Ekel vor Menschen. Außerdem leidet er immer wieder an einer vollständigen Lähmung seiner Stimmbänder. Er somatisiert. Und er hat eine neue Vision. Diesmal von einem in einer Bibliothek einsam Verstorbenen. Wieder werden Tote lebendig, geben sie dem Leben Sinn.

Einen entscheidenden und viel zitierten Umbruch erlebte Steiner mit 36 Jahren – mit seinem Umzug nach Berlin.

»Eine vorher nicht vorhandene Aufmerksamkeit für das Sinnlich-Wahrnehmbare erwachte in mir. Einzelheiten wurden mir wichtig; ich hatte das Gefühl, die Sinneswelt habe etwas zu enthüllen, was nur SIE enthüllen kann.«[1]

1 *R. Steiner*, Lebensgang, S. 223.

»Meine Beobachtungsgabe stellte sich darauf ein, dasjenige ganz objektiv, rein in der Anschauung hinzunehmen, was ein Mensch darlebte. Mit Ängstlichkeit vermied ich, Kritik zu üben an dem, was die Menschen taten oder Sympathie und Antipathie in meinem Verhältnis zu ihnen geltend zu machen: ich wollte ›den Menschen, wie er ist, einfach auf mich wirken lassen‹.

Ich fand bald, daß ein solches Beobachten der Welt wahrhaft in die geistige Welt hineinführt.«[1]

Es scheint, daß Steiner einen Weg fand, seine gespaltenen Strukturen anders als bisher zu nutzen, und daß ihm der Ausbau seiner Weltanschauung eine immense (wenn auch fragwürdige) Hilfe war. Der Umschwung ist für Anthroposophen und ihn selbst das große Zeichen für seine »letzte Verbindung mit der wahren Wirklichkeit«. Gleichzeitig damit wird ihm seine Meditationsform (Erkenntnismethode genannt) »zur unbedingten Lebensnotwendigkeit«. Mit ihr sieht er Auren um Menschen und ganze Hierarchien von Geistern in höheren Sphären.

Zwischen Romanze, Revolution und Reaktion – Steiners öffentliche Bewegung

Natürlich war Steiner ein Kind seiner Zeit. Weder war er mit seinen Auffassungen so einsam, wie er sich sah, noch war er so einzigartig genial, wie die Anthroposophen meinen. Wie viele seiner Zeitgenossen, so wurde auch er erst von dem Aufeinanderprallen gesellschaftlicher Konflikte und Unruhen ab dem beginnenden 20. Jahrhundert aufgeschreckt. Die Zeit, so hieß es, fordere eine Lösung. Doch wer sie forderte, war natürlich nicht die Zeit. Es waren, u. a. Bürger, die aus unterschiedlichsten Gründen um ihren Wohlstand und ihre Kultur bangten. Sie hofften, Widersprüche zur Einheit und den bürgerlichen Menschen zur Ewigkeit zu bringen. Hier erst begann die anthroposophische Gemeinschaft zu einer öffentlichen Bewegung zu werden. Und hier erst findet auch die Waldorfpädagogik ihren Platz. Das damals allgemeine Verlangen nach einer neuen Erziehung, nach einem neuen Menschen und nach einer

1 *dgl.* a. a. O., S. 224.

neuen Gesellschaft auf altem Boden ist auch der Ausgangspunkt der Anthroposophie.

Berlin um die Jahrhundertwende muß ein krasser Unterschied zu dem höfischen und kleinbürgerlichen Kulturleben in Weimar gewesen sein, der auf Steiner durch seinen Umzug einstürzte.

Berlin. Das ist die Hauptstadt des rasant zur imperialistischen Großmacht gewordenen deutschen Reiches, das das Wettrüsten mit der alten Weltmacht England gerade begonnen hat.

Überall brodelt es: Wilhelm II. fordert, daß der deutsche Imperialismus seinen Anteil an eroberten Kolonien anderer Länder haben soll. Die Arbeiterbewegung beginnt, sich im Streit über Sozialreform oder Revolution zu spalten. Die Frauenbewegung kämpft international für ihr Stimmrecht. Kinder aus ›gutem Haus‹ tragen Marinekleidung, während Jugendliche begonnen haben, zu ›Wandervögeln‹ zu werden.

»Grün war die bejahte Farbe, um frisch zu beginnen« (Bloch). Und frisch beginnen, das wollte auch die bündische Jugend sowie die sich manifestierenden lebens- und gesinnungsreformerischen Erwachsenenorganisationen.

Groß sind die Gruppen, die, zunächst ausgezogen aus dem Ghetto ihrer kleinbürgerlichen Familien, in ein neues Nest gewandert sind.

»Hatte der ›Altwandervogel‹ vorwiegend das Ideal des ›Pachantentums‹ der ›fahrenden Schüler‹, der abgerissenen Kleider, des Übernachtens im Heu, der abenteuerlichen Fahrten ohne Geld gepflegt, die Mädchen abgelehnt, Alkohol und Nikotin keineswegs verpönt, so kultivierte demgegenüber der ›Deutsche Bund‹ die schmucken Volkstrachten, das Volkslied und im allgemeinen die Volkskunst, die Organisation von Landheimen, das Mädchenwandern, die strenge Alkohol- und Nikotinabstinenz. Im Jahre 1910 vereinigten sich die verschiedenen Bünde zum W.V.E.V., der im Jahre 1914 bereits 40 000 Mitglieder zählte.«[1]

Viele wandern später, nach dem Ersten Weltkrieg weiter: hin zur scharfen Ablehnung jedes ›Nicht-Freideutschen-Typs‹ und schließlich zum organisierten Antisemitismus.

1. *F. Jungmann* in: Autorität und Familie, Bd. II, S. 670.

Massen ergreift auch die »Jugendkulturbewegung«, die gegen die altbackene Sexualmoral mit ihrer Reinlichkeitsideologie rebelliert. Sie fordert Gleichberechtigung zwischen den Geschlechtern und zwischen Lehrern und Schülern.

Autonomie, innere Freiheit und eigene Verantwortung sind Schlagworte dieser Bewegung, die zum Hebel einer Veränderung der autoritären Hohenzollernschule und des Hohenzollernstaates zu werden schien.

Die Zukunft, so glaubten viele Bürger, wird das Jahrhundert des Kindes in allen Bereichen sein.

Die letzten Reste der Biedermannkultur werden vom Jugendstil übertönt. Mal funktional-abstrakt, mal pflanzenhaft-verspielt bezeichnet er das Zeitgefühl.

Modern ist der Glaube an einen guten Wesenskern im Menschen, den man nur freilegen müsse. Das sich ausbreitende optimistische, in verschiedene Richtungen hin changierende Menschenbild des deutschen Idealismus beflügelt die unterschiedlichsten kulturkritischen Ansätze. Die anthroposophische Variante ist nur eine, innerhalb der Fülle spekulativer Entwürfe der Weltverbesserung, die in diesen Umwälzungsprozessen entstehen.

In dieser Zeit wird Steiner mehrgleisig aktiv. Vorbei ist seine isolierte Archivtätigkeit und sein einsames Philosophieren (ein Produkt davon ist die bekannte »Philosophie der Freiheit«). Er findet eine Gemeinde, in der er sich verstanden fühlen kann: Maria v. Sivers (später seine zweite Frau – die erste bleibt im dunkeln) führt ihn in die »Theosophische Gesellschaft« ein. Für beides: für seine vielleicht wirklich zeitweise hellseherischen Fähigkeiten sowie für seine wüsten Phantasien und Spekulationen hat er einen gläubigen Kreis. Vor diesem kann er sein »ganzheitliches« Welt- und Menschenbild ausbreiten, in dem sich Dichtung und Wahrheit untrennbar vermischen.

»Eigenwelt und das Sinnbedürfnis geistbewegter Sucher passen zusammen: er hat sein Publikum, aber dieses Publikum hat auch ihn und macht ihn zu dem Führer und Menschheitserwecker, der er dann geworden ist. Darin entfaltet er dann eine immense Energie . . . es ist, als habe er beschlossen, Prophet zu werden.«[1]

1 *K. Prange*, Erziehung zur Anthroposophie, S. 43.

Zeitweise scheint es auch so, als habe er beschlossen, das Leben zu genießen: er hat immer wieder Liebschaften, sympathisiert (zum Ärgernis vieler Theosophen) mit verrufenen Menschen und trinkt auch kräftig. Doppelmoralistisch bekämpft er gerade das dann wieder in seinen Vorträgen und sonstigen Werken. Er entfaltet einen unvorstellbaren Leistungswillen, und erreicht viel damit:

Er übernimmt die Herausgeberschaft des »Magazins für die Literatur des In- und Auslands«, auch die der »Dramaturgischen Blätter«. Er arbeitet, unter anderem regieführend, in mehreren Freien Gesellschaften. Er macht sich seine ersten Gedanken zu einer »lebendigen Sprache und Kunst« und verhilft unbekannten Künstlern zur Öffentlichkeit. Er gründet seine eigene Zeitschrift mit dem Titel »Luzifer« (später »Luzifer-Gnosis«). Er hält in ganz Europa Vorträge, breitet seine Vorstellungen zur Dreigliederung des Menschen sowie der Seelenwanderung aus. Und er schreibt sein Standardwerk: Die Theosophie. Kurz darauf werden die Mysteriendramen und ihre Aufführung wesentlicher Bestandteil der theosophisch-anthroposophischen Tätigkeit, bis es 1913 zum Streit in der Theosophischen Gesellschaft und damit zur eigenständigen Gründung der anthroposophischen Gesellschaft kommt.

Steiner wird bekannt, und ist unermüdlich am Werk. Abends arbeitet er mit den Füßen im kalten Wasser, um nicht einzuschlafen. Mehr als vier bis fünf Stunden scheint er nie zu brauchen, und oft scheint er überhaupt ohne Schlaf auszukommen. Auch das bringt ihm bis heute ungebrochene Bewunderung seiner Jünger ein. Ihnen fällt es nicht auf, daß diese Lebensweise keineswegs gesund ist, und sich in sein eigenes Weltbild auch nicht einbauen läßt. Aber bekannterweise gilt für einen Messias nicht, was für andere gilt, und außerdem kann fehlender Schlaf drogenhafte Wirkungen haben – z. B. auch inspirieren.

»Ich selbst möchte wenigstens die seltsame Stimmung andeuten, die mich als ›Laien‹ jedesmal ergreift, wenn ich in Steiners okkulten Schriften lese. Sie ähnelt der Stimmung von Chamissos ›Peter Schlemihl‹, als er unvermutet gewahr wird, daß er Siebenmeilenstiefel an den Füßen trägt, die ihn zu einer wundersamen Reise forttragen.«[1]

1 Wie soll das anders sein? Steiner hatte Siebenmeilenstiefel an! Der Zaubergarten, in den er führt, ist daher nicht nur eine »Gnosis mit Stich« (Bloch).

In seinem Drang, mit beiden Beinen auf der Erde zu stehen, und wohl auch konfrontiert mit dem proletarischen Elend sowie den massiven Auseinandersetzungen, die überall stattfinden, schenkt Steiner auch den Arbeitern sein idealistisches Herz. Von 1899–1904, als ihm gekündigt wird, unterrichtet er an der von Wilhelm Liebknecht gegründeten Arbeiterbildungsschule. Hätten die Menschen nur die richtigen Vorbilder, hätten sie nur die richtigen Ideale und den richtigen Geist, dann wäre der Kern ihrer Probleme gelöst – so glaubte er damals, seiner Zeit gemäß – und so glauben heute wieder viele, nicht mehr so ganz zeitgemäß.

Und dann?

– Der Erste Weltkrieg brach aus – und unterbrach abrupt und in allen Bereichen die begonnenen Bewegungen und Auseinandersetzungen.
– Der Erste Weltkrieg wurde verloren – und überall erhob sich der Protest gegen die »falsche Eroberungspolitik«.
– Es kommt zu Friedensbedingungen und Reparationsforderungen, die kaum zu erfüllen sind. Angst vor einer Zurückverwandlung des Reiches in ein Agrarland macht sich breit. Sinnlosigkeit wird verspürt durch die vielen Kriegsopfer und zurückströmenden Verletzten, die die Rechtfertigung eines gewonnenen Krieges nicht mit sich brachten.

Vielen liegt es nahe, sich nach innen zu wenden, um durch die Besinnung auf sich selbst eine »Gesundung« der äußeren Lebensverhältnisse herbeizuführen.

Und nahe liegt es den Anthroposophen, gerade hierzu aufzurufen. Doch nicht nur auf dem Hintergrund des verlorenen Krieges – Chaos droht auch von anderen Seiten her.

Durch die russische Revolution bekommt die Arbeiterbewegung großen Auftrieb. Die deutsche Revolution und die Übernahme des Rätesystems kann gerade noch verhindert werden – durch die Abdankung des Kaisers und die Gründung der Weimarer Republik.

Jetzt beginnt die Zusammenarbeit zwischen Gewerkschaften und Unternehmern. Mit den Morden an Rosa Luxemburg und Karl Liebknecht entwickelt sich die Hochkonjunktur des politischen Terrors – die »Unabhängigen« (USPD) legen ihre in der Revolution erkämpften Ämter nieder, während die Mehrheitssozialdemokratie

Steiners Weltgymnasium

»Da gibt es nicht bloß religiöse Wesenheiten überall, so daß einem die Haut schaudert, wenn man eine Blume sieht oder gar ein Gewitter losgeht; so voll ist alles von Elementargeistern. Vor allem ist das ganze Planetarium zu einer religiösen Anstalt verwandelt, zu einer Lehranstalt, worin Götter bilden und erziehen, den jeweiligen Zeiten vorsitzen und den Himmelskörpern, wie einst im astrologischen Nonsens. Dann aber wieder, um die Planetenleitung durch modernere Erziehung zu ergänzen, fehlen im Unsinnsbau solcher nicht atavistischen, sondern zusammengelesenen Mythos-Kosmologie – Haeckel und die Entwicklungsgeschichte gleichfalls nicht, ja: Entwicklungsgeschichte plus Götter (auf dem Katheder der einzelnen Stadien) machen erst Steiners Weltgymnasium komplett.«

E. Bloch, Prinzip Hoffnung, Bd. III, S. 1397.

(MSPD) im Bund mit anderen bürgerlichen Parteien an der Macht bleibt.

Auf dem Hintergrund von sozialen und politischen Kämpfen, die zwischen 1920 und 1923 immer wieder aufflackern und blutig beendet werden und der manifesten Angst der Bürger vor dem allseitigen Chaos, strömen all die Bewegungen zusammen, die auf eine noch unverdorbene Jugend hoffen. Endgültig vorbei soll es sein mit dem Hohenzollernstaat, der preußischen Schule, dem »Verkopfungssieb«, der »imperialistischen Geistkaserne«, dem »Verkrüpplungsinstrument«. Immerhin: die neuen Erzieher wissen ja auch noch von dem sattsam bekannten Typ des Lehrers, der nicht nur Staatsbeamter ist, sondern sich auch so fühlt: der mit Stolz erfüllt, seinen Zöglingen autoritär seine (Staats-)Gesinnung einpaukte, der schließlich während der Aufrüstung mitgeholfen hat, für die »Armee, Flotte, Beamtentum und Offiziere zu schwärmen und den Staat als Inbegriff all dieser herrlichen Dinge zu vergöttern.« (P. Honigheim, einer der »neuen Lehrer«).

Auf diesem bunt durchmischten und gärenden Boden gewinnen auch die Anthroposophen Zulauf. Sie finden Interesse in erster Linie

Aufruf »An das deutsche Volk und an die Kulturwelt!
(März 1919)

Sicher gefügt für unbegrenzte Zeiten glaubte das deutsche Volk seinem vor einem halben Jahrhundert aufgeführten Reichsbau. Im August 1914 meinte es, die kriegerische Katastrophe, an deren Beginn es sich gestellt sah, werde diesen Bau als unbesieglich erweisen. Heute kann es nur auf dessen Trümmer blicken. Selbstbesinnung muß nach solchem Erlebnis eintreten. Denn dieses Erlebnis hat die Meinung eines halben Jahrhunderts, hat insbesondere die herrschenden Gedanken der Kriegsjahre als einen tragisch wirkenden Irrtum erwiesen. Wo liegen die Gründe dieses verhängnisvollen Irrtums? Diese Frage muß Selbstbesinnung in die Seelen der Glieder des deutschen Volkes treiben. Ob jetzt die Kraft zu solcher Selbstbesinnung vorhanden ist, davon hängt die Lebensmöglichkeit des deutschen Volkes ab. Dessen Zukunft hängt davon ab, ob es sich die Frage in ernster Weise zu stellen vermag: wie bin ich in meinen Irrtum verfallen? Stellt es sich diese Frage heute, dann wird ihm die Erkenntnis aufleuchten, daß es vor einem halben Jahrhundert ein Reich gegründet, jedoch unterlassen hat, diesem Reich eine aus dem Wesensinhalt der deutschen Volksheit entspringende Aufgabe zu stellen ... So war das Reich in den Weltzusammenhang hineingestellt ohne wesenhafte, seinen Bestand rechtfertigende Zielsetzung. Der Verlauf der Kriegskatastrophe hat dieses in trauriger Weise geoffenbart. Bis zum Ausbruche derselben hatte die außerdeutsche Welt in dem Verhalten des Reiches nichts sehen können, was ihr die Meinung hätte erwecken können: die Verwalter dieses Reiches erfüllen eine weltgeschichtliche Sendung, die nicht hinweggefegt werden darf (...)«

Von **Steiner** entworfenes Flugblatt (März 1919),
Quelle: *H. Kühn*, S. 162.

bei all denen, die sich nach rechts (besonders gegen die Überbleibsel des Hohenzollernstaats) und nach links (besonders gegen die »Bolschewisten«) abgrenzen. Aber auch Arbeiter kommen und auch

»An die Handarbeiter! – An die geistigen Arbeiter! –
An die Fabrikanten!

Die Friedensverhandlungen gehen ihrem Ende entgegen. Ob Annahme oder Ablehnung: Das deutsche Reich steht vor seinem Untergang! Das Verhängnis lastet schwer auf uns und hemmt Schaffensfreude und Unternehmungslust. Wir gehen so körperlich und seelisch zugrunde – wir und unsere Nachkommen. Kein Gezeter, kein Gejammer kann uns retten. Nur eine gemeinschaftliche große Tat, eine wahre umfassende *Sozialisierung großen Stils*, sie erfüllt die Arbeiterschaft mit neuem Antrieb und erweckt im ganzen arbeitenden Volk Lebenskräfte, die unüberwindlich sind . . .
Arbeiter! So steht die Zukunft vor Euch! *Ihr* verwirklicht sie selbst, wenn ihr nur wollt! Der erste Schritt dazu sind die *Betriebsräte*.
Auf zur Tat!
Fabrikanten! Euer Führer Bruckmann sprach vor der Landesversammlung: (Soweit unser Einfluß auf die Unternehmer reicht, werden wir alles an Aufklärung und Einwirkung tun, um diesen Anschauungen zum Siege zu verhelfen!)
Löset Euer Wort unverzüglich ein! Die Zeit ist bitter ernst. Nicht Worte, nur Taten können uns aus dem Chaos retten.«
. . .

Wahrscheinlich von **Steiner** entworfenes Flugblatt (Juni 1919),
Quelle: *H. Kühn,* S. 197 ff.

solche, die schon nach DEM Führer suchen. Für jeden ist etwas dabei – so scheint es zumindest auf den ersten Blick.

Die Anthroposophen stellen fest: Zwar hat ein gewaltiger Fortschritt der kapitalistischen Entwicklung stattgefunden, doch gleichzeitig damit ist ein furchtbares Elend entstanden.

Sie drohen: Deutschland wird sich selbst vernichten. Ein verwüstetes Europa und eine moralische Sintflut wird die Folge sein!

Sie erlösen (von der hergestellten Weltuntergangsstimmung): Neue Impulse können Leben gewinnen, wenn wir nur wollen!

Sie fragen rebellisch und antworten reformerisch:

- Was ist mit der Freiheit von Menschen, wenn ihnen die Staatsgesinnung eingebleut wird, wenn Kinder in die »Mördergrube« Stundenplan gequetscht werden, und wenn an den Hochschulen nur dem Staat genehmes Spezialistentum zugelassen wird? Das Geistesleben zu befreien sei die erste und dringendste Aufgabe.
- Was ist mit der Gleichheit von Menschen, wenn man mit der Arbeitskraft auch das Recht zur Verfügung über die Person kaufen kann?, fragt Steiner weiter – wenn die einen, sogar Kinder und schwangere Frauen, im Bergwerk schuften, »oben aber, in den mit Kohlen gut beheizten Zimmern . . . sich die Leute unterhalten über Nächstenliebe, Brüderlichkeit, und wie die Menschen einander lieben wollen?«[1]

  Dieses Recht aus der Ökonomie herauszutrennen, sei ebenfalls eine Aufgabe – die Entflechtung von Wirtschaft und Staat.
- Und was ist mit der Brüderlichkeit, wenn Klassen gegen Klassen, Frauen gegen Männer, Kinder gegen die Eltern – wenn jeder gegen jeden kämpft?

Der »Bund für die Dreigliederung des sozialen Organismus« wird 1919 gegründet und fordert:

»Durch ein verselbständigtes Geistesleben die individuelle Entwicklung aller Menschen, auf Grund ihrer Anlagen und Fähigkeiten – das heißt die berechtigte menschliche Forderung nach Freiheit für Alle.

Durch ein verselbständigtes Rechtsleben die wahre Demokratie – das heißt die berechtigte menschliche Forderung nach Gleichheit für Alle.

Durch ein verselbständigtes Wirtschaftsleben einen wahren sozialen Zusammenschluß aller Menschen – das heißt die berechtigte menschliche Forderung nach Brüderlichkeit für Alle.«[2]

Steiner bindet seine Vorstellungen von einem »gesunden, sozialen Organismus« an die zentralen Forderungen der Französischen Revolution:

1. Das Geistesleben soll in *Freiheit* bestehen, d. h. durch »richtiges Denken« wird der Wille gezeugt, »aus sich selbst heraus« ›Aufgaben‹ zu erfüllen. Hier ist jeder eine Persönlichkeit. Den

1 *R. Steiner*, Neugestaltung, S. 67.
2 Quelle: *H. Kühn*, S. 213.

Tüchtigsten wird aufgrund ihrer Begabung und Fähigkeit freiwillige Anerkennung gegeben. Als »selbstverständliche Autoritäten« werden sie leitende Positionen zum »Wohl der Allgemeinheit« übernehmen. Folge: Entwicklung der Menschen in allen Fähigkeiten.

2. Das Rechtsleben soll in der *Gleichheit* mündiger Bürger bestehen. »Wahre Demokratie« findet statt im Verhältnis »rein von Mensch zu Mensch«. Hier ist der geistige Arbeitsleiter dem körperlich Arbeitenden gleich. Durch Ausschluß egoistischer Interessen findet eine Umgestaltung des Lohnsystems statt, Leistungen und Gegenleistungen entsprechen einander (= »gerechte« Arbeitsverhältnisse). Folge: Herstellung der allgemeinen Menschenrechte.
3. Das Wirtschaftsleben soll in *Brüderlichkeit* bestehen, Unternehmen sollen sich in Assoziationen zusammenschließen, Arbeitsleiter und Arbeiter treten sich so gegenüber, daß ein »freies Gesellschaftsverhältnis« zustande kommt. Gruppenurteile sind maßgebend (den »Tüchtigen« wird freiwillige Anerkennung zur Leitung übergeben). Mit »Verantwortlichkeitsgefühl« wird zum Wohl der Allgemeinheit produziert, was wiederum »richtiges« Denken voraussetzt. *Folge:* »Gerechte Güterverteilung, gesunde Preisregulierung«.

   Alle drei Gebiete sollen ihren »eigenen Gesetzen« gehorchen und zugleich in »höherer Einheit« zusammenwirken.

Steiner wendet sich an die herrschende Klasse, indem er sie moralisch angreift: sie kümmere sich nicht um das allgemeine Wohl, trete die Menschenwürde mit Füßen, habe keinen Verantwortungssinn und kein Gemeinschaftsgefühl.

Und er wendet sich an die Arbeiter, indem er sie dazu aufruft, aus dem Chaos die neue Ordnung zu schaffen.

Vehement und radikal redet er in seinen Arbeitervorträgen über die Ware Arbeitskraft, über Mehrwert, Entfremdung, Fetischcharakter und Ausbeutung. Er spricht sogar vom Verrat an der Revolution durch die Sozialdemokraten, auch vom einzulösenden Sozialismus.

Voller Hochachtung bezieht er sich auf die Feuerbach-These von Marx, daß die Welt nicht neu zu interpretieren, sondern zu verändern sei. Er wettert, wie es oftmals scheint, Marxisten gleich, gegen die »Unterdrückung durch die Macht der alles verschlingenden Wirtschaftspolitik und der in ihrem Dienst stehenden imperialistischen Staaten.«[1] Aber in Wirklichkeit teilt er kaum etwas mit ihnen. Seine Redner weist er während ihrer Ausbildung an, nicht danach zu fragen, aus welchen Produktionsverhältnissen heraus das soziale Leben entsteht, sondern: »Wie ist das in das Proletariat hineingefahren«, daß es das Geistesleben als Ideologie geringschätzt? Die Abschaffung des Geistes habe den Materialismus erzeugt, und dieser wirke nun verderblich in allen Lebensverhältnissen.

Die marxistische Terminologie dient Steiner lediglich als agitatorischer Anknüpfungspunkt, und das ist verwirrend. So empfiehlt er ausdrücklich seinen Rednern, die »bloß einseitigen Teilwahrheiten« und Begriffe des Marxismus als Versatzstücke zu verwenden, dabei aber die Empfindung hervorzurufen, daß es gerade nicht auf das Gesagte und Sinnlich-Sichtbare ankomme, sondern »daß gefunden werde der Glaube an den Menschen«.

Die Ursachen der von Marx diagnostizierten allgemeinen Verelendung liegen für Steiner darin, daß Erwerb und Beruf, Lohn und Arbeit »eins geworden sind«. Das wiederum führt ihn zu einer eigenwilligen Trennung: der Gebrauchswert von Waren dient der Ideologie des Füreinander-Arbeitens, der Tauschwert wird zum Egoismus hin psychologisiert. Ausbeutung, meint Steiner, hat nichts damit zu tun, daß sich jeder unter seinem eigennützigen Interesse die Arbeitsprodukte der anderen erwirbt: »Jeder will jedem zu wenig bezahlen« – »Jeder sehe nur einmal sich selber an und kehre vor der eigenen Türe«.

»Wer *für sich* arbeitet, *muß* allmählich dem Egoismus verfallen. Nur wer ganz für die anderen arbeitet, kann nach und nach ein unegoistischer Arbeiter werden.

Dazu ist aber eine Voraussetzung notwendig. Wenn ein Mensch für einen anderen arbeitet, dann muß er in diesem anderen den Grund zu seiner Arbeit finden, und wenn jemand für die Gesamtheit arbeiten soll, dann muß er den Wert, die Wesenheit und Bedeutung dieser Gesamtheit empfinden und fühlen. Das kann er nur dann, wenn diese Gesamtheit noch etwas ganz anderes ist als eine mehr oder weniger unbestimmte Summe von einzelnen Menschen. Sie

1 Flugblatt von Pfingsten 1919.

»Sicher führt zum Ziele dich
Arbeit, Fleiß und Ernst.
Mühst du bei der Arbeit dich
merkst du, was du lernst.
Wer frisch und froh
zur Arbeit geht
ist jedermann willkommen.
Wenn er zum Frohsinn
auch den Ernst
zur Arbeit mitgenommen.«[1]

H. Müller, Von der heilenden Kraft des Wortes und der Rhythmen, S. 100.

muß von einem wirklichen Geist erfüllt sein, an dem jeder Anteil nimmt. Sie muß so sein, daß ein jeder sich sagt: sie ist richtig, und ich *will*, daß sie so ist. Die Gesamtheit muß eine geistige Mission haben, und jeder einzelne muß beitragen wollen, daß diese Mission erfüllt werde.«[1]

So viel diese Aussage unbestreitbar für sich hat – unter den sozialen und politischen Verhältnissen der Weimarer Republik wurzelt sie in Steiners romantischen Sehnsüchten und öffnet eine Perspektive zum »Dritten Reich«.

Seine eigentliche Sorge gilt den Eigenschaften der einzelnen und ihrem Verhältnis zueinander. Entsprechend werden die Probleme, die er selbst in einem größeren und von ihrem Wollen unabhängigen Zusammenhang entdeckt, dennoch zugleich und in erster Linie an (in) sie zurückgegeben. Unter diesem Aspekt erscheint Leben als Akt der Persönlichkeit, das durch (die anthroposophische) Vernunft und Wille zu gestalten sei. Deren Quelle sprudelt aus der inneren Kraft des einzelnen. Monadologisch wird der »Berufene« als einzigartiger gedacht, der sich nur positiv in die Welt auszubreiten habe, um sie menschlicher zu gestalten. Damit ist die Gesellschaft zu einer blanken Ansammlung von Individuen homogenisiert, und sie erscheint selbst als ein den Individuen äußerlicher Rahmen, als bloße Beschränkung ihrer Freiheit, ihrer Selbständig-

1 *R. Steiner*, Geisteswissenschaft und soziale Frage, S. 36.

keit. Entsprechend legt Steiner seine Schwerpunkte in der »Dreigliederung«.

»Die Natur macht aus dem Menschen bloß ein Naturwesen,
die Gesellschaft ein gesetzmäßig handelndes,
ein freies Wesen kann er nur aus sich selbst machen.«[1]

In diesem Selbstverständnis konnten sich die Anthroposophen mit vielen guten Bürgern die Hände reichen, während die Konflikte zwischen Kapital und Arbeit brodelten und die aufkommende Weltwirtschaftskrise ganze Wirtschaftszweige und Millionen Menschen schon bedrohte. Der »Dreigliederungsbewegung« gelang es, große Unternehmen zum Zusammenschluß zu bewegen. Jenseits des allgemeinen Niedergangs sollte sich die angestrebte brüderlich-assoziative Selbstverwaltung bilden. Die Aktiengesellschaft »DER KOMMENDE TAG« entstand. Gedacht war an ein weitverzweigtes Großunternehmen, das sich durch den Zusammenschluß der verschiedenen Branchen gegenseitig tragen sollte. Innerhalb der unterschiedlichen Zweige könnten z. B. Aufträge wechselseitig vergeben werden; Produktionen wären besser abstimmbar, Risiken könnten sich verteilen. Die Überschüsse gingen in eine Art übergeordnete Finanzierungsgesellschaft. Sie sollten der »Förderung geistiger Werte« dienen – d. h. konkret, der Neugründung von Firmen, die der Verbreiterung anthroposophischer Anliegen dienten.

Im wesentlichen wurde der »Kommende Tag« von drei Unternehmen getragen: der Waldorf-Astoria-Zigarettenfabrik, einer Kartonagenfabrik und einer Maschinenfabrik. Allerdings blieben die betriebsinternen Verhältnisse unangetastet. Die brüderliche Selbstverwaltung war eben eine Selbstverwaltung der Unternehmer. Für die Arbeiter und Angestellten sah Steiner kein Mitspracherecht vor, »er überließ es der Betriebsleitung, ihr soziales Verhalten unter Beweis zu stellen.« (Kühn) Das Konzept der Mitbestimmung unterscheidet sich bei Anthroposophen außerdem erheblich von dem, was wir im allgemeinen wirtschafts- oder tarifrechtlich darunter verstehen: »Aktuelle Fragen der Mitbestimmung dürfen nicht auf wirtschaftlichem Boden ausgehandelt werden, denn das Wirtschaftsleben wird nie gedeihen können, wenn versucht wird, es demokratisch zu beeinflussen. Es braucht verantwortliche Füh-

1 *R. Steiner*, zit. nach *Aeppli*, S. 15.

rung, die sich aber in den Assoziationen mit anderen zu verständigen hat. Unter den heutigen kapitalistischen Verhältnissen ein Mitbestimmungsrecht von seiten der Gewerkschaft zu fordern, geht von einem Denken aus, das sich von dem bisherigen Gewinnstreben in keiner Weise unterscheidet.«[1]

Die »bloß materiellen Werte« der Arbeiter, ihre durch die Geldentwertung täglich sinkenden Hungerlöhne, waren nicht Gegenstand von Steiners Interesse. Die »Förderung der geistigen Werte«, das Herzensanliegen des »Kommenden Tags« salbte die Wunden: Steiner tat viel für die Bildung der Arbeitenden; er hielt Vorträge in den Betrieben, gab dort Kurse und auch Eurythmie-Stunden. Die Vereinnahmung marxistischer Begrifflichkeit hinderte Steiner also keineswegs daran, dem privatwirtschaftlichen Gewinnstreben seinen Segen zu erteilen: Der Kapitalismus »wird zu einem berechtigten Kapitalismus, wenn er vergeistigt wird.«[2]

Die Anthroposophen haben immer auch knallharte Geschäftsmänner in ihrem Kreis. Ab den zwanziger Jahren leuchtete es anthroposophisch in pädagogischen, landwirtschaftlichen, medizinischen, psychiatrischen, physikalischen, botanischen, zoologischen, theosophischen, sozialwissenschaftlichen, eurythmischen und künstlerischen Bereichen. In dieser Vielfalt ist die Waldorfschule nur ein Teil des Ganzen.

Ich will, was ich soll – Zur Entstehung der Waldorfschule

Das mystisch begründete idealistische Selbst- und Weltverständnis der Anthroposophen durchzog in den zwanziger Jahren weite Kreise und setzte sich vor allem in der Pädagogik fest. Viele Lehrer verstanden sich als staatskritische Kulturpolitiker, als Erzieher zur Totalität und sprachen von Beruf als Berufung, von Natürlichkeit, Begabung und allseitiger Entfaltung aller Fähigkeiten. Sie wollten »Vollmenschen für das Deutschtum der Zukunft« erziehen – einen Vollmenschen, der als mündiger demokratischer Bürger gedacht war oder als »deutscher Kerl« mit ritterlichen Eigenschaften. Und

1 *H. Kühn*, S. 137. H. Kühn war ein enger Mitarbeiter Steiners.
2 *R. Steiner*, Wie wirkt man für den Impuls, S. 55.

sie wollten gegen das kaiserliche Herrschaftssystem (bzw. dessen Reste in der Weimarer Republik) und gegen die Maschinisierung von Leben und dem Alltag in dem grauen Städten eine »neue Erdenordnung« errichten.

Von Steiner und seinen Anhängern allerdings wird nachdrücklich bestritten, daß die Anthroposophie ein Kind der Zwanziger Jahre ist. Die Lehrer wissen sich als Menschen, die durch ihren Wesenseinblick mit Hilfe der steinerschen Erkenntniswege eine lebendige und kindgemäße Erziehung zuwege bringen. Und dieser Wesenseinblick hat eben mit geschichtlichen Abläufen nichts zu tun. Dennoch gibt es zu jenen Jahren noch eine Reihe, z. T. schon älterer pädagogischer Reformversuche, deren Verwandtschaft mit dem steinerschen Modell offenkundig ist, z. B. Fröbels Kindergarten oder Herbarts Kulturstufenschule. Auch in Fröbels Kindergarten wird ein Schonraum romantischen Ideals geschaffen, in dem sich die Kinder phasenhaft entwickeln sollen, einem zarten Pflänzchen gleich, das die Stürme der Zeit nicht anders überleben kann. Und – auch hierin dem Waldorfschen ähnlich – es wird größten Wert auf Spielen, Nachahmen-können und feste, rhythmische Tagesabläufe gelegt. Aber auch zur Paukschule der letzten Jahrzehnte des 19. Jahrhunderts mit ihrem preußischen Kadavergehorsam und germanischen Mannestugenden besitzt die Waldorfschule

»Voll Ehrfurcht-bescheiden
Verantwortungsvoll
Für's Rechte streiten
Ich will, was ich soll.«

»Voll Mut und Kraft und Tapferkeit
In Lieb' zu jedem Dienst bereit,
und ehrfurchtsvoll stets will ich sein,
Dem Schönen meine Kräfte weihn'.
Mutig flammende Taten der Kraft
Leuchten in Schönheit dem, der sie schafft.«

H. Müller, Von der heilenden Kraft des Wortes und des Rhythmus, S. 101.

frappierende Ähnlichkeiten: Ziller, einer der Hauptvertreter Herbarts, entwickelte einen grandiosen Kulturstufenplan, der seinen glorifizierenden Höhepunkt in der Neugründung des deutschen Reiches fand. Sicherlich, Steiners Ziel ist die Herrschaft des Geistes, aber der ist von den preußisch-sittlichen Idealen und der calvinistischen Arbeitsethik der modernen Unternehmergesellschaft keineswegs so frei, wie er behauptete.

Wie Steiners Lehrplan fußt auch Zillers auf der These, daß sich die (selbstverständlich patriarchalisch definierten) Entwicklungsstufen der Menschheit in jedem Individuum wiederholen. Diese darwinistische Vorstellung wird nur pädagogisch gewendet. Die Zauberformel: ein bestimmtes Lebensalter jedes Individuum entspricht einer bestimmten Kulturstufe in der Menschheitsentwicklung entspricht also auch der zu behandelnden Unterrichtsthematik.

Zillers Lehrplan:

1. Klasse: Fabeln und Märchen
2. Klasse: Robinson
3. Klasse: Patriarchengeschichte, vaterländische Sage
4. Klasse: Jüdische Heldenzeit, Nibelungensage, Odyssee-Stufe
5. Klasse: Jüdische Könige, Deutsche Kaiser des Mittelalters, Herodot und Anabasis-Stufe
6. Klasse: Leben Jesu, Reformationsgeschichte, Livius-Stufe
7. Klasse: Apostelgeschichte, Befreiungskriege
8. Klasse: Luthers Katechismus, Reichsgründung[1]

Bei Steiner wie bei Ziller ist der sittlich-religiöse Erziehungszweck von Schule und Unterricht oberstes Gebot.

Hier wie da bestimmen scheinbar organisch aufsteigende Kulturentwicklungsstufen den Lehrplan, der den Fähigkeiten der Schüler angepaßt sein soll. Und bei beiden ist die Regieführung der Klasse durch den Lehrer das A und O der erzieherischen Absichten, wird ein großer Schwerpunkt auf Konzentration und Unterrichtsmethoden gelegt.

Ziller allerdings mußte sich wegen seiner eigenwilligen Geschichtsdeutung und seinem dogmatischen Lehrplan kritisieren lassen. Er mußte sich auch anhören, daß seine straffe Überbetonung von Idealen die Schüler davon abhält, sich mit den Problemen ihrer

1 Vgl. *J. Dolch*, S. 355.

Zeit auseinanderzusetzen. Beide Argumente kamen sogar aus den eigenen Reihen. Steiner hatte solche Kritiker nicht.

Dabei gab es in den Erziehungs- und Entwicklungsvorstellungen zwei grundsätzliche Varianten: die einen betonten (der Romantik verhaftet) Erziehung als Kunst des Pflegens und Wachsenlassens, des nicht Störens, die anderen (eher aufklärerisch orientiert) Erziehung als ein dem Handwerk analoges planvolles Schaffen.

P. Oestreich formulierte damals, was viele Schulreformer empfanden: »Nichts ist gewiß außer der Ungewißheit.
Also ist das einzige Erziehungsziel: Gewachsensein der Jugend . . . zu neuer, totaler Erdenordnung! Von Fatalismus und Expansion zu bewußter, autonomer Totalität!«[1]

Ein intensives pädagogisches Leben hatte sich entwickelt, das auf die Fülle der seit der Jahrhundertwende entstandenen Ideen zurückgreifen konnte und die bereits vorhandenen praktischen Ansätze mit aufnahm.

Die Kunsterzieherbewegung versuchte, den an »Seelenlosigkeit« Leidenden eine Rückkehr zur Wahrheit, Natürlichkeit und Naivität (Naivität war damals kein Schimpfwort) zu ermöglichen. Die Arbeitsschulbewegung gründete »Produktionsschulen«, in denen die manuelle Tätigkeit und die Pädagogik der Tat betont wurde. Auch ›Gemeinschaftsschulen‹ entstanden, die zu einer wirklichkeitsgemäßen Lebensstätte glücklicher Kinder werden sollten. Von anderer Seite her suchte man den natürlichen Weg des Lernens durch Experimente und Tierbeobachtungen zu finden, hoffte man, eine dem Kind angepaßte Umwelt in den Montessori-Schulen zu schaffen.

In vielen Schulen wurde der Frontalunterricht durch Gruppenunterricht abgelöst, gab es keine festen Stundenpläne oder zumindest erhebliche Diskussionen über mögliche Stoffbeschränkungen, wurde die Zusammenarbeit zwischen Lehrern, Eltern und Schule angeregt und nach einem auf Wärme und Persönlichkeit abhebenden Lehrertypus verlangt.

Ein ganz neuer Schultyp, der das neuromantische Ideal der Jugendbewegung aufnahm, hatte seine Verbreitung bereits gefunden: im Landerziehungsheim, wohingegen Freie Schulen und Ein-

1 *P. Oestreich* in: Der neue Lehrer, S. 9.

heitsschulen erst ab der Weimarer Republik ihren Boden fanden. Sie betonten ihre Freiheit von der Politik, der Kirche, den Klassen, oft auch vom Geschlecht. Und eine von ihnen, allerdings eine sehr eigenwillig strukturierte, war die Waldorfschule.

1919 wurde die erste Waldorfschule als »Zeuge eines freiheitlichen Kulturlebens« und »geistiger Teil des dreigegliederten Organismus« gegründet. Zu dem ersten Kollegium gehörten 12 Lehrkräfte, von denen nur vier eine Lehrerausbildung und entsprechende Erfahrungen hatten. Die meisten von ihnen hatten Steiner noch vor dem Ersten Weltkrieg kennengelernt und waren Jünger im doppelten Sinne: als sie in ihm die Autorität entdeckten, der sie folgen wollten, waren sie noch in ihrer Pubertät. Ihre Schriften, psychoanalytisch beleuchtet, sind deutlich ödipal-fixiert.

Steiner, der selbst keine pädagogische Ausbildung besaß, bildete sie alle in einem dreiwöchigen Seminarkurs als Lehrer aus. Seine Vorträge von damals sind in der »Allgemeinen Menschenkunde« gesammelt und heute noch das grundlegende Werk jeder Waldorfausbildung.

Von der anthroposophischen Idee des Menschen der Tat und des tätig versöhnenden Geistes entflammt war E. Molt, der Besitzer der Waldorf-Astoria-Zigarettenfabrik. Unter dem Eindruck der zunehmenden Verelendung und Radikalisierung der Arbeiter hatte er sich in reformerische Sozialkommissionen begeben und der Dreigliederungsbewegung angeschlossen. Schließlich bat er Steiner, eine Volksschule für die Arbeiterkinder seiner Fabrik zu gründen. Was er sich davon erwartete, schreibt er in seinen »Lebenserinnerungen«:

»Bald nach dem Umsturz setzten diese Bemühungen für meine Waldorfleute ein, moralisch gefordert durch die aus dem Krieg zurückflutenden Arbeitskräfte und durch die infolge des Rohstoffmangels verminderte Arbeitszeit. Ich sagte mir, daß auf viele dieser Menschen es allmählich demoralisierend wirken und sie mit der Zeit *arbeitsscheu* machen müßte, wenn sie arbeitslos auf der Straße liegen. Durch die Gelegenheit zu geistiger Arbeit, zum Lernen auf bisher fremden Gebieten sollte das *kompensiert* werden . . .

Ich kam zu der Einsicht, daß man mit dem erfolgreichen Schulen der Kräfte und dem Wecken allgemeinen Interesses schon bei den Kindern der Arbeiter anfangen müßte, um auf diese Weise der

Jugend zu ermöglichen, was dem Alter durch die Lebenslage erschwert oder versagt war. Mein Ideal wurde, den Kindern den Aufstieg zu einer allgemeinen Bildung zu ermöglichen, unabhängig vom Vermögen der Eltern.«[1]

Ein großer Auftrag war dem kleinen, vorwiegend unerfahrenen Lehrerkreis damit gegeben. Immerhin kamen im ersten Schuljahr 191 Schüler aus der Arbeiter- und Angestelltenschicht der Firma Molt, und nur 62 aus anthroposophischen, bildungsbürgerlichen Kreisen. Natürlich standen diese Lehrer vor Problemen, die sie bis dahin nicht so hautnah kannten; Obszönitäten wurden an Klotüren geschmiert, einige Schüler schienen mit allen Mitteln nicht zu einer ehrfurchtsvollen Stimmung zu bewegen zu sein, und ein Mädchen verabscheute sogar Märchen, was eine Art Todsünde ist. Diebstähle, Saufereien, und sogar das Spritzen von Drogen kamen vor. Kinder wurden von der Schule gewiesen, und die Anthroposophen zerbrachen sich in ihren Konferenzen den Kopf, wie sie ihren guten Ruf retten könnten.

Bereits im zweiten Jahr standen 50% Anthroposophenkinder 50% Fabrikarbeiter- und Angestelltenkindern gegenüber, und schon im dritten Schuljahr war der Anteil von Arbeiterkindern kaum noch nennenswert.

Der gut gefüllte Geldbeutel höherer Schichten sorgte dafür, daß sich die Waldorfschule trotz der nicht mehr nur Arbeiter betreffenden Hungersnot und Weltwirtschaftskrise verhältnismäßig gut entwickelte. Es konnten sogar noch weitere Schulen gegründet werden: 1928/29 gab es insgesamt 1089 Waldorfschüler und 63 Lehrer, und 1931 bereits 10 Waldorfschulen.

Nach 1933 wurden Neugründungen und die Erweiterung von Klassen verboten.

Ideologische Konkurrenz konnte der Faschismus auf Dauer nicht dulden. 1935 wurde die anthroposophische Gesellschaft unter dem Vorwand aufgelöst, sie unterhalte Beziehungen zu ausländischen Freimaurern, Juden und Pazifisten. Einige Lehrer mußten wegen des Arier-Paragraphen die Waldorfschule verlassen. Manche Steineranhänger wurden verhaftet. Hier schließt die anthroposophische

1 *E. Molt* in: Erziehungskunst, H. 3, Jg. 8, S. 118 f. (Hervorgeh. CR).

Geschichtsschreibung normalerweise ab; meist ist noch der Hinweis zu finden, daß bald darauf alle Waldorfschulen geschlossen wurden.

In Rudolf Heß, dem Stellvertreter von Hitler, hatten die Anthroposophen einen Fürsprecher in der Spitze des »neuen Staates«. Erst nachdem sich Heß nach England begeben hatte, wurde die letzte Waldorfschule geschlossen; das war 1941 in Dresden. Bis dahin hielt sich auch der »Bund der freien Waldorfschulen« aufrecht. Und das trotz der oft widersprüchlichen Positionen unter den Lehrern und Eltern, im Vorstand und den Ortsgruppen des Waldorfschulvereins. Ausdruck der Abspaltungen und inneren Krisen war, daß die zwangsweise in den Vorstand des Schulvereins aufgenommenen Vertreter der NS-Elternschaft im Mai 1936 mit der Begründung austraten, daß ihnen »die Teilnahme am inneren Leben der Schule verschlossen« gewesen sei. 1937 gab es eine weitere große Krise: zwei Waldorfschulen hatten beschlossen, das von allen Privatlehrern geforderte Treuegelübde auf Hitler und den NS-Staat nicht zu leisten und stattdessen die Schulen zu schließen. Verärgert wurde allen Waldorfschulen und Ortsgruppen freigestellt, die Grenze des Tragbaren für sich selbst zu entscheiden. Die meisten Waldorfschulen wurden 1938 von der Gestapo geschlossen.

Natürlich gab es trotz wirksamer Unterstützungen bis in die höheren Parteispitzen hinein je nach Bezirk und Waldorfschule unterschiedlich harte Auseinandersetzungen mit den NS-Regierungsinstanzen und Parteistellen: das national-sozialistische Erziehungskonzept war keineswegs totalitär-eindeutig, sondern bewegte sich eher innerhalb konkurrierender Konzeptionen. Die Waldorfschulen gerieten jedoch immer wieder ins Kreuzfeuer und hatten, wie nach einer eingehenden Prüfung von 1934/35 festgestellt wurde, unterschiedlich schwer gewichtete »Mängel« aufzuweisen. Eine Gefahrenquelle waren sie demnach, weil sie einen besonders hohen Anteil von vaterlosen, verweichlichten und leistungsschwachen Kindern zu beherbergen schienen, die Zusammensetzung des Lehrerkollegiums unprofessionell war, eine volksfremde Weltanschauung den Unterricht bestimme und vor allem ihr hermetischer Charakter den zu erzeugenden Enthusiasmus für den Führer und das Reich nicht zu stützen schien. Doch sie hatten auch einiges anzubieten: Stark beeindruckt war z. B. A. Baeumler, einer der führenden NS-Pädagogen davon, daß die Waldorfschulen mit einer (an anderen Schulen nicht vorhandenen) lobenswerten Konsequenz den Intellektualismus überwunden hatten:

»Der Weg der Beeinflussung über Bilder und Vorstellungen statt über den willensbetonten Begriff schien Baeumler nicht nur sinnvoll, weil damit Widerstand oder Abstumpfung des einzelnen gegen Appelle und neue Inhalte unterlaufen werden könnten. Überhaupt erfolgte seiner Auffassung nach ja eine (Fremd)-Steuerung des Verhaltens am zuverlässigsten unter Umgehung des Bewußtseins.«[1]

So fiel 1938 die Entscheidung, einige Waldorfschulen als staatliche Versuchsschulen auf NS-Basis und unter zuverlässiger Leitung anzuerkennen und dem entsprechenden Antrag der jeweiligen Schulen stattzugeben.[2]

Die Geschichte der Anthroposophen im Dritten Reich zu erforschen ist nicht nur deshalb schwierig, weil die äußerliche Anpassung an die gesellschaftlichen Verhältnisse leicht verdecken kann, wie hart im Kern der Widerstand war, sondern auch deshalb, weil sie gleichzeitig zu Zugeständnissen prinzipiell bereit waren. Sicher konnten in etlichen Fällen z. B. NS-Anordnungen praktisch unterlaufen werden, es ist aber die Frage, wieweit sie unterlaufen wurden und zum Preis welcher anderen Folgeleistungen, die vielleicht viel schwerer wogen. Zu solchen Anordnungen, die umgangen werden konnten, gehörte der Hitler-Gruß am Anfang und Ende jeder Unterrichtsstunde; das gemeinsame Verfolgen und Feiern der wichtigsten Staats- und Parteiakte; das gemeinsame Anhören von Radioübertragungen; nationalpolitischer Ersatzunterricht für nicht-organisierte Schüler und auch das Ändern des Steinerschen Lehrplans, der jetzt Bevölkerungslehre, Rassenkunde, Vererbungslehre, Familienkunde und eine starke Hervorhebung des nordisch-

1 *A. Leschinsky* in: Neue Sammlung, H. 3, 1983, S. 271.

2 In diesen überschatteten Abschnitt in der Geschichte der Waldorfschulen hat sich mit kritischem Blick bislang nur *A. Leschinsky* vertieft. Wohl als eine Art Antwort darauf hat der Bund der Freien Waldorfschulen seine Archive für *N. Deuchert* geöffnet; in den Berichtsheften, die der Bund zu jedem Jahresende herausgibt, ist die Entwicklung der Waldorfschule bis 1938 dargestellt (vgl. bes.: Berichtsheft des Bundes der Freien Waldorfschulen, Stuttgart, Advent 1986).

germanischen Kulturkreises beinhalten mußte. Einiges mag den Anthroposophen nicht gar so fremd gewesen sein oder sie ließen sich vielleicht sogar einbetten in ihre eigene Weltanschauung, auf deren präfaschistischen Charakter schon Bloch aufmerksam machte.[1]

Über diesen Hintergrund hinaus gibt es aber auch einige konkretere gemeinsame Stoßrichtungen mit der faschistischen Ideologie. Am augenfälligsten ist der ausgeprägte Anti-Intellektualismus. In ihrem Entwurf für die Konstitution der Rudolf-Steiner-Schule als Versuchsschule strich die Leiterin der Dresdner Waldorfschule heraus:

- Die Waldorfschule ist eine Anti-Intellektuelle Schule, in der der marxistische Feind nie Fuß fassen konnte.
- Steiner hat aus dem Quell des echt-deutschen Denkens geschöpft.
- Er hat sich auch der Mission zur Selbstverteidigung des deutschen Volkes nach innen und nach außen angeschlossen. (Gemeint ist die Zeit seiner Aktivitäten in der Weimarer Republik – Steiner starb 1925.)
- Die enge kontinuierliche Klassen- und Elterngemeinschaft, auch der soziale Zusammenhang der Waldorfschule insgesamt, will im Kleinen verwirklichen, was das NS-System im Großen für die deutsche Volksgemeinschaft verwirklichen will.
- Die Waldorfschule erzieht anti-individuell, sie stellt die Gemeinschaft über das Individuum.[2]

1 Vgl. *E. Bloch*, Erbschaft dieser Zeit, S. 192 f.; siehe auch Epilog von *Klaus-Peter Meyer-Bendrat*, S. 177 ff.

2 Vgl. *A. Leschinsky*, S. 269 f.

IV.
Den Kindern eine heile Welt – Bausteine zur Entwicklungstheorie

»›Was tun Sie‹, wurde Herr K. gefragt, ›wenn Sie einen Menschen lieben?‹ ›Ich mache einen Entwurf von ihm‹, sagte Herr K. ›und sorge, daß er ihm ähnlich wird‹. ›Wer? Der Entwurf?‹ ›Nein‹, sagte Herr K., ›der Mensch‹.«

B. Brecht, Geschichten, S. 176.

»Unser Spiel mit den Kindern ist ein Spiel mit gefälschten Karten; die Schwächen des Kindesalters stechen wir mit den Assen der Erwachsenen. Falschspieler, die wir sind, mischen wir die Karten so, daß alles, was gut und wertvoll ist, gegen ihre schwächsten Stellen steht.«

J. Korczak, zit. nach A. Miller in:
Du sollst nicht merken, S. 199.

Ausflug in den Waldorfkindergarten

»Die Veränderungen der Kinderpädagogik gleichen Wellenbewegungen, Wellen eines stürmisch aufgebrachten Meeres, und wie ein Schiff im Sturm keine eigene Orientierung finden kann, sind wir Vorschulpädagogen den Wogen ohne festen Standpunkt gefolgt. Vor zehn Jahren waren wir alle für didaktische Spiele, vor acht Jahren für kompensatorische Erziehung, vor sechs Jahren für gleitenden Übergang vom Kindergarten zur Grundschule, vor vier Jahren für Sozialerziehung, vor zwei Jahren für affektive Erziehung und kindliche Bedürfnisse, heute für situationsorientierte Curricula.«[1]

Mitten in diesem aufgewühlten Meer gibt es die kleine standfeste Insel des anthroposophischen Elternhauses samt Waldorfkindergarten – gerade so, als existierten die vielen Auseinandersetzungen um die Vorschulpädagogik seit den letzten 15 Jahren nicht. Ab und zu schwappt eine Welle in Gestalt uneinsichtiger Eltern herüber, die allerdings kurzfristig viel durcheinanderbringen kann.

Wie schon Rousseau geriet auch Steiner in das bis heute anhaltende Dilemma humanistisch orientierter Entwicklungslehren und ihrer Pädagogik. Wird einerseits behauptet, daß die Natur ›natürlich‹ erzieht, so ist ihr doch offensichtlich nicht zu trauen. Soll, z. T. gesellschaftskritisch, das Kind den Einflüssen dieser Gesellschaft nicht ausgeliefert werden – sieht man seine Fähigkeiten verküm-

1 *S. Hebenstreit*, zit. nach M. Barz, S. 58.

mern und möchte ihm eine freie Selbstbestimmung ermöglichen – so doch nur, indem man es im gleichen Atemzug unter Verschluß setzt und der Verfügungsgewalt seiner Erzieher übergibt. Doppelbödig sind die Argumente. Eindeutig ist das Vorhaben. Das Kind darf nicht von der schlechten Gesellschaft erzogen werden. Also muß sich die Natur seiner annehmen. Da diese aber noch niemanden erzogen hat, landet man wieder beim Menschen.

Spätestens bei der Anmeldung haben die Eltern erfahren müssen, wieviel sie falsch gemacht haben, nicht nur mit den Kindern, eigentlich mit ihrem ganzen Leben.

Der Fernseher gehört selbstverständlich am besten gar nicht in die Wohnung, auch das Essen sollte besser und gesünder sein – die Kleidung des Kindes ebenfalls. Blümchentapete im Kinderzimmer ist phantasielähmend und zu unruhig für so ein kleines Kind, das doch Ruhe und Geborgenheit braucht. Ein guter Kunstdruck von einem alten Meister sollte an die Wand, oder auch ein selbstgemaltes Bild. Scharfe Ecken und Kanten lassen sich in der heutigen Zeit leider kaum vermeiden, aber wieviel lebendiger und wärmer sind stabile, massive Holzmöbel, und ein schlichter Wollteppich wäre auch sehr schön.

Womit spielt das Kind? Hat seine Phantasie genügend Raum? Nein, hat sie nicht. Den kann das Kind nicht haben mit dem Legokasten, mit dem immer nur das Gleiche gebaut werden kann, den kann es nicht haben mit den Plastikpuppen, in die es keine verschiedenen Gesichtsausdrücke hineinlegen kann.

Hat es Plastiksachen zum Spielen? Daran kann es nicht lernen, daß Dinge auch kaputtgehen können, nicht lernen, vorsichtig zu sein. Außerdem sind sie ›kalt‹. (Kein Wunder, daß das Kind sich oft langweilt, oder auch zerstörerisch ist.)

Was bekommt es vorgelesen? Nein, das nicht, das ist ganz kindungemäß, auch wenn, sicherlich, die Eltern nur das Beste wollen. Mit was malt es? Mit Kugelschreibern, Filzstiften? Damit lassen sich nur Krakelmännchen malen, und das ist absolut schädlich. Wieviel schöner und gesünder sind dagegen die Stockmar-Wachsstifte!

Für alles gibt es bestechende Argumente, die darauf hinauslaufen, das eine müsse das andere notwendig ausschließen.

»Ein Problem, an dem ich lange herumgekaut habe, ist das schlechte Gewissen, das einen immer umschwirrt, wenn man einem Anthroposophen gegenüber einen eigenständigen Gedanken äußert, der nicht in das Denkschema seiner Umgebung paßt. In anthroposophischen Kreisen gibt es ein fast lückenloses Gefüge von schöngeistigen Legitimationen für praktisch alle kleinbürgerlichen Tätigkeiten. Und wenn schließlich allzuviel schief gegangen ist, kann immer noch das Schicksal zu Hilfe genommen werden, das Karma und die Wiedergeburt.«

P. Brenner, Abschied von der Anthroposophie, S. 6.

Gerne will man den Eltern helfen, falls noch ein Platz frei ist, und sicher sind die Eltern auch bereit, dafür einiges zu opfern.

Furchtbar ist die moderne Auffassung, daß Kinder in hellen Räumen mit großen Fensterfronten aufwachsen sollten; daß sie schon früh wach und intelligent werden müssen, klagt E. M. Rischke:

»Wenn das Kind morgens den Raum betritt, sollte es sich möglichst nicht erst nach links und rechts orientieren müssen, was immer ›Bewußtsein‹ erfordert, also wach macht.«[1]

Sie weist auf den Architekten G. Nemes hin, der die heutige Glasbauweise zu recht dafür mitverantwortlich gemacht habe, daß das Sexuelle so stark ausgeprägt ist. Früher war alles besser, da war »der untere Teil des Menschen im Dämmrigen gehalten«; aber die offiziellen Bestimmungen machen es jedem Anthroposophen schwer, die Kindergärten nicht hell zu gestalten. Anders bei den Eurythmieräumen. Hier ist das allzu primitiv-niedrige meistens gesund unterbelichtet: die Fenster liegen so hoch, daß die Wand eine klosterähnliche Mauer bildet. Aus dem Fenster sehen kann man nicht einmal, wenn man sich auf die Zehenspitzen stellt. Natürlich laden die Fensterbänke aus Holz in den Kindergärten nicht dazu ein, darauf zu sitzen und das, was draußen stattfindet, interessant zu finden. Statt dessen stehen auf ihnen Grassamen und Pflanzen, die auf die Wunder in der Natur aufmerksam machen, zartes Wachsen-

1 *E. M. Rischke*, Pädagogische Gesichtspunkte zum Kindergartenbau, S. 52.

und Gedeihenlassen betonen. Hier werden in Blumentöpfen eigene Gärtchen angelegt, spielen Kinder Säen und Ernten, wird Respekt vor der Natur geübt. Waldorfkinder, betonen Anthroposophen immer wieder, reißen keine Grashalme, Blätter oder Blumen achtlos aus, trampeln nicht auf Käfer oder zerstören gar das emsige Treiben von Ameisen; sie achten die Natur. Für meinen Teil kann ich dem nur so weit zustimmen, daß ich mein zeitweise stark betriebenes Zerstückeln von Regenwürmern gut verbergen konnte – und vielleicht ein schlechteres Gewissen dabei hatte als Kinder ohne Waldorf-Erziehung.

Die Achtung vor der Natur drückt sich noch vielfältig in weiteren Ausstattungsmerkmalen und Aktivitäten aus: in jedem Kindergarten steht ein Jahreszeiten-Tisch, und an Laubhaufen wird selten vorbeigegangen, ohne Blätter für »Kronen« zu sammeln.

Jeder Kindergartentag beginnt im Grunde mit der Devise: »Morgenstund hat Gold im Mund«, denn für die meisten Eltern und Kinder liegt der Kindergarten in einem anderen Stadtteil oder sogar in einer anderen Stadt.

Zwischen 7.00 und 8.30 Uhr kommen sie: ca. 25 Kinder, eine anthroposophische Kindergärtnerin und eine Praktikantin.

Jedes Kind wird einzeln empfangen und begrüßt. Oft wird es gefragt, was es gestern gemacht oder geträumt hat – und wenn es ein »Problemkind« ist, wird es Schwierigkeiten haben, das zu beantworten. Immerhin sind die vielen Gebote nicht dazu da, übergangen zu werden, und könnte das gestrige Fernsehen zum Beispiel zu einem längst anstehenden Hausbesuch führen. Und die Eltern haben ja extra gesagt, daß es davon nichts erzählen soll. »Reden ist Silber, Schweigen ist Gold« – auch in bezug auf die anderen Kinder.

Ein guter Waldorfkindergarten zeichnet sich (wie die Waldorfschule auch) schon in Bauweise und Ausstattung aus.

Der Kindergarten soll eine »schützende Hülle« für die pädagogischen Ziele bilden. Radio, Fernseher, Kassettenrecorder, Verkehrslärm werden so weit wie möglich verbannt. Aber auch andere Geräusche, wie die von herumtobenden Kindern, gehören in die große Atmosphäre allseitiger Geborgenheit nicht herein. Wohltuend wirken die mit Pflanzenfarben »inkarnat« (pfirsichblütenhaft) lasierten Wände; wärmend die bis zur Höhe von

1,50 m achteckige Holztäfelung. (Laut Steiner lebt im Achteck das Urbild des Eis.) Die mit Gardinen zu verdunkelnden Fenster liegen hoch. Ein kleines zusätzliches Transparentfenster bildet eine Art Seidenschleier vor der Außenwelt. Indirektes Licht sorgt für eine anheimelnde Stimmung. Schalldämmung für eine sanfte Akustik.

Eine Zierde ist jeder Gruppenraum, Stube oder Stübchen genannt. Eindeutige, das Senkrechte betonende Formen bestimmen das Bild. Waagrechtes lädt laut Steiner nur zum Lümmeln ein. Kuschelig sollte es sein in der im dunkleren Teil des Raumes liegenden Sitzecke; doch nicht so kuschelig, daß sich die Kinder gehenlassen. Bei den Stühlen wird auf eine umhüllende Rückenlehne geachtet, aber auch darauf, daß die Kinder in diesen Stühlen gerade sitzen müssen. Die menschliche Haltung ist aufrecht. Auch hier hat Steiner von der Schwarzen Pädagogik gelernt, nur haben seine Erziehungsapparate eine liberalere Gestalt.

An Häusern-Tieren-Bäumen, an gehäkelten, gestrickten, genähten Wichtelmännchen und Puppen, vor allem an naturfarbenen Tüchern unterschiedlichster Größen ist kein Mangel. Mit ihnen können die Kinder »Mutter-Vater-Kind« spielen, oder auch – was viel lieber gesehen wird – einen Hirtenjungen, der das Prinzeßchen befreit. Das bringt »Impulse«, ist fördernd, weil es über die bloß aktuelle Lebenssituation herausreicht.

»Weitere Anstöße für das freie Spiel kommen aus der Arbeit der Erwachsenen: Einige Kinder helfen so vielleicht gerade der Praktikantin beim Schneiden von Obst für das Müsli oder mahlen mit der Handmühle Korn für die Brötchen, die am nächsten Tag, wie jede Woche, gemeinsam gebacken werden sollen. Andere Kinder helfen, die Requisiten für das nächste Fest vorzubereiten.«[1]

»Anstöße für das freie Spiel« nennen es die einen. Als Zwang, etwas für die Gemeinschaft zu tun, empfinden es andere. Um 10.00 Uhr geht die erste Spielphase zu Ende. Selbstverständlich muß, bis auf seltene Ausnahmen, alles sorgfältigst aufgeräumt werden. Aber schon Martin Buber hat gemerkt, daß – wenn Kinder etwas machen müssen – die Selbstbewußteren von ihnen widerständig werden. Und auch Steiner hat gesagt, daß Moralpredigten Moralinsäure

1 *M. Barz,* S. 49.

Kontraste

»Jeden Morgen dürfen, wenigstens die kleineren Kinder, in der Schule etwas von zu Hause erzählen. Womit hast Du denn gespielt? Was gab es zu essen? Habt ihr denn keinen Fernseher? . . . Manche Kinder haben den Trick bald heraus und schweigen, oder die Eltern verbieten ihnen zu erzählen. Doch auch schweigsame Kinder haben Spielgefährten, die gesprächig sind . . .
Wird es so oder anders offenbar, daß die Eltern hartnäckig Schulgebote übertreten, kommt der Fall in die Konferenz. Dies weiß ich von Lehrern der Schule, die diese Praxis unentwegt mitmachten, obwohl sie sie innerlich verurteilten. In der Regel wird in einem solchen Fall ein neuer Hausbesuch angesetzt, bei dem der Klassenlehrer – angeblich der Objektivität wegen und nicht selten zur Verblüffung der Eltern – einen nicht angekündigten Kollegen mitbringt.«

F. Beckmannshagen, Rudolf Steiner und die Waldorfschulen, S. 41.

»Jeden Morgen, wenn man in die Schule kam und Clara Michels die Hand gab, spürte man: Dieser Lehrerin kannst du dich getrost in die Hand geben. Ihre Augen schauten einen dabei an, als ob sie nur dich und nicht noch 36 andere Schüler erwartet hätten. Eine Welle von Sympathie, ja von Liebe, eine Welle von Vertrauen, von Freude ging von Auge und Hand aus, und man nahm erwartungsfroh seinen Platz ein.«

H. F. Willmann in: Der Lehrerkreis, S. 291.

produzieren, ungesund sind. Und nicht zuletzt: wie schaffen es zwei Frauen, so viele Kinder zum Aufräumen zu bewegen?

Aus der Not macht man eine Tugend, und aus der Tugend eine pädagogische Weisheit: es wird spielend aufgeräumt: die Tücher werden zur Wäscherei gebracht und sorgfältig aufgestapelt, die Holzstücke werden auf ein Schiff verladen; Kinder brauchen Ordnung und Übersichtlichkeit in ihren Räumen. Und wenn sie es nicht tun, müssen sie auf diese Weise lernen, nicht etwa bloß mehr oder weniger einsichtig zu gehorchen, sondern »das Gute zu lieben«.

Daran anschließend folgt der »Morgenkreis«. Leise wird ein Glöckchen geläutet, dann eine Kerze angezündet. Ein paar Minuten muß Andachtsstimmung herrschen. Und wenn die Ruhe und Konzentration auf den gemeinsam gebildeten Kreis von niemandem zerstört worden ist, kommt – wie zur Belohnung für das so unbequeme Stillhalten – ein rhythmisches Lied. Ein solches ist z. B. »Wer will fleißige Handwerker sehn« – Stein auf Stein – Zisch-Zisch-Zisch, Trab-Trab-Trab, die Kindergärtnerin macht die Bewegung vor, die Kinder ahmen sie nach.

Geht man über die wörtlich zu nehmende Schwelle in den Kindergarten (Eingänge und Türen sollen Schwellenerlebnisse vermitteln), so fällt meist als erstes der Blick auf die Sixtinische Madonna:

». . . und wunderbar zart und rein hat Raffael dieses Mysterium hingehaucht, indem er zeigt, wie aus den geistigen Engelsköpfen heraus sich die Madonna, der Mensch verdichtet – und wiederum hervorbringt die Blüte, den Jesus von Nazareth, der den Christus-Keim aufnehmen soll. Die ganze Menschheitsevolution ist in wunderbarer Weise in diesem Madonnenbilde enthalten!«[1]

Für Steiner war das Gemälde von Raffael ein »Dokument« – ein Ausdruck von unbefleckter Empfängnis und Geburt, ein Sinnbild für Ewig-Überirdisches im Menschen und ein Bild für das geistige Streben der Menschheit –, eigentlich für die gesamte Menschheitsentwicklung. Natürlich eignet sich die Sixtinische Madonna auch dafür, den Kindern zu zeigen, was sie »eigentlich« sind bzw. sein sollten; und auch dazu, die einsichtigen Eltern – d. h. die Mütter und Frauen daran zu erinnern, welch große Aufgabe ihnen zukommt.

In der ersten Phase des Vormittags steht »Freispiel« auf dem Programm. Damit ist nicht gemeint, daß Kinder mit Sachen spielen, die sie von zuhause mitgebracht haben, oder einfach

1 *R. Steiner* am 22. 12. 1908.

herumtoben. Sie spielen »kreativ«. Sie bereiten z. B. aus kleinen Aststückchen Spaghetti zu, machen mit Kastanien ein Mittagessen für alle, bauen Häuser mit bunten Tüchern und Tischen, wickeln schöne Steine als Diamanten in andere Tücher, um Geburtstagsgeschenke zu verteilen. An Hölzern jeder Länge und Breite, abgesägten Aststücken und Wurzeln fehlt es nicht.

»Da muß probiert und ausbalanciert werden. Hier wird Statik geübt, hier bilden sich zukünftige Ingenieure. Welch ein ärmliches Erlebnis bietet dagegen ein Lego-Baukasten. Ein glattes, gerades Steinchen wird an das nächste gleiche geknipst. Und immer hält es, nie fällt es zusammen. Viel mehr als die Fingerspitzen braucht man dazu kaum. Bei unserem Material muß schon die ganze Hand zupacken.«[1]

»Ärmliche Erlebnisse« sollen die Kinder nicht haben, und auch nicht die Erfahrung machen, daß es nicht stimmt, daß nie etwas zusammenfällt.

Schließlich fassen sich alle an den Händen, bilden eine lange Schlange, singen ein neues Lied und veranstalten einen Umzug in »unfreiwilliger Vielstimmigkeit« (M. Barz), denn am liebsten würden sie jetzt sofort losrennen. Es ist nämlich die Zeit, die für die Toilette vorgesehen ist, und wo die Kinder ihre vielleicht realste ›Freispielphase‹ haben:

»Die Toilette selbst steht bei Kindern und Erzieherinnen am entgegengesetzten Ende der Beliebtheitsskala. Für viele Kinder sind die Spiele mit Wasserhahn, Klospülung, Ausziehen, über die Trennwände der einzelnen WCs klettern und »zugucken« etc. genauso toll, wie sie dem Erwachsenen ein Greuel sind. Denn erstens hat er, wenn er nicht aufpaßt, am Ende völlig durchnäßte, z. T. schreiende Kinder (so jedenfalls stellte sich mir diese Situation wiederholt dar) und zweitens geraten hier wohl auch die kindlich-unvoreingenommene Neugierde (»Zeig mal!«) und die anthroposophische Auffassung, daß das Interesse am eigenen Körper unanständig bzw. einer gesunden Entwicklung hinderlich sei, aneinander.«[2]

1 *Dr. Matthiolius* in: Soziale Hygiene Nr. 22, S. 4.
2 *M. Barz*, S. 52.

Eigentlich ist das Thema Sexualität und Erotik so tabu, daß es in der ganzen Flut anthroposophischer Bücher nur ein einziges zu diesem heißen Eisen gibt.[1] Dafür aber lassen sich in pädagogischen Gesichtspunkten für den Bau der Kindergärten unterschiedlichste Vorschläge dafür finden, wie die Trennwände zwischen den Toiletten die Sicht der Kinder untereinander behindern, aber den überwachenden Kindergärtnerinnen den Einblick gestatten.

Ausführungen zu den Waschräumen klingen dagegen, oberflächlich betrachtet, liebevoller: der Waschraum soll nicht steif und kalt, ein blankes Anhängsel der gesamten Einrichtung sein. Er soll sich dazu eignen, Waschtag mit den Tüchern zu spielen. Vor allem aber wird auf die Reinlichkeitserziehung geachtet. Laut Steiner (hier merkt man ihm deutlich an, daß er als Mann nur wenig mit Kindern zu tun hatte) lieben Kinder Sauberkeit, frische Gerüche und waschen sich geradezu hingebungsvoll die Hände, wenn sie dreckig geworden sind. Händewaschen macht feinsinnig, behauptet er. Und so wird heute der Gang zur Toilette mit einem Reinlichkeitskult abgeschlossen: wer sauber ist, bekommt ein Tröpfchen Weleda-Öl.

Was aber tun, wenn ES dann doch passiert, daß z. B. ein Junge sich auf dem Klo nackt auszieht und zu einem Mädchen läuft? »Er erhielt von mir eine schallende Ohrfeige«, »vor allen Kindern«, berichtet beifallsheischend Christa Beichler in ihrem Buch »Kindgemäße Vorschulerziehung«. Denn hier lag der Fall für eine ganz besondere Bestrafung vor.

Der Gang zurück ins schöne Stübchen ist wieder wohlgeordnet, das Frühstück kann beginnen. Aber wieder: Erst Stillsitzen, dann muß Ruhe und Besinnung eintreten, der das Tischgebet folgt: »Erde die uns dies gebracht, Sonne die es reif gemacht« – dann fassen sich alle an den Händen und wünschen sich: »Guten Appetit«.

Gemeinsam wurde das Frühstück zubereitet. Gemeinsam wird gegessen. Gemeinsam wird das Frühstück beendet.

Die darauffolgende Phase bietet tatsächlich – das liegt auch am Wetter – mehrere Möglichkeiten. Die Kinder können mit ihren Betreuerinnen spazierengehen, sie können auf den Klettergerüsten oder den Sandkästen spielen, sie können im Winter rodeln; zu

1 Vgl. *S. Leber*, Geschlechtlichkeit und Erziehungsauftrag.

E. T., Die Mißgeburt

»Kein lebendes Wesen erregte in Elternversammlungen von Waldorfschulen solch ein Ärgernis wie E. T., der kosmische Gnom aus Hollywood. Die Pädagogen eines anthroposophischen ›Elternbriefes‹ aus Freiburg im Breisgau reflektieren dieses Mißbehagen. Der ›Extra-Terrestrische‹, fürchten sie, diese ›Mißgeburt aus Gummi und Plastik‹, diene einem ›Generalstab des Teufels‹ dazu, den Menschen ›jedes sinnvolle und ernsthafte Erlebnis des Überirdischen auszutreiben‹. Anthroposophie macht sich anheischig, ihren Anhängern, also auch dem wahren Waldorf-Lehrer, zu diesem Erlebnis zu verhelfen.
Eltern brauchen sich damit eigentlich kaum zu quälen. Sie sollen eben versprechen, ihre Kinder vor der Begegnung mit E. T. und derlei Kunstfiguren zu bewahren, selbst so harmlosen wie Donald Duck, der Mickymaus, Asterix oder denen aus der Sesamstraße. Rudolf Steiner hat anno 1906 sogar vor vollkommenen, vor zu schönen Puppen gewarnt, weil sie im Kind die ›schöpferischen Kräfte ertöten‹. Aber die meisten Eltern nehmen es nicht so genau.
Ihre von E. T. entzückten Kinder verwirren dann in der Waldorfschule die Kinder der Einsichtigen. Das entfacht Streit, mitunter unerbittlichen und grundsätzlichen. Manchen dämmert erst bei solchen Gelegenheiten, wie in die von ihnen teuer erkaufte Pädagogik Rudolf Steiners Kosmisches hereinspielt und die Idee der Wiedergeburt.«

P. Brügge, Anthroposophie, S. 73.

anderen Jahreszeiten können sie auch helfen, den Kompost umzusetzen, Stoff zu färben, Tische und Stühle zu schrubben. Sie können, sie müssen nicht. Aber es ist nicht sozial und nicht gesund, wenn man sich immer nur um sich kümmert und um das, was gerade Spaß macht.

Rhythmische Spiele, die meistens auf die Jahreszeiten bezogen sind, werden eine Zeitlang tagtäglich wiederholt. Im Frühling streuen Jungen aus einer großen Sämannsschürze singend Samen aus, während Mädchen in einer anderen Ecke des Gartens »Magd« spielend Kräuter pflanzen. Natürlich sind die Spielflächen vor dem Kindergarten so angelegt, daß auch sie nicht zum Toben verleiten; das ist möglich durch flächenhafte Begrenzungen und kurz hintereinander angeordnete Auflauf- und Orientierungspositionen. Gegen 11.40 Uhr läutet die Glocke; der Weg geht ins Stübchen zurück. Jedem Wochentag gehört ein Schwerpunkt, der auf diese sog. zweite Freispielphase folgt: z. B. wird Brot gebacken, mit Bienenwachs geknetet, mit Wasserfarben gemalt, ein Märchen gehört, musiziert, ein Puppenspiel oder Kreisspiel gemacht o. ä. Einmal in der Woche kommt die Eurythmielehrerin, die allerdings bei den meisten Kleinen äußerst unbeliebt ist. Um 12.00 Uhr werden die Kinder abgeholt, die nicht nachmittags in den Hort gehen.

Selbstverständlich verlaufen die Tage nicht reibungslos. Die Kinder sind ja nicht nur auf dem Klo aktiv, sie klagen Bedürfnisse und Rechte ein, streiten sich und widersetzen sich. Sie mögen auch mit Sachen spielen, die sie vom Kindergarten nicht kennen und bringen sie mit. Aber spätestens da stoßen Welten aufeinander.

Die Welt ist gut

Anfang des zwanzigsten Jahrhunderts haben besonders französische und deutsche Entwicklungspsychologien ihre Stufenlehren verbreitet. Fast alle waren tief von Darwins Evolutionstheorie und Haekkels biogenetischen Grundsätzen beeinflußt. Steiner entging diesen Einflüssen nicht, hat aber darüber hinaus seine eigenen okkulten Vorstellungen.

Seine Phasenlehre enthält die Zahlenmystik der Pythagoreer. Sieben ist DIE Zahl, die der Kosmos offenbart, sie ist auch die Zahl der Altersgliederung schlechthin.

Das älteste Dokument dazu ist die Elegie des Athener Archonten Solon. Es stammt aus dem 6. Jh. vor Chr.:

»Noch als unmündiges Kind verliert zuerst man die Zähne, sieben Jahre vergehen, bis man gewechselt sie ganz. Hat man aber vollendet mit Gott zweimal soviel Jahre, kündigt beim Jüngling schon kommende Mannheit sich an. Folgen noch weitere sieben, beginnt schon der Bart ihm zu wachsen, zarter Flaum um das Kinn;

größer noch wird die Gestalt. Viermal sieben und ganz zu der vollen Größe des Helden wächst der Jüngling heran, tut es gleich schon dem Manne.«[1]

Unter dem Aspekt, daß die Natur natürlich erziehe, und sich ein Kind von innen heraus entwickle, hebt Steiner hervor:

- Entwicklung geschieht durch ein endogenes Prinzip. D. h.: von einem Punkt aus wird jedes Leben bestimmt und ausgestaltet. (Der Samen einer Pflanze enthält die Pflanze.)
- Entwicklung verläuft phasenweise, nicht linear. (Die Pflanze wächst im rhythmischen Wechsel zwischen Ausdehnung und Zusammenziehung.)
- Jeder Entwicklungsschritt muß auf dem vorherigen aufbauen, keiner darf vernachlässigt oder gar übersprungen werden. (Keine Blüte entsteht, ohne daß ein Stengel und Blätter dagewesen sind.) – Hier greift Steiner immer wieder auf Goethes Urpflanze und Metamorphosenlehre zurück und bereichert sie mit den »Ergebnissen eigenen Schauens«.
- Entwicklung verläuft in Sieben-Jahres-Phasen.

Es gibt, so Steiner, zwei Zauberworte, die kennzeichnen, wie das Kind in ein Verhältnis zu seiner Umgebung tritt. Die Zauberworte heißen *Nachahmung und Vorbild.*

Und es gibt auch eine zauberhafte Erklärung, warum das so sei: Niemals würde sich ein Kind seinen Eltern auf Gnade und Ungnade ausliefern, niemals würde es so hilflos, offenherzig und vertrauensselig sein, wenn es nicht noch von seinem vorherigen Dasein in den kosmisch-göttlichen Welten getragen wäre.

»Das ist ja das Erhebende und Große im Anblick der Kinder, daß die Kinder eine Menschenrasse sind, die an die Moral der Welt glaubt und daher glaubt, daß man die Welt nachahmen dürfe. – Das Kind lebt so in der Vergangenheit und ist auch vielfach ein Offenbarer der vorgeburtlichen Vergangenheit, nicht der physischen, sondern der geistig-seelischen.«[2]

»Daher gibt es für den, der in die geistigen Geheimnisse eingeweiht ist, eigentlich nichts Reizvolleres, als das Kind zu beobachten.

1 *Solon*, zit. nach H. Ullrich, S. 115 f.

2 *R. Steiner*, Allgemeine Menschenkunde, S. 149.

„Welt-dreiheit"	*Kosmos*	*Gesell-schaft*	*bereichs-spezifi-sches Prinzip*	*Mensch*	*seelische Funk-tion*	*Körperliche Grundlage*
Form (Raum)	Stoffes-welt	Wirt-schaft	Brüder-lichkeit	Leib	Wollen	Stoffwechsel/ Gliedmaßen
Leben (Zeit)	Seelen-welt	Politik Recht (Staat)	Gleich-heit	Seele	Fühlen	Rhythmi-sches System (Atmung, Blutkreislauf)
Bewußt-sein (Ewigkeit)	Geister-welt	Kultur (Geistes-leben)	Freiheit	Geist	Denken	Gehirn, Nervensinnes-organismus
						Körperliche Vitalität u. Lebensfreude

Tabelle entnommen H. Barz, S. 44 und 45.
Sie hat die Überschrift: Steiners übersinnliche Imagination: Wildes Denken oder Schema F?

Man lernt ja, wenn man das Kind beobachtet, nicht die Erde, man lernt den Himmel kennen.«[1]

Artige Kinder (wir würden sagen lethargische oder »überangepaßte«) sitzen z. B. deshalb so viel herum, weil ihr Geist erst noch richtig einziehen muß in ihren Körper, weil der bloß vererbte Körper erst einmal zu eng ist und zu schwer. Sehr wilde Kinder (wir würden sagen »übermotorische« oder aggressive) toben deshalb so viel, weil sich ihr Geist im Körper nur ungeschickt bewegen kann, ist er doch vom Himmel heruntergestiegen auf die Erde, und muß erst noch alles so formen, daß es ihm paßt.

Piaget oder andere Entwicklungstheorien von heute sind oftmals dadurch spannend, daß sie Nachahmungsspiele, Nachahmungsbewegungen usw. auch inhaltlich schildern. Ihre Frage ist: wer und was wird bevorzugt nachgeahmt, und warum? Von einer Theorie, die in der »Beobachtung« von nachahmenden Kindern den Himmel kennenlernte, ist das nicht zu erwarten.

1 *dgl.*, Kunst des Erziehens, S. 16.

im Überblick

Wesensglieder	*Temperament*	*pathologisch übersteigertes Temperament*	*Geburt zu Beginn des*	*Entwicklungspsychologische Charakteristik*	*Erziehungsgrundsätze*
Physischer Leib	Melancholie	Narrheit	1. Jahrsiebent	Kind ist „ganz Sinnesorgan" hingegeben an Umwelt	Nachahmung und Vorbild
Äther-Leib	Phlegmatik	Schwachsinn	2. Jahrsiebent	Gedächtnis, Gewissen, freie Vorstellung „erwachen"	Nachfolge und Autorität
Astral-Leib	Sanguinik	Wahnsinn	3. Jahrsiebent	abstraktes Denken, freie Urteilskraft, Trieb, Leidenschaft	Förderung des selbständigen Denkens und Urteilens
Ich-Leib	Cholerik	Tobsucht	4. Jahrsiebent	Mündigkeit und Freiheit	Ablösung der Erziehung durch Selbsterziehung

Der Moralist Steiner, der (wie das bei Feindschaften oft der Fall ist), gerne von den Naturwissenschaften anerkannt worden wäre, vollzieht einen Trick: daß Kinder offen, leicht zu beeindrucken sind, gerinnt ihm zum Ein-Druck im wörtlichsten Sinn. Im Grunde genommen bleibt von der kindlichen Göttlichkeit nicht mehr übrig als ein mechanisches Bündel, eine Wachstafel Lockescher Prägung.

»Das kleine Kind ist noch ein Plumpsack, ein Sack, der nicht neugierig ist, auf den man Eindruck machen muß dadurch, daß man selber etwas ist. Gerade so wenig, wie ein Mehlsack neugierig ist auf seine Umgebung, gerade so wenig ist das kleine Kind neugierig. Aber wie alles, was Sie in den Mehlsack an Eindrücken machen, festgehalten wird, insbesondere, wenn das Mehl gut gemahlen ist, so bleibt dem kleinen Kind auch alles festgehalten.«[1]

Es gibt in diesem Zusammenhang kaum eine Krankheit, die Steiner nicht auf eine falsche Erziehung und Umgebung in den

1 *dgl.*, a. a. O., S. 21.

ersten sieben Jahren zurückbeziehen konnte. Ein gesundes Sehen bildet sich nur mit richtigen Farben- und Lichtverhältnissen, z. B. mit rosa-getupften Wänden (sie produzieren die Gegenfarbe Grün im Inneren, und Grün wirkt beruhigend). Im Gehirn und Blutumlauf bilden sich die physischen Anlagen für einen moralischen Sinn. Und wenn ein Kind »Torheiten« sieht, formt sich sein Gehirn so, daß es später auch nur »töricht« sein kann. Furchtbar ist es, wenn ein Kind in der Nähe eines zornigen Menschen aufwächst. Das reicht schon dazu aus, sein ganzes Gefäßsystem zu ruinieren.

Das Kind lebt also vorwiegend durch seine Umgebung und ist in erster Linie von ihr abhängig. Die Nachahmung bewirkt die »Ausgestaltung des (mit der ›Mineral-Welt‹ parallelisierten) physischen Leibs«. (Steiner sah vier Leiber und Auren.)

Im Grunde zentriert sich die Steinersche Entwicklungstheorie auf das permanente Verleugnen und Abspalten kindlicher Ängste, Erwartungen und Interessen. Das mag verständlich sein, wenn man sich überlegt, wieweit er seine eigene Lebensgeschichte und die Erinnerungen an seine eigene Kindheit ins Dunkle abschieben und verdrängen mußte. Auch ist es kein Wunder, daß er die damals aufkommende Psychoanalyse verabscheute und bekämpfte. Erschütternd ist eher, daß auch in den heutigen anthroposophischen Schriften das kindliche Leben in so weite Ferne gerückt wird, daß es unter der göttlichen Erleuchtung schwer fällt, sich daran zu erinnern, was Kind-sein heißt.

Das ödipale Dreieck, der Kampf um die Liebe der Mutter und des Vaters; Machtkämpfe um die eigenen Ausscheidungen in der Reinlichkeitserziehung; Aggressionen gegen die Eltern und Geschwister; Kastrationsängste, Penisneid; erzwungene Anpassungen, Verdrängungen, Sublimierungen, Lernen durch Erfolg und Irrtum; Lernen durch Konflikte und Widerstand; Kleinkriege um die kindliche Neugierde sind tabuisierte Themen, und das Wort Eifersucht scheint es nicht einmal zu geben.

Kinder sind laut Steiner grundsätzlich nicht egoistisch, obwohl manchmal »kleine Terroristen«. (Aber das sind sie nur, weil sie von dem Geist in ihnen, der ihren Körper formt, gequält werden.) Kinder sind auch nicht aggressiv, nicht neugierig, nicht erotisch, nicht sexuell. Konflikte mit Kindern, die zeigen wollen, daß sie nicht sind, was sie sein sollen, schaden ihnen, ihrer »gesunden

Kinder glauben, sie dürfen alles nachahmen, aber das dürfen sie nicht.

»Der Körper eines kleinen Kindes ruhte wie ein zusammengeklapptes Taschenmesser zwischen den ausgestreckten dünnen Beinchen. Dazu lagen die schlaffen Arme oft nach vorn ausgestreckt auf der Decke. Der Ausdruck war verstimmt und abweisend, auffallend der große ruhige Blick. Alle Bemühungen der Klinik führten zu keinem Erfolg, bis man . . . entdeckte, daß das Kind seinen liebsten Spielgefährten, einen großen Stoffhasen, imitierte.
Es war ein großes Tier, mit sehr langen, dünnen, schlaff hängenden Armen und Beinen, einem Kopf mit auffallend starren großen Augen. Der Hase war zu Hause der einzige Spielpartner des Kindes gewesen. Als man dieses Spielzeug durch ein anderes ersetzte, begann das Kind nach einiger Zeit mit Lust zu essen, veränderte ohne Zutun der Pflegenden seine Haltung und genas auf Dauer.«

Ch. Lindenberg, Waldorfschulen, S. 28.

Alle Versuche, Kinder ihres Schutzes zu berauben, sind Attentate auf ihr Leben.

»Wie verarmt sein geistiges und emotionales Leben auch sein mag, dieses neurotische oder psychotische Leben ist des gestörten Menschen eigene Schöpfung; es hat ihn große, fast unmögliche Anstrengung gekostet, eine Lebensart zusammenzuzimmern, die ihm Schutz bereitet. Alle Versuche, ihn seiner Rüstung zu berauben, sind Attentate auf sein Leben.
Besser ein Krüppel auf eigene Faust zu sein, als in ununterbrochener Angst zu leben.
Und wenn er sich nicht mehr bedroht fühlt, dann wirft der Krüppel ganz von allein das Rüstzeug fort und schreitet frei ins eigene Leben! Aber es muß das eigene Leben sein und nicht eines, das wir für ihn ausgesucht haben.«

B. Bettelheim, in: Neue Sammlung, Nr. 1, 1975, S. 12.

Entwicklung«. Ihr »Nicht nachmachen, selber machen«, ihr »Nein« und »Warum«, auch ihr »Zeig mal« darf es eigentlich nicht geben – und so kann man davon ausgehen, daß ihnen solche Konflikte auch wirklich schaden.

Mit dem Verbot für Kinder, ihre Bedürfnisse zu äußern; mit dem Gebot, lieb, nett und freundlich zu sein, wird nicht nur der Macht- und Herrschaftsanspruch der Erziehenden gefestigt – es beginnt auch das »Drama des begabten Kindes« (A. Miller):

»Der fünfzehnjährige Gymnasialschüler Freud schrieb in sein Aphorismusheft, der schlimmste Egoist sei der Mensch, dem es noch nie in den Sinn gekommen ist, daß er ein Egoist sei. Viele Menschen erreichen diese Weisheit des fünfzehnjährigen Freud nicht einmal im hohen Alter und glauben wirklich, daß sie ohne eigene Bedürfnisse sind, nur weil sie sie nicht kennen . . . Den Eltern fällt es meistens nicht ein, daß sie das Kind brauchen, damit es *ihre Wünsche* erfülle, sondern sie sind des festen Glaubens, daß sie es erziehen müssen, weil es ihre Pflicht sei, ihm bei der ›Sozialisation‹ zu helfen. Will ein so erzogenes Kind die Liebe der Eltern nicht verlieren (und welches Kind kann sich das leisten?) so wird es sehr früh »teilen«, »geben«, »Opfer bringen«, lange bevor ein echtes Teilen und wahrer Verzicht überhaupt möglich geworden sind.«[1]

Die Welt ist schön

»Nur in einem gesunden Körper wohnt ein gesunder Geist.« Dieses alte griechische und im Faschismus wieder aufgegriffene Motto teilt Steiner auf seine Weise: nur in einem gesunden Körper wohnt eine gesunde Seele (Moral und Ästhetik) und ein gesunder Geist (Ideale).

Entwicklungstheoretisch:

Der Körper wird vorwiegend in den ersten sieben Jahren ausgestaltet; die Seele im zweiten Jahrsiebt; die geistige und soziale Reifungsperiode findet in den darauffolgenden sieben Jahren statt. Der gesunde Dreiklang auf allen Ebenen kann sich erst mit dem einundzwanzigsten Lebensjahr ergeben, ab dem der Mensch »erst richtig Mensch sein kann«. (Steiner)

1 *A. Miller,* Drama des begabten Kindes, S. 8 f.

Das zweite Jahrsiebt: Äußeres Merkmal für die (mit dem Pflanzenreich parallelisierte ›Geburt des Ätherleibs‹) ist der Zahnwechsel. Wieder gibt es zwei Zauberworte, die angeben sollen, wie das Kind in ein Verhältnis zu seiner Umgebung tritt und was es in den folgenden sieben Jahren will: *Nachfolge* und *Autorität.*

Und wieder gibt es eine zauberhafte Erklärung, warum das so sei. Das Kind lebt nicht mehr vorwiegend unter der göttlichen Obhut. Es ist gegenwartsbezogener, wacher und seelischer geworden. Jetzt erst kann es anfangen, seine Innenwelt von der Außenwelt zu unterscheiden. Sicherlich: Kinder sagen schon viel früher »Ich«, stellen sich auch voller Trotz mit einem deutlichen »Nein« Erwachsenen gegenüber. Aber allzu ernst ist das eigentlich nicht zu nehmen; die anthroposophische Erklärung für dieses Phänomen: ein Teil der übersinnlichen Kräfte fahren ca. im dritten Lebensjahr einem Blitzstrahl gleich vom Himmel und kapseln sich im Kind ab. Der Mensch hat zum ersten Mal vom Baum der Erkenntnis gegessen. Aber die Pforte des Paradieses schließt sich nicht mit einem Knall. Bis zum 9. Lebensjahr bleibt sie noch angelehnt. Fand das Kind vorher die Welt gut, und wollte es sie nachahmen, so ist sie ab dem Zahnwechsel schön, es will sie genießen. Weil es seinen direkten Anschluß zu den höheren Welten nicht mehr hat, sucht es in seiner Ohnmacht außerdem nach einem Vermittler zwischen dem Göttlichen und sich selbst.

Hier nun tritt der Lehrer der Waldorfschule auf den Plan. Er will das Göttliche vertreten und fühlt sich dazu berufen. Er will eine über alles geliebte Autorität sein, die das Kind achtet, der es vertrauen kann, und der es folgen möchte. Er will verehrt werden und Ehrfurcht erwecken.

Psychoanalytisch gesehen will er nicht nur ›Gott-Vater‹ entmachten und sich an dessen Stelle setzen, – er will auch in der mehr und mehr ›vaterlosen Gesellschaft‹ eine Art größenwahnsinnigen Beitrag zur Entwicklung des kindlichen ›Über-Ichs‹ leisten.

Trotzdem hat Steiner nicht ganz unrecht, wenn er feststellt; die Liebe und Sympathie zum Lehrer ist das Vehikel für das, was ein Kind bereit ist, von ihm anzunehmen. Antipathie erzeugt Abwehr, Widerstand, Distanz und Kritik.

Um Kinder, die lieben und hassen, die sich entgrenzen, aber auch Grenzen setzen, – um Kinder, die kritisch sind, ist die Waldorfpäd-

»Wer noch lernt, darf nicht urteilen (1801)«

»Meine Meinung hierüber ist diese: um die Kinder zur Vernunft und auf die Bahn einer selbständigen Denkkraft zu bringen, muß man so viel wie möglich verhüten, daß sie ihr Maul nicht in den Tag hinein brauchen, und sich nicht angewöhnen, sich über Dinge zu prononcieren, die sie nur oberflächlich kennen. Ich glaube, der Zeitpunkt des Lernens ist nicht der Zeitpunkt des Urteilens.«

J. H. Pestalozzi, nach K. Rutschky, S. 107.

»Verehrung und Ehrfurcht sind die Kräfte, durch welche der Ätherleib in der richtigen Weise wächst. Und wem es unmöglich war, in der in Rede stehenden Zeit zu jemand in unbegrenzter Verehrung hinaufzuschauen, der wird dieses in seinem ganzen späteren Leben zu büßen haben.«[1]

R. Steiner, Erziehung des Kindes, S. 27.

agogik nicht bemüht. Im Gegenteil: mit ihrem ›zu früh‹ kämpft sie dagegen an, und sucht von diesem Übel zu heilen. Die ›entwicklungsgemäße‹ Erziehung möchte eine seelische Symbiose mit dem Kind auf dessen Kosten. Sie möchte die Verinnerlichung der im Unterricht vermittelten Moralwelten und die uneingeschränkte Identifikation mit dem Lehrer. Das Wunschkind hinterfragt nicht. Es will »durch den geliebten Erzieher erfahren, was gut und böse, schön und häßlich, wahr und unwahr ist. Wie ER über die Dinge denkt und sie empfindet, so denkt und empfindet es mit. Was ER liebt und verehrt, liebt und verehrt es auch. Es verleibt sich die sittlichen, intellektuellen und ästhetischen Maßstäbe des verehrten Erwachsenen ein.«[2]

Damit die Chance auch besteht, solche Traumkinder heranzuziehen, muß natürlich so weit wie möglich alles ausgeschlossen werden, was den Lehrer in Frage stellen könnte. Deshalb ist die Waldorfschule so hermetisch abgeriegelt, ist der Klassenlehrer acht

1 *R. Steiner,* Erziehung des Kindes, S. 27.
2 *H. Eltz* in: Waldorfpädagogik, S. 37 f.

Aus dualistischer Perspektive ist ›der Mensch‹ »Bürger zweier Welten« (R. Steiner, Grundlinien, S. 79), wird die Seele als der große Vermittler eingeschlossen, ist er jedoch »Bürger dreier Welten« (R. Steiner, Theosophie, S. 29).

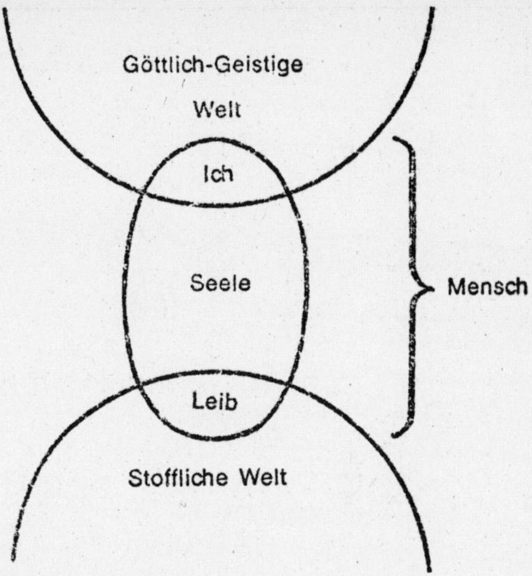

Jahre lang Brennpunkt und »Dirigent« seiner Schüler. Deshalb werden auch andere Unterrichtsmaterialien ferngehalten und die Eltern ermahnt, wenn ihre Kinder Kontakte zu denen haben, die Micky-Maus lesen, Sesamstraße sehen oder gar Schlimmeres.

Die Problemlosigkeit, mit der die Anthroposophen an ihrer autoritären Stellung festhalten, entspricht der Vorstellung von einem Kind, das absolut widerspruchslos Autoritäten will und braucht. Die identifikatorischen Vorgänge werden schlicht auf jene Bestandteile reduziert, mit denen sich die Lehrer selbst identifizieren. Sie wollen ausdrücklich Priester sein; ihren Unterricht bezeichnen sie nicht selten denn auch als Gottesdienst.

Aber Ehr-Furcht enthält Furcht, und das Aufschauen zum Verehrten ist auch ein Aufschauen zum Mächtigen. Die Identifikation mit der geliebten Autorität enthält die Identifikation mit dem Aggressor. Identifikationsprozesse bauen auf Rivalität und haben Abwehrcharakter. Das ist es, was eine solche Liebe erst wirklich trägt und sichert. Besonders von psychoanalytischen Richtungen her wurden diese Ambivalenzen und Konflikte (z. B. am Ödipuskomplex) viel thematisiert und problematisiert; Anthroposophen

Wen das Zittern der Ehrfurcht befällt

»Man male sich das Folgende in seiner Wirkung auf das jugendliche Gemüt aus: Einem achtjährigen Knaben wird von einer ganz besonders ehrenwerten Persönlichkeit gesprochen. Alles, was er von ihr hört, flößt ihm eine heilige Scheu ein. Es naht der Tag, wo er zum ersten Male die verehrte Persönlichkeit sehen kann. Ein Zittern der Ehrfurcht befällt ihn, da er die Klinke der Tür drückt, hinter welcher der Verehrte sichtbar werden wird . . . Die schönen Gefühle, die ein solches Erlebnis hervorbringt, gehören zu bleibenden Errungenschaften des Lebens. Und glücklich ist derjenige Mensch zu preisen, der nicht nur in Feieraugenblikken des Lebens, sondern fortwährend zu seinen Lehrern und Erziehern als zu seinen selbstverständlichen Autoritäten aufzuschauen vermag.«

R. Steiner, Erziehung des Kindes, S. 27.

scheinen sie unbekannt. Nicht unbekannt dagegen sind ihnen Auswirkungen der klassisch-autoritären Erziehung. »Duckmäuser« wollen sie keine, Kinder nicht zerbrechen, nicht auf Unterwerfung und unbedingten Gehorsam drillen.

»Die einstige physische Verstümmelung, Ausbeutung und Verfolgung des Kindes scheint in der Neuzeit immer mehr durch seelische Grausamkeit abgelöst worden zu sein.«[1]

Die Waldorfschule ist hier keine Ausnahme. Vielmehr ist der heute sehr weit verbreitete Erziehungsstil, wo durch Liebesentzug diszipliniert und bestraft wird, in der anthroposophischen Erziehung ein gut funktionierendes, stillschweigend anerkanntes Mittel.

Doch das setzt die Liebe zum Lehrer voraus, das Lernen mit Freude und das Aufnehmen realer kindlicher Bedürfnisse.

Die Verführung zur Identifikation mit dem Lehrer ist groß, und die Entwicklungstheorie Steiners spielt dabei auch ihre Rolle:

1 *A. Miller,* Am Anfang war Erziehung, S. 18.

Die zu liebenden anthroposophischen Lehrer wissen:

- daß Kindern im allgemeinen abstrakte Vorstellungen schwerfallen. (Sie seien ihnen vollkommen fremd.)
- daß Kinder über ihr bildhaftes Denken motivierbar sind. (Bildhaftes Denken entwickle sich ab dem siebten Lebensjahr und sei bis zum 10. Lebensjahr die vorherrschende Denkweise.)
- daß es Kindern ungeheuer schwerfällt, länger stillzusitzen und diszipliniert zuzuhören, selbst wenn sie ihre Lehrer lieben.
- daß sich ihr Bedürfnis nach Bewegungen und Spielen aber auch pädagogisch nutzen läßt. (Der Unterricht wird nach »rhythmischen Prinzipien« wie Anspannung, Entspannung, – Ausdehnung, Zusammenziehung, aufgebaut. Im Kindergarten z. B. folgt dem »Freispiel« die Andachtsruhe.)
- daß Kinder das, was sie aufnehmen, mit Phantasien durchsetzen und verarbeiten, daß sie auf der Ebene ihres »diffusen Animismus« (Piaget) sehr gut ansprechbar sind. (Wodurch sich der kindliche Animismus und der der Anthroposophen identifikatorisch treffen können.)
- Sie wissen damit zugleich, daß Märchen, Legenden, Fabeln, Sagen usw. an kindlichen Phantasien anknüpfen und geeignete Mittel sind, die Schüler wegweisend zu beeindrucken.
- Darüber hinaus wissen sie, wenngleich verengt auf die »schöpferische Phantasie«, von dem Bedürfnis der Kinder nach Eigentätigkeit; soll, das ist allumfassendes Grundprinzip, »jede Unterrichtsstunde ein Kunstwerk sein«.

130 »Epochenhefte« ungefähr stellt ein Waldorfschüler über alle Schuljahre her. Sie sind Zeugnis von dem Unterricht als »Kunstwerk« und dem innerlich durchlebten, mit vielen Gefühlen und Phantasien durchlebten »kreativen« Prozeß. Selbst ich staune immer wieder über die Bilder anderer Waldorfschüler und auch über die, die ich selbst gemalt habe. Sie sind beeindruckend schön. Aber sie sind stereotyp schön. Und sie sind nur schön. Es ist kein Bild darunter, das aus dem Rahmen fällt, indem es der eben doch nicht so genußleichten Welt einen Ausdruck gegeben hätte. Außerdem sind sie in großer Konkurrenz zu den Klassenkameraden entstanden, die auch so schön-waldorfhaft malen konnten wie ich.

Das dritte Jahrsiebt: Die Geschlechtsreife (Steiner bevorzugt den Begriff Erdenreife) ist das äußere Merkmal für die »Geburt des (mit dem Tierreich parallelisierten) Astralleibs«. Die grundlegenden seelischen Prozesse und die Ausgestaltung des Ätherleibs sind abgeschlossen. Kräfte werden frei für die nächste Reifungsphase. Die Kinder sind in die Gegenwart hereingewachsen – jetzt wollen sie beginnen, sich auf die Zukunft hinzuorientieren.

Das Zauberwort für die Jugendlichen ist die *selbstgewählte Autorität*. Die dazu passende bedürfnishafte Veranlagung: die Welt ist wahr. Die geistige Symbiose wird jetzt gewünscht, wobei der Anthroposoph die Bedeutung eines sokratisch-platonischen Geburtshelfers hat. Darüber hinaus hilft er nicht nur, er spendet auch die Milch der besonderen Denkungsart. Der Mensch geht nicht nur mit einer dreifaltigen Weltanschauung schwanger, sondern auch mit einem dreifachen Besitz von Tugenden:

»Es ist ja in der Tat so, daß außerordentlich viel abhängt von der Art und Weise, wie man gerade in einem bestimmten Lebensalter die Dinge an das Kind heranbringt. Nun gibt es drei Tugenden, die betrachtet werden müssen, auf der einen Seite in bezug auf die Entwicklung des Kindes, aber auf der anderen Seite auch im Zusammenhang mit dem ganzen sozialen Menschenleben. Es sind die drei Grundtugenden. Und diese drei Grundtugenden sind erstens dasjenige, was leben kann in dem Dankbarkeitswillen, zweitens dasjenige, was leben kann in dem Liebewillen, drittens dasjenige, was leben kann in dem Pflichtwillen. Im Grunde genommen sind diese drei Tugenden doch die Urtugenden des Menschen. Alle anderen liegen in gewisser Weise darin beschlossen.«[1]

Metamorphosierend geht es aufwärts: Das Kind hatte eine »leiblich-religiöse Hingabe«; es durfte alles nachahmen – die Welt war gut –, und so konnte sich ein universelles Dankbarkeitsgefühl entwickeln. Dem folgt die »seelische Hingabe«; das Kind konnte alles genießen – die Welt war schön –, und so konnte sich die allgemeine Menschenliebe entwickeln. Jetzt beginnt die »geistige

1 *R. Steiner,* Pädagogische Praxis, S. 115.

Schmerzlich muß die Seele erkennen,
daß sie Himmelsgaben verdorben hat

»In einer reichen Welt herrlicher Bilder und Klänge lebt die Seele. Kann sie dieselben denn auch schauen, hören und verstehen? Sie fühlt sich innig verwandt mit dieser Welt, aber schmerzlich muß sie erkennen, wie sie sich durch ihr Erdenleben aus dem vollen Drinnenstehen in dieser kosmischen Harmonie, in dieser sonnenhaften Klarheit entfernt und die Himmelsgaben geschwächt und verdorben hat.
Ein starkes, in sich gefestigtes Selbstbewußtsein hat sie nicht genügend durchdrungen mit demütiger Opferkraft, die strahlende Weisheit getrübt durch subjektive Meinung, sie hat mit dem Worte nicht nur reinen Idealen, sondern auch ihrer Eigenpersönlichkeit gedient; ihre Liebe zur Schönheit blieb beim Genuß und wurde nicht Erkenntnisquell; der kraftvolle Persönlichkeitswille hat sich im Eigennutz verhärtet anstatt zu helfen und zu dienen.«

Dr. med. Bort in: Heilende Erziehung, S. 207.

Aggressionen werden verlagert

»Es ist merkwürdig, daß der Mensch, je mehr er seine Aggressionen nach außen einschränkt, desto strenger, also aggressiver in seinem Ich-Ideal wird.«

»Es ist wie eine Verschiebung, eine Wendung gegen das eigene Ich. Schon die gemeine, normale Moral hat den Charakter des hart Einschränkenden, grausam Verbietenden. Daher stammt ja die Konzeption des unerbittlich strafenden höheren Wesens.«

S. Freud, Psychologie des Unbewußten Bd. 3, S. 320/321.

Hingabe«; der Jugendliche darf Mit-Denken und seine Helden selber wählen – die Welt ist wahr –, und so kann sich der Pflichtwillen entwickeln.

Wahr ist die Welt, wenn man nicht, wie noch von Kant unverblümt verlangt, sich vernunftsorientiert Pflichten unterwirft. Das ist ja unfrei, protestiert Steiner. Frei aber ist man, wenn man freiwillig und gerne seinen Pflichten folgt: »Man ist ein moralischer Mensch, weil man die Pflicht *liebt*« (Steiner), also »liebt, was man sich selbst befiehlt« (Goethe). Man fühlt sich frei, weil man in den eigenen Idealen nicht mehr den schmerzhaften Prozeß der Zurichtung, den Willen der anderen entdecken kann.

In ihrem Buch »Klassenliebe« erzählt Karin Struck: »Dietger kann nicht weinen. Er ist stolz darauf, daß er nicht träumt und sagt, er hat einen gesunden Schlaf. Er leugnet seine unbewußten Wahrnehmungen und Gefühle wie seine Träume.« Dietgers gibt es unter den Anthroposophen viele, und Waldorfschüler, die Dietger gleichen, auch.

Das Traumkind der Anthroposophen ist dankbar, liebt Gott und die Welt und ist sehr pflichtbewußt. Es ist eine Mischung aus entsetzlich weltfremd, naiv und immens realitätstüchtig, ehrgeizig. Bei seiner Entwicklung wird es durch kräftige Nachhilfe unterstützt. Die Dankbarkeit hat und braucht Feindbilder (Staatsschule, 0-8-15-Eltern, »dahinvegetierende Massenmenschen«). Die Liebe entbehrt sie ebenfalls nicht (Animalisches, Dunkles, Primitives, Sumpf – Ahriman lebt überall). Und die Pflicht mündet letztendlich im

In Prothesen fließt kein Blut

»Die Moral, die Pflichterfüllung sind Prothesen, die notwendig werden, wenn etwas Entscheidendes fehlt. Je umfassender die Gefühlsentleerung in der Kindheit war, um so größer muß das Arsenal an intellektuellen Waffen und die Vorratskammer an moralischen Prothesen sein, weil die Moral und das Pflichtbewußtsein keine Kraftquellen, kein fruchtbarer Boden für echte menschliche Zuwendung sind. In den Prothesen fließt kein Blut, sie sind zu kaufen und können verschiedenen Herren dienen.«

A. Miller, Am Anfang war Erziehung, S. 105.

elitären Eifer, nicht so zu werden wie DIE – oder auch im Wunsch, die Welt zu retten. Das Traumkind ist nicht nur Kind, es ist auch geschlechtlich.

Schon physiologisch gesehen (Metapher: Ackerboden und Furche) ist der Mann auf die Außenwelt gerichtet, aktiv, der Gebende. Die Frau ist nach Innen gerichtet, passiv, die Nehmende. In die Geisteshöhen beflügelt nennt sich das: »Das Weibliche ist das Element, das hinausstrebt, um sich befruchten zu lassen von den ewigen Tatsachen des Lebens.«[1]

»Dieser Stil spricht für eine gewisse harmonische Beziehung des Fühlens zum Denken. Bei weiblichen Personen findet sich die Teilung (der Haare) viel häufiger in der Mitte als bei männlichen. Das fest anliegende Scheitelhaar weist auch auf eine Bescheidenheit des Gemütes hin, das dem Denken nicht störend entgegentritt. Die symmetrische Teilung des Kopfhaares bei der Frau, die sich zur Scheitelform der Haare entschließt, weist zugleich auf Einfachheit des Fühlens dem Denken gegenüber hin. Sie ist gleichmäßig dem Mütterlichen, Pflegerischen und Fürsorglichen zugewandt.« (N. Glas, Die Haare des Menschen – eine Physiognomik, Stuttgart 1979, S. 16)

1 *R. Steiner,* Die Erkenntnis der Seele und des Geistes, S. 101.

»Der Mensch erreicht seine Menschwerdung erst wirklich, wenn er erwachsen ist. Als Kind hat er noch Anteil am Göttlichen. Er ist von Natur göttlich-menschlich, bevor er ganz menschlich wird. Und unter den erwachsenden Menschen erreicht eigentlich nur der Mann den vollen Boden der Menschwerdung. Die Frau hat, insofern sie ihr Wesen nicht verfälscht, noch Anteil am Göttlichen und bleibt von Natur göttlich-menschlich.«[1]

Der Mann steht seinen Mann. Mann = Mensch. Frau nicht, zumindest nicht so sehr. Die Assoziation, daß anthroposophische Frauen die drei K's: Kirche, Kinder, Küche, erfüllen sollen, trügt. Anthroposophische Frauen scheinen heute wie damals ziemlich emanzipiert zu sein. Meist dienen sie pflichtbewußt und unauffällig der »Gemeinschaft«, fühlen sich selbstbestimmt und wissen, daß sie gebraucht werden. Sie sollen und dürfen, mit Steiner formuliert, in die Welt hinausstreben, um sich vom patriachalischen Geist befruchten zu lassen. Ihre Mission ist, die männliche Domäne auch in den Gemeinschaftskulten noch zu erhalten. Frauen sollen nicht in ihren vier Wänden bleiben, das wäre egoistisch. Sie sollen auch nicht in höhere Sphären abschwirren, das wäre »luziferisch«. Sie sollen sich nicht mit »Affenliebe« ihren Kindern widmen (ein Wort, das schon in der Bibel steht, und mit dem mütterliche Zärtlichkeit denunziert wird), sondern klaren Bewußtseins erziehen.

1 *E. Bock,* zit. nach S. Leber, S. 35 f.

V.
Die geliebte Autorität – Das Schüler-Lehrer-Verhältnis

»Die große Frage der Erziehung ist diese: Wie verwandeln wir dasjenige, was den Kindern zunächst unsympathisch sein muß, in Sympathie?«

R. Steiner, Gegenwärtiges Geistesleben, S. 79.

Die Erzieher – eine Führergemeinde

Ein Lehrer der Waldorfschule – mag er noch so bescheiden sein – ist kein gewöhnlicher Mensch. Er ist berufen, er ist von höheren Mächten auserwählt. Und er hat einen Auftrag für die gesamte Weltentwicklung. Für ihn ist Schule nicht einfach Schule, Erziehen nicht einfach Erziehen. Schule ist – eine »heilige Verpflichtung zum Gemeinschaftsdienst«, Lehren ein »religiöser Kult«, und Erziehen eine »Weihe«.

In den 20er Jahren wurden viele Schulen gegründet, doch die Eröffnung der Freien Waldorfschule Stuttgart war ein »Festakt der Weltenordnung« (Steiner). Und von dieser höheren Warte aus formuliert sich auch die Aufgabe:

»Wir wollen uns selbst alle betrachten als Menschenwesenheiten, welche das Karma an den Platz gestellt hat, von dem aus nicht etwas Gewöhnliches, sondern etwas geschehen soll, was bei den Mittuenden die Empfindung eines feierlichen Weltenaugenblickes in sich schließt.«[1]

Das Mandat, das Steiner seinen Anhängern gegeben hat, ist absolut. Wo die Freiheit des Geistes waltet, herrscht er anthroposophisch.

Darüber hinaus hat sich der Lehrer durch die wiederholten Erdenleben seinen hierarchischen Platz schwer erarbeitet und auch verdient. Er hebt sich vom bloß Gewöhnlichen ab. Er ist ein auserwähltes Individuum (kein »Massenmensch«), er ist Mitschöpfer der Wirklichkeit (kein »Abbildner«), er ist aktiver Lebensspender (kein »passiver Nachahmer«) der wirklichste Mensch auf dieser Welt oder auch Gott-gleich – das ist im Grunde: er selbst.

In karmischer Aufgabe und kosmischer Gewißheit ist ihm sicher, daß er fortsetzen soll, was die höheren Mächte im Kind schon angelegt haben. Der »Weltenlenker« hat seine Macht abgegeben, er braucht Stellvertreter, er soll sie haben.

1 *R.Steiner,* Allgemeine Menschenkunde, S. 18.

Mit okkulten Ausführungen hat Steiner seinen Jüngern eine Absolution für ihre Tätigkeiten erteilt und seinen totalen Erziehungsanspruch legitimiert. Es ist daher auch nicht verwunderlich, wenn die Waldorflehrer auf viele Privilegien verzichten. (Ihr Gehalt liegt erheblich unter der staatlichen Besoldung, es gibt keine besonderen Beförderungen oder eine Anstellung auf Lebenszeit. Die Selbstverwaltung verlangt darüber hinaus einen immensen persönlichen Einsatz.) Der Lohn für ihre unbestreitbar große Mühe ist anderer Art. Sie haben einen Heilsauftrag und sind in einer Gemeinde verankert, die diese Identität am Leben hält. Mag die Welt sonst noch so kritisch dazu stehen oder auch zerrissen sein, die Waldorfschule trägt (schließt man die Sündenböcke, die es hier auch gibt, aus) ein einheitsstiftender Geist.

»Einheitlich ist die innere Führung, ist der pädagogische Impuls, ist der aus einem Guß bestehende Lehrplan, bei dem das eine in das andere übergeht und in geistiger Übereinstimmung und architektonischer Fügung sich ergänzt und eine harmonische Ganzheit ergibt. Dieser Aufbau und innere Zusammenhang ist ein Hauptgrund, warum der Schulgeist den jungen Menschen so günstig zu beeinflussen vermag. Keine Zerrissenheit der weltanschaulichen Grundlagen, wie sie üblicherweise heute besteht, verwirrt den heranreifenden Schüler.«[1]

Sie verwirrt auch die Lehrer nicht. Trotz ihren individuellen Eigenheiten sind sie im großen Ganzen eine einförmige Einheit. Entsprechend treten sie ihren Schülern gegenüber. Die Chance, daß der eine Lehrer den anderen nicht relativiert, ist groß. Die Chance, im Kennenlernen von verschiedenen Meinungen, Unterrichtsweisen und ›Lehrertypen‹, den Spielraum für ein eigenes Bild zu erhalten, ist folglich äußerst gering.

Die Waldorfschule ist nicht nur eine Moralschule. Sie ist eine Lebensgemeinschaft. Von Zeit zu Zeit tritt sie mit Monatsfeiern, Bazaren, Jahreszeitenfesten u. a. werbend an die Öffentlichkeit. Bei den Vorbereitungen werden alle miteingespannt. Selbst der Unterricht lebt ›rhythmisch‹ für das immer wiederkehrende Bedürfnis, sich (der Gemeinschaft dienend) einzubringen.

1 *R. Grosse,* zit. nach H. Ullrich, S. 226.

Die Waldorfschule bietet nicht nur einen Schutzwall, wo mit vereinten Kräften Außenstehendes abgewehrt wird; sie solidarisiert, harmonisiert und integriert. Aber die Gemeinschaftskulte haben mit wirklichen Gemeinsamkeiten wenig zu tun. Zwar sind es die Einzelnen die das Ganze tragen, aber sie prägen es nicht. Über ihnen thront der Waldorfgeist und die Schulseele sorgt für die Atmosphäre. »Steiner gestaltet die Lebenssubstanz für alle Beteiligten« formuliert auffallend unbedarft der standfeste Anthroposph G. Husemann. Aber gerade darin ist Steiner offenbar nicht nur für seine Anhänger, sondern auch für viele Eltern attraktiv.

Bruchlos geht das Ganze nicht. Die Demutshaltung im Gemeinschaftsdienst läuft Hand in Hand mit kollektivnarzistischen Selbstanpreisungen der Lehrer auf Festen wie in Büchern. Die Selbstaffirmation der Waldorflehrer scheint so bitter nötig wie die Angstabwehr. »Je höher man steigt, um so tiefer kann man fallen.«

Selbst im sozial-akzeptierten, integrierbaren Größenwahn des Auserwähltseins kommen Einzelne nur zu leicht an den Punkt, wo die psychische Krankheit beginnt. Um sich gegen unbewußte Zweifel zu schützen, wird ein esoterischer Eifer und ein Tagungs- und Veranstaltungsrummel entfaltet, »als gelte es, das Kaliyuga in Beton zu gießen und gleichzeitig die psychische Verfassung der Ameise zu realisieren.«[1] Gleichzeitig versuchen sie mit aller Macht, ihren kollektiven Schutz aufrechtzuerhalten. Ein Ausdruck dafür sind die Konferenzen; sie werden, wohl zu Recht, gerne als »Seele des Schullebens« bezeichnet. Aber meiner Meinung nach ist das eine sehr arme Seele: Durch Abstimmungen unterschiedliche Positionen aufzuzeigen und mit Mehrheitsbeschlüssen stehenzulassen ist nicht möglich. Die Eingeweihtesten, vermutlich die mit einem direkten Draht zur Stuttgarter Zentrale, bestimmen den Ton. Abstimmungen finden grundsätzlich nicht statt.

Da eine offene, kollegiale Auseinandersetzung über pädagogisch kontroverse Fragen ausgeschlossen ist, bleibt es nicht aus, daß die Konkurrenz der Lehrer untereinander intrigante Züge gewinnt, absurde Diskussionen in Konferenzen geführt werden, (z. B.: Ist eine Lehrerin auf der Schule haltbar, die mit einem fußballspielen-

1 *F. Beckmannshagen,* S. 105.

den Mann befreundet ist?) oder auch einzelne, als Sündenböcke ausgestoßene Lehrer, einheitsstiftende Funktionen haben.[1]

»Lehrer einer Waldorfschule erzählten mir, daß jede ihrer pädagogischen Konferenzen, die im allgemeinen mit persönlichen Konflikten, Intrigen und ähnlichem Zündstoff geladen waren, mit dem Spruch eröffnet wurde und wohl noch wird: »Heilsam ist nur, wenn im Spiegel der Menschenseele sich bildet die ganze Gemeinschaft und in der Gemeinschaft lebet der Einzelseele Kraft.«[2]

Vor der großen Wahrheit muß jede Subjektivität schweigen.

Die Strategie der Immunisierung

Ein großes Übel der Welt ist, wie schon bekannt, das eigennützige Interesse und seine Durchsetzung gegen andere Menschen. Der gute Lehrer hat sich von diesem Problem befreit, denn Anthroposophie als »Erkenntnismethode« befähigt ihn dazu, an Stelle des Hinterfragens eigener Anliegen »im Wesen des Kindes zu lesen«. Im Flair von naturwissenschaftlichen Betrachtungsweisen werden Denk- und Fühlverbote legitimiert. Die wissenschaftliche Haltung ist emotionslos, ist Stellungnahme ohne Leidenschaft, und das soll im zwischenmenschlichen Bereich nun auch funktionieren; ja, sogar gut sein. Praktisch heißt das: der Lehrer muß immer *über* den Situationen stehen, sein Privat-Ich gibt er vor der Klassentüre ab und unbefangen betritt er den Klassenraum. Das Tabuisieren ist der Weg zur Wahrheit: »Die allergrößte Selbstverleugnung ist Aufgabe des Erziehers« (Steiner); nur so findet der Lehrer zur Objektivität, nur so tritt ihm alles als reines Phänomen, als äußere Tatsache vor die Augen.

»Sie gehen in die Schule hinein, und vielleicht haben Sie Rangen und Ranginnen vor sich, die Sie auslachen. Sie müssen so gestärkt sein durch solche Gedanken, wie wir sie hier pflegen wollen, daß Sie gar nicht achten dieses Auslachens, daß Sie es hinnehmen wie eine äußere Tatsache, ich will sagen wie die Tatsache, daß es, während

1 *F. Beckmannshagen,* S. 107.

2 zu diesem Thema vgl. *F. Beckmannshagen,* der diesen kritischen Aspekt näher bestimmt.

»Vollends unglaubwürdig werden die Steinerschulen, wenn man beobachtet, wie das Lehrerkollegium sich gegen jegliche Einwirkung von außen abschirmt. Das Kollegium nimmt weder von Eltern Anregungen oder Kritik entgegen, noch läßt es das Geringste von seinen inneren Vorgängen und Überlegungen nach außen verlauten.
In der Steinerschule St. Gallen beispielsweise hat das zur grotesken Situation geführt, daß das Kollegium die allseits beliebte Kindergärtnerin ohne ersichtlichen Grund entließ, ohne daß je eine sinnvolle Erklärung dafür abgegeben wurde. Sämtliche Kindergarteneltern waren wie vom Donner gerührt, versuchten mit allen Mitteln eine Aussprache mit dem Kollegium zu arrangieren und erreichten nach sechsmonatigen zähen Bemühungen einen Orientierungsabend«. (Dies aber nur aus dem Grund, weil das Gerücht entstanden war, daß die Eltern eine Anti-Steinerschule gründen würden. C. R.) »Nach anfänglichen mutigen Vorstößen der betroffenen Eltern begann sich allmählich eine Angst breit zu machen, man könnte bei zuviel Einsatz selbst von der Schule gewiesen werden. Als erstes Gebot brachten die beteiligten Anthroposophen in alle Diskussionen ein, den Konflikt unter keinen Umständen Unbeteiligten oder der Öffentlichkeit bekannt zu machen.
Die Geheimniskrämerei der Lehrerschaft hatte sich bereits bis in die von ihr abhängigen Elternkreise fortgesetzt. Eine Stimmung allgemeinen Mißtrauens und der Angst war weit verbreitet. Mehrere Telefongespräche mit Eltern führten immer wieder zur gleichen Feststellung: man war erstaunt, daß es auch andere Leute gab, die die Vorfälle und die Grundhaltung der Schule mißbilligten und ziemlich verzweifelt nach anderen Möglichkeiten Ausschau halten. Die Kinder leben die ganze Zeit in dieser gespannten Situation.«

L. Ledder, Vater eines Kindergartenkindes. In: Öko-Journal, S. 5 ff.

Sie ohne Regenschirm ausgegangen sind, plötzlich beginnt zu regnen. Gewiß, das ist eine unangenehme Überraschung. Aber gewöhnlich macht der Mensch selbst einen Unterschied zwischen dem Ausgelachtwerden und dem Überraschtwerden durch den Regen, wenn man keinen Schirm hat. Es darf kein Unterschied gemacht werden.«[1]

Der Waldorflehrer kann, und das ist wirklich ungewöhnlich, jede Situation in eine Parallele zu Naturereignissen setzen. Erlebnisse, in denen er gekränkt wird und in denen er auch gemeint ist, verwandelt er so zu einer von ihm losgelösten, unpersönlichen Sache. Aus dieser Immunisierung erwächst seine »positive, innere Kraft«.

Für die Kinder ist sie allerdings grausam, denn ins Leere zu laufen, ist eine ständige Ohnmachtserfahrung. Das Dilemma von Eltern und Lehrern, darüber nachzudenken, warum sie oft nur ignorierend auf Kinder reagieren, und worin ihre Unfähigkeit begründet ist, hat der Waldorflehrer nicht. Innerlich gelassen, unberührt in seiner Monadenhaftigkeit, läßt er ihre Unarten an sich abtropfen und feiert diese Schein-Kraft als objektive Lebenshaltung. Mehr noch: sie ist für ihn die Voraussetzung für eine gute zwischenmenschliche Beziehung:

»Es ist eben das Merkwürdige der Fall, daß man sich dem Kinde zunächst möglichst mit Ausschaltung der eigenen persönlichen Gefühle gegenüberstellt, wie einem Phänomen, das man auf sich wirken läßt, einem Objekt, dem man sich erkennend hingibt, damit das Gesetz seines Daseins in der Seele des Beobachters sich aussprechen möge, und daß doch unter dieser scheinbaren Kälte, dieser Unpersönlichkeit das menschliche Verhältnis nicht leidet. Aus dem forschenden Interesse erwächst gerade eine Liebe, die auf Sachlichkeit und Erkenntnis beruht, und Erzieher und Kinder in ungeahnt tiefer und freier Weise aneinanderbindet.«[2]

Was sich hier aneinanderbinden soll, ist nicht das konkrete Verhältnis zwischen Menschen sondern das zwischen dem ewig Daseienden und Ständig-Werdenden: »Das Werdende im Kind lauscht auf das Werdende im Lehrer«, – »Das Werdende im Lehrer lauscht auf das Werdende im Kind« (Gabert) – dagegen ist alles andere bloß äußerlich.

1 *R. Steiner,* Allgemeine Menschenkunde, S. 28.
2 *G. v. Heydebrandt,* in: Die Drei, Jhg. I, E-Heft, S. 88. C. v. Heydebrandt war eine der ersten Lehrerinnen.

Wenn die Lehrer mit diesen Gedanken durchdrungen sind und vor allem den von Steiner geforderten rechten Glauben daran haben (der war wohl auch nötig – in der ersten Waldorfschule wurde Steiner von einer Klasse so ausgelacht, daß er sie des unabbremsbaren Tumults wegen verlassen mußte), dann wird die erste pädagogische Aufgabe gelöst sein:

»wenn wir noch so sehr ausgelacht werden von den Kindern: daß wir ein Verhältnis zu den Kindern herstellen, das wir für das Wünschenswerte halten. Wir müssen dieses Verhältnis auch gegen Widerstand herstellen durch das, was wir aus uns selbst machen. Und wir müssen uns vor allen Dingen der ersten pädagogischen Aufgabe bewußt werden . . . daß eine innere spirituelle Beziehung herrscht zwischen dem Lehrer und den Kindern, und daß wir in das Klassenzimmer eintreten in dem Bewußtsein: diese spirituelle Beziehung ist da, nicht bloß die Worte.«[1]

Damit ist der Schutzwall gebaut, der Heiligenschein geformt und der Lehrer unerreichbar geworden. Wir können Anthroposophen nicht nah sein. Sie befinden sich auf einem anderen Stern und senden Nachrichten aus einer anderen Welt.

Daß die sinnlichen Verhältnisse entwirklicht werden, bedeutet nicht, daß die Lebensäußerungen der Schüler vollends übergangen würden. Was sonst als äußerlich gilt, ist gerade darin überaus bedeutsam, daß es sich zur Erziehung und Heilung eignet – oder auch zur stellvertretenden Bekämpfung von all dem, was ein Lehrer an sich selber fürchtet oder haßt.

Daher richtet der Waldorflehrer von Anfang an seine Beobachtungen sehr genau auf ganz bestimmte körperliche Ausdrucks- und Verhaltensformen, die ihm Symbol für innere Daseinsweisen sind.

Die Temperamente und ihre Therapie

Eine der ersten und wichtigsten Aufgaben des Lehrers ist es, die Temperamente seiner Kinder kennenzulernen. Und derer gibt es – in aller individuellen Verschiedenheit – vier.

1 *R. Steiner,* Allgemeine Menschenkunde, S 29.

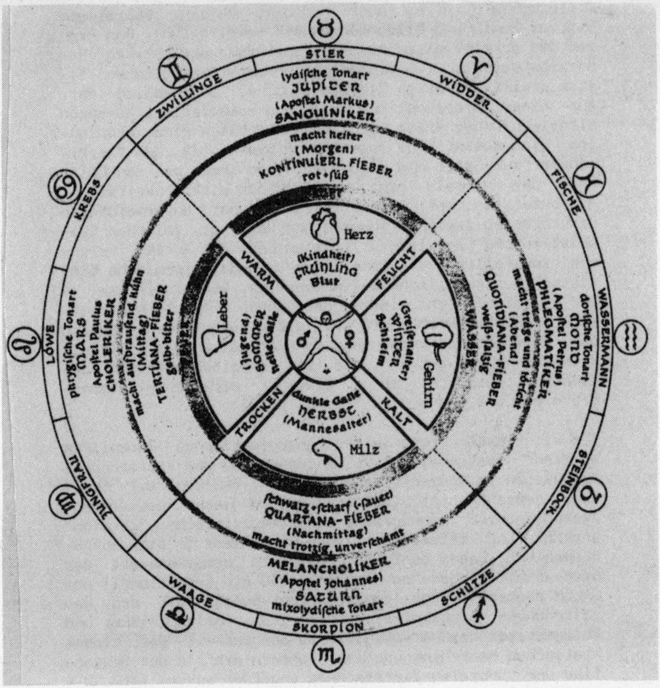

Historische Entwicklung des Viererschemas in der antiken und mittelalterlichen Humorallehre nach *E. Schöner.*

Die Temperamentslehre geht auf die Antike zurück, wurde von I. Kant, W. Wundt u. a. wieder aufgewärmt und hat eine lange Geschichte.

Seit 1977 spielt Nögge, ein anthroposophischer Künstler, in mehreren Ländern und vor immer größer werdendem Publikum, den »Clown in vier Temperamenten«. Er spielt ihn sehr lebendig und plastisch – und oft klang es an mein Ohr: Genau wie ich . . . wie der . . . wie die . . .

Lange Geschichte, kurzer Sinn:

Melancholiker sind empfindlich und egozentrisch.

(Eine Schlafmütze schlurft auf die Bühne. Sie soll, so will es der Vater, etwas aufräumen. Sie klagt, einen Stoffhund an sich gedrückt: »Ach, keiner hat mich lieb. Warum bloß bin ich geboren – warum nur gerade ich?« Sie sinniert hin und her. Sie fühlt sich immer schlechter und wird krank. Und als sie endlich wieder gesund ist, ist es ihr auch nicht recht. Zum Aufräumen jedenfalls kommt sie nicht.)

Sanguiniker nehmen das Leben leicht.

(Ein Junge hüpft auf die Bühne. Sein Vater gab ihm den gleichen Befehl. »Klar Mensch, klar Mensch, räumt er auf, ach ja, und was er noch erzählen wollte, da hat er so'ne Frau getroffen, spitze war die, also die hieß, Rose, ne, Linda, ne, ach, ist doch auch egal, eh.« Er stellt alles mögliche mit dem Besen an. Nur zum Aufräumen kommt er nicht.)

Phlegmatiker lieben die Ruhe.

(Ein Dickbäuchiger wankt auf die Bühne. »Aufräumen. Jaa, das wird er gleich machen. Aber wie? Also, hier ist ja eine unglaubliche Unordnung. Am besten, man überlegt erst einmal in aller Ruhe, wie man Ordnung hineinbringt. Es gibt ja so viel Unordnung im Leben. Viel zu viel. Am besten, man macht einen Plan . . .« Zum Aufräumen kommt auch er nicht.)

Choleriker lieben die Gefahr und wollen immer die Stärksten sein.

(Forschen Schrittes betritt ER die Bühne. Es geht aber auch nichts, rein gar nichts ohne ihn. Es ist zum Auswachsen. Er muß es doch immer und immer wieder sagen: Nichts geht ohne ihn. Nein, aufregen wird er sich nicht, neeiin, üüberhaupt nicht, er denkt ja nicht daran, aber . . . Zum Aufräumen kommt auch er nicht.))

Die Temperamente sind nach Steiner karmisch bedingte Veranlagungen. Ein Beispiel: Ein Mensch, der in seinem vorausgegangenen Erdenleben zu egoistisch und melancholisch war, ist mit seinem Tod durch das Läuterungsfeuer gegangen und hat eine kathartische Reinigung erfahren. Für sein nächstes Erdenleben sucht er sich nach dem karmischen Gesetz seiner steten Aufwärtsentwicklung und Vervollkommung seine Eltern aus. Er inkarniert sich im sanguinischen, der Außenwelt jetzt tendenziell zu stark verhafteten Temperament.

Die Temperamente haben – der Geist formt den Körper nach makrokosmischen Gesetzen – ihren physiognomischen Niederschlag. Die Melancholiker sind hager, knochig, ihre Stirn ist schmal und hoch, der Kopf hängt nach vorne. Den Blick trübe schleppen

sie sich vorwärts. Klein und gedrungen ist die Gestalt des Cholerikers. Sein Hals ist kurz, der Kopf sitzt wie in die Schultern eingesackt. Die Stirn ist Ausdruck seines Willens: breit und hart. Sein Schritt ist energisch und er hat einen »schwarzen Glanz« in seinen Augen. Anders der Phlegmatiker. Seine Gestalt ist eher unförmig, rundlich bis fett. Er hat eine »teilnahmslose Physiognomie«, farblos und matt ist sein Blick, erstaunlich beweglich dagegen sein Gang. Sanguiniker sind »wohlproportioniert«, schlank und geschmeidig. Lustige Augen, ausdrucksvolle Gesichtszüge, beflügelt-hüpfende Schritte sind ihre Kennzeichen.

Bei den Aufnahmegesprächen haben die Klassenlehrer die Möglichkeit, ihre eigene Klasse selbst zusammenzustellen. Sie versuchen, den Ratschlag Steiners zu befolgen, daß jede Klasse aus vier gleichstarken Temperamentsgruppen zusammengesetzt sein sollte; jedes Kind paßt in eine dieser Gruppen. Darüber hinaus gibt es die Möglichkeit, gleich am ersten Schultag eine Art Test zu machen, um sich der gemachten Diagnose zu vergewissern. Da Steiner seine Temperamentslehre mit der goetheschen Farbenlehre angereichert und mit Formdeutungen erweitert hat, eignet sich das Wasserfarben-Malen dazu. Dem inneren Wesen auf der Spur läßt der Klassenlehrer seine neuen Schüler Bilder auf riesengroßem, in Wasser eingeweichtem Papier malen. Material sind die Wasserfarben der Waldorfschule: Rot, Blau, Gelb, die jede Möglichkeit, Gegensätze darzustellen oder gegenständlich zu zeichnen, ausschließen. Andere Farben entstehen aus Mischungen der vorhandenen. Haben die Kinder ihre Bilder gemalt, so teilt der Lehrer sie, der Farb- und Formgebung entsprechend, in die Gruppen ein.

Natürlich gibt es auch andere Testmöglichkeiten. Das »Zeichnen« mit Wachsstiften von geraden und krummen Linien eignet sich laut Steiner ebenfalls, weil diese Linien »Urformen aller Formen« sind. Der Lehrer zeichnet vor, die Kinder zeichnen nach, »und dabei führen sie ihm unmittelbar die vier Grundtemperamente mit den verschiedensten Zwischenstufen vor. Ohne viel Überlegung setzt ein Kind seine Formen unbekümmert in die Mitte des Blatts und ist bald fertig – darin zeigt sich ein sanguinisches Temperament. Andere Kinder brauchen wesentlich länger, und ihre Formen werden gelegentlich so groß, daß sie wie ein Hefeteig überquellen bis über den Heftrand hinaus, es sind Phlegmatiker. Zögernd, beinahe ängstlich geht ein Melancholiker an die Aufgabe heran, besorgt, ob er es auch richtig macht. Seine Striche sind zart und dünn, vielleicht in die äußerste Ecke an den Rand gemalt. Dagegen pflegt ein echter Choleriker seine Linien mit kraftvollem Druck unmißverständlich in die Mitte zu setzen, so daß sich ihre Spuren noch auf den Heftseiten darunter abzeichnen.«[1]

Es wäre absurd, die Beobachtungen der Lehrer bestreiten zu wollen. Sie sind aber vor ihrer Interpretation nicht zu trennen. »Unmittelbar« wird nichts vorgeführt, »unbefangen« nichts betrachtet.

Die Temperamente sind zwar eine Art mitgebrachtes Heiligtum, aber so heilig sind sie nun doch wieder nicht. Sie müssen beschnitten werden, wo sie zu Extremen neigen:

»Wenn das melancholische Temperament abnorm ausartet und nicht innerhalb der seelischen Grenzen bleibt, sondern ins Körperliche übergreift, so entsteht der Wahnsinn. Der Wahnsinn ist die Ausartung des im wesentlichen melancholischen Temperamentes.

1 *R. Bütow, A. Ziegert* in: Hibernia-Schule, S. 64.

Aus den Bildern können Lehrer die Temperamente diagnostizieren.

Die Ausartung des phlegmatischen Temperamentes ist der Schwachsinn oder Blödsinn. Dic Ausartung des Sanguinischen ist die Narrheit. Die Ausartung des Cholerischen ist die Tobsucht.«[1]

Viele Begriffe gibt es für den anstehenden Prozeß der harmonischen Wesenswerdung, in dem eines nicht offenkundig werden darf: materielle Gewalt und strukturelle Macht. Hinter den Kulissen wird gearbeitet, unterschwellig und heimlich. Operiert wird mit dem Unbewußten – dem Medium für die subtilste und nachhaltigste Beeinflußbarkeit.

Die erste »therapeutische« Maßnahme des Klassenlehrers besteht darin, Kinder gleichen Temperaments in Gruppen zusammenzusetzen. Er möchte eine Situation herstellen, in der sie sich unbewußt und automatisch untereinander therapieren.

»Wenn Sie die Phlegmatiker zusammensetzen, so üben sie gegenseitig Selbstkorrektur. Sie werden sich nämlich so langweilig, daß sie mit der Zeit gegen das Phlegma Antipathie bekommen; dann wird es immer besser und besser. Die Choleriker prügeln und puffen sich und werden zuletzt der Prügel und Puffe der anderen Choleriker überdrüssig. Und so schleifen sich die einzelnen Temperamente, gerade wenn sie zusammensitzen, außerordentlich gut einander ab.«[2]

Etwas weniger mechanisch und eher eingängig formuliert das R. Bütow: die Kinder erleben ihre Eigenschaften aneinander. Sie setzen sich unbewußt mit dem Nachbarn auseinander, sehen an ihm ihre eigene Unfähigkeit, und das wirkt auf sie zurück. Das allerdings spricht noch nicht dafür, die Temperamentszuordnungen zu stützen und besagt in seiner Allgemeinheit noch nicht viel.

Doppelmoralismen. Der hoffnungsvolle Heilungsprozeß – die Behandlung der Schüler untereinander, ohne direkte Eingriffe der Lehrer – läßt sich auch als heimlicher Disziplinierungsversuch bewerten.

Was z. B. soll ein Lehrer machen, wenn in einer Klasse von immerhin ca. 40 Schülern »Sanguiniker« quatschen »Melancholiker« träumen, »Phlegmatiker« gähnen, und »Choleriker« wütend ihre Sträuße ausfechten. Und das, obwohl sich der Lehrer unzwei-

1 *R. Steiner*, Erziehungskunst. Seminarbesprechungen, S. 47.
2 *R. Steiner*, Kunst des Erziehens, S. 69.

Wovon ein Lehrer träumt (1890)

»Aller Augen sind heute auf den Lehrer gerichtet: aller Haltung ist straff; jeder Schüler scheint dem Lehrer, sozusagen, die Worte vom Mund wegnehmen zu wollen; kein Laut wird gehört außer dem Wort des Lehrers und der Antwort des Schülers; kein Schüler wird müde und matt; keiner kommt auf fremde Gedanken; keiner bedarf eines Anstoßes. Woher diese wohltuende Erscheinung? Die Kinder ›sind dabei‹, alle ihre Geisteskräfte sind auf die zu behandelnde Sache hingerichtet, sie sind aufmerksam.«

H. F. Kahle, zit. nach K. Rutschky, S. 88.

fellos viel Mühe gibt, den Unterricht lebendig und mitreißend zu gestalten? Natürlich behandeln sich die Kinder untereinander nicht genug, natürlich muß er selber eingreifen.

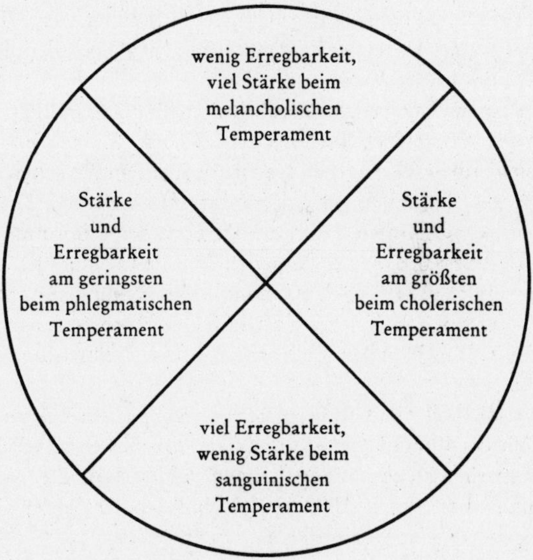

Die vier Temperamente.

Die Heilung durch ihn beginnt ebenfalls mit der Sitzordnung. An die Stelle einer »bunt durcheinandergewürfelten« Klassenzusammensetzung (das ist die, wo sich die Kinder ihre Nachbarn aussuchen, womit sie einen Zusammenhang zum Ausdruck bringen, der für den Lehrer Chaos ist), bringt er »Harmonie in die Gesetzlosigkeit« (C. v. Heydebrandt). Dadurch überschaut er schnell die Gesamtsituation: da drüben hat er die Melancholiker, dort die Sanguiniker, hier die Choleriker und da die Phlegmatiker. Aus vierzig individuell verschiedenen Kindern sind vier übersichtliche Gruppen geworden, vier mal wesensgleiche Kinder. Das ist seine Richtlinie, die ihm die Möglichkeit gibt, den Unterricht so zu gestalten, daß er jede Gruppe ihrem Temperament gemäß ansprechen kann.

»Was würden Sie tun, wenn Sie bemerken würden, Sie reden in der Schule vom Pferde, und nach einiger Zeit hat sich das sanguinische Kind sehr weit entfernt vom Gegenstande . . .

Dann muß man vorbildlich wirken auf die sanguinischen durch die melancholischen Kinder. Wenn in der sanguinischen Gruppe irgend etwas nicht stimmt, sich zur melancholischen Gruppe wenden und dieses Temperament dann spielen lassen.«[1]

Durch diese Methode, so Steiner, können sich die Kinder auch gruppenweise abschleifen und wirken auf das Ganze der Klasse ausgleichend.

Waldorflehrer »spielen« mit den Temperamenten: Sie spielen die eine Gruppe gegen die andere aus, setzen sie in eine unbewußte Konkurrenz zueinander und erzeugen hier auch Leistungsdruck. Und sie instrumentalisieren die Kinder dazu, sich gegenseitig zu disziplinieren, zu belehren, und für die Ruhe in der Klasse selbst zu sorgen. Konkurrenz in der Waldorfschule? Niemals!

Von einem »schönen Wetteifer« in den höheren Klassen ist dagegen öfter die Rede.

Tiefer geht der Weg in die kindliche Seele. Für jedes Temperament hat der Lehrer eine besondere Erzähl- und Darstellungsweise. Die gleichen Märchen werden in temperamentsspezifischen Fassungen vorgetragen und auf ihre Wirkung hin berechnet. Sie werden aber nicht von denen nacherzählt, für die sie erzählt worden sind,

1 *R. Steiner*, Erziehungskunst. Seminarbesprechungen, S. 25.

So daß das Kind gezwungen ist . . .

»Bei den Sanguinikern würde ich den Vortrag, besonders am Anfang, etwas mehr mit Zwischenpausen gestalten, so daß das Kind gezwungen ist, die Aufmerksamkeit, die es hat fallen lassen, immer wieder von neuem aufzunehmen . . .
D: Ich will vorausschicken, daß ich es für ratsam halte, das sanguinische Kind straff vor sich zu setzen und dauernd in der Blickrichtung zu halten, während für die melancholischen Kinder möglichst eine behagliche, gemütliche Stimmung zu erzeugen ist.
Rudolf Steiner: »Sehr gut bemerkt.«

R. Steiner, Erziehungskunst. Seminarbesprechungen, S. 23.

sondern von der sog. polar entgegengesetzten Gruppe (bei den Sanguinikern sind das die Melancholiker). Mit solchen Methoden verschleiern die Lehrer ihre therapeutischen Maßnahmen und ihre eigenen Aggressionen. Für jedes Temperament gelten spezielle, oft zu wiederholende Übungen. Malerisch, zeichnerisch, sprachlich, eurythmisch, - rundum werden die Kinder bearbeitet, werden »Disharmonien« beseitigt. Kein Fach ist davon ausgenommen. Selbst die einzelnen Rechenverfahren werden temperamentsspezifisch eingesetzt. Da hat z. B. ein Bauer einen großen Käse selbst gemacht. Er teilt ihn: einige Stücke bringt er seinem Nachbarn, andere hebt er sich selber auf. Wiederum andere wird er am nächsten Tag zum Markt bringen. Indem der Lehrer sein Märchen blumig ausmalt, stellt er den entsprechenden Gruppen seine Fragen, durch die er sie Rechnen lehrt, indem er sie zugleich behandelt. Die vorsorglich-planenden Melancholiker werden gefragt, wieviele Käseteile der Bauer morgen verteilt. Den aggressiven, die Gefahr liebenden Cholerikern wird er ein dichtes Gedrängel und Gerangel um die Käsestücke anbieten. Denen, die das Leben allzu leicht nehmen, den Sanguinikern, wird er ein noch dickeres Gedränge verschaffen und noch einen kleinen Dieb einbauen, der, vom schlechten Gewissen getrieben, wieder zum bestohlenen Bauern zurückkommt. Dieser ist ein so guter Mensch, daß er sogar noch ein Stück Käse mit dem reumütigen Sünder teilt. Und nun, zum

Schluß, werden die ruhigen, am Essen sowieso interessierten Phlegmatiker errechnen, wer alles von dem großen Käse gegessen hat.

Ob Rechnen, Physik oder Chemie; ob Tierkunde, Pflanzenkunde oder Menschenkunde; ob Märchen, Fabeln oder Legenden, alles eignet sich zum permanenten, spießbürgerlich kleinkarierten Moralisieren und Therapeutisieren. Der Frosch, der sich aufbläst, bis er platzt, ist für die Choleriker gedacht. Der Hirsch, der sich so viel spiegelt, daß er schließlich sterben muß, für die Melancholiker. Fleischerhunde passen immer gut auf und tun ihre Pflicht. Die deutschen Schäferhunde sind nützliche Tiere, sie stehen so richtig zum Leben. Aber die Schoßhündchen, die sind feige und faulenzen. Sie machen nur Unnötiges auf der Welt, taugen zu nichts. So viele Blumen gibt es auf der Welt, aber viele sind nicht bescheiden, protzen nur herum. Andere brauchen viel zu lange für alles was sie tun, sie haben viele Blätter, aber eine schöne Blüte gelingt ihnen nicht. Menschen: eigentlich sind die Füße etwas ganz egoistisches, aber mit den Händen sind wir frei, mit ihnen können wir helfen und dienen.[1]

Steiner empfiehlt für den Geschichtsunterricht:

»in anschaulichen Bildern vor die Kinder hinzustellen und ihnen klarzumachen, wie sich die Menschen vor den Kreuzzügen nicht hingeräkelt haben auf Sofas, wie sich Spießbürgerlichkeit noch nicht geltend machen konnte in den Familien auf Sofas in den guten Stuben.«[2]

Die Moral und ihre Märchen

Eins der besten Mittel zur moralischen Erziehung im Allgemeinen und zur Behandlung der Temperamente im Besonderen sind an den Waldorfschulen für die unteren Klassen die Grimms-Märchen.

- Erstens sind sie streng patriachalisch und passen den Anthroposophen gut in ihr eigenes Weltbild; die positiv geschilderten Frauen überwiegend demütig, schön, fleißig und hilflos, die

1 *R. Steiner*, Erziehungskunst. Seminarbesprechungen, S. 82.
2 vgl. bes. *R. Steiner*, Erziehungskunst. Seminarbesprechungen.

Männer sind stark, mutig, tapfer, aktiv, redlich und intelligent. Darauf können die später erzählten Legenden, Mythen und Sagen aufbauen und diese (bis dahin hoffentlich als »gut« verinnerlichten) Eigenschaften als Entwicklungsgeschichte der ganzen Menschheit weiterleben lassen.

- Zweitens sind sie ihres allgemein-gesellschaftlichen emanzipatorischen und rationalen Gehalts durch das romantische Gemüt der Märchensammler Grimm zum größten Teil entledigt: sie sind konservative Sozialisierungshilfen.
- Drittens sind sie, und sollen das auch sein, *heimliche* Erzieher; die Gebrüder Grimm haben sie als Erziehungsbuch gedacht, und daher (wohl auch in erotischer Hinsicht) »jeden für das Kindesalter nicht passenden Ausdruck . . . sorgfältig gelöscht«. (Gebr. Grimm)

Märchen eignen sich hervorragend gut zur Bewegung kindlicher Gefühle und Gedanken. Sie können Kinder zur Identifikation (ver)führen, denn sie erzählen in einer Weise und von einer Welt, die dem, wie sie selbst denken und empfinden, zum großen Teil entspricht.

Für das achtjährige Kind (um Piagets Beispiel zu zitieren) »lebt die Sonne, weil sie Licht ausstrahlt (und man könnte hinzufügen: weil sie dies willentlich tut). Für die animistische Auffassung des Kindes lebt der Stein, weil er sich bewegen kann, zum Beispiel wenn er einen Abhang hinunterkullert. Sogar ein zwölfeinhalbjähriges Kind ist überzeugt, daß der Fluß lebt und einen eigenen Willen hat, weil sein Wasser fließt. Die Kinder glauben, Sonne, Stein und Wasser seien von menschenähnlichen Geistern bewohnt und fühlen und handeln deshalb wie Menschen.«[1]

Und schließlich ist bei Märchen die Welt in klare Gegensätze gegliedert, in ein Entweder-Oder, das es im realen Leben nirgends gibt. Doch hat auch dieses Weltbild für die Kinder etwas für sich: die in sich so widersprüchliche und komplexe Wirklichkeit zu verstehen, ist schwer. Märchen vereinfachen die Situation, indem sie Polaritäten, in denen Kinder selber oft empfinden, klar trennen und verallgemeinern.

Das Faszinierendste an den Märchen ist für die Kinder, daß sie tiefe und brisante Themen aufgreifen. Aufgenommen und formuliert wird das Grauen vor dem Verlassen- und Ausgestoßenwerden sowie das Motiv gewaltsamer Rache (Hänsel und Gretel). Macht- und Grandiositätsphantasien der Kleinen gegenüber den Großen (der Däumling), Gefühle des Verkannt-Seins (Aschenputtel) oder auch die Rivalität mit der Muter (Schneewittchen), mit dem Vater (Drachentöter-Märchen formulieren meistens ödipale Konflikte) und den Geschwistern (die drei Federn). Die Märchen geben namenlos gebliebenen Ängsten und Wünschen eine menschliche Gestalt. Sie können trösten, sie können Schuldgefühle entlasten und helfen, Probleme zu verarbeiten; sie können aber gerade auch das Gegenteil erreichen.

Marx bezeichnete einmal die Religion als »Opium des Volkes«. Ich habe mich oft gefragt, ob die märchenhaften Welten in der Waldorfschule nicht das Opium vieler ihrer Schüler und Lehrer sind.

Identifikatorische Prozesse sind ein wesentlicher Bestandteil der moralischen Erziehung. Dabei wird unter geschickter Ausnutzung der kindlichen Sympathie mit den Märchenhelden den Kindern ein

1 *B. Bettelheim*, S. 56 f.

F. Carlgren feiert glorifizierend die erfolgreiche Behandlung eines phlegmatischen Mädchens: dieses war meistens gelangweilt und am sozialen Zusammenhang desinteressiert. So sollte es das Gefühl für Recht und Unrecht ausbilden. Und weil Recht und Unrecht viel mit Faul und Fleißig zu tun haben, eignet sich »Frau Holle« zur Therapie.
Pflichtbewußt, arbeitsam und geistesgegenwärtig, das war die »Goldmarie«. Sie diente Frau Holle, und wurde dafür mit einem Goldregen belohnt. Die »Pechmarie« aber, faul und dumm, wurde hart bestraft: sie wurde mit Pech übergossen. Carlgren erläutert: tiefe Selbsterkenntnis spenden die Märchen, frei sind sie von allem kleinlichen Moralisieren, Kinder können an den Märchenfiguren intuitiv verstehen, wie sie selbst im tiefsten Inneren eigentlich sind.
»Das Bild von den beiden heimgekehrten Jungfrauen, der leuchtenden und der beschmutzten, machte auf das Kind einen tiefen Eindruck. Es sagte langsam und mit Nachdruck: »Ich werde auch immer lieb sein.«

F. Carlgren, Erziehung zur Freiheit, S. 84.

Weg zur Verinnerlichung *der* Werte gewiesen, die ihnen tief unsympathisch sind. Der geliebte Held ist nämlich nicht nur mutig und edel. Er ist auch demütig, geduldig und bescheiden. Und das geliebte Märchenmädchen ist nicht nur im Grunde ihres Herzens gut (wenngleich nur selten aktiv). Es ist auch so gut, daß es, wie z. B. ›Aschenputtel‹, trotz grober Mißhandlungen geduldig und bescheiden, gehorsam, sauber und fleißig ist. All diese Bürden müssen per Identifikation mit in Kauf genommen und bejaht werden. Aber weil die Identifikation allein gegenüber den manifesten Bedürfnissen und Erfahrungen von Kindern nicht ausreicht, kommt in den Märchen ein krasses Belohnungs- und Bestrafungsprinzip hinzu. Hier wird nicht nur heimlich erzogen, hier wird auch deutlich zugerichtet: Während die identifikatorischen Prozesse mit dem angenehmen, guten Helden mit imaginären Schätzen, Kronen und Hochzeiten belohnt werden, werden die schlechten Eigenschaften und Taten streng bestraft.

»Der Melancholiker ist in einer merkwürdigen Selbsttäuschung . . .: In dieser Illusion ist er befangen, daß er ganz auserlesen ist, so wie er gerade ist. Läßt man ihn das stark merken: ›Du bist kein solch außerordentlicher Kerl, solche Exemplare gibt es viele‹, dann ist das eine sehr starke Beeinträchtigung der Impulse, die gerade zur Melancholie führen. Deshalb ist es gut, ihn besonders mit Biographien großer Persönlichkeiten zu behandeln.«

R. Steiner, Erziehungskunst. Seminarbesprechungen, S. 26.

»Was aus der Sinnlichkeit, aus Trieb, Begierde, Leidenschaft hervorgeht, das will nur dieses egoistische Individuum. Daher muß der Mensch dieses selbstische Wollen in sich abtöten.«

R. Steiner, Briefe II, S. 229.

Zahlreiche Kinderpsychologen und Psychoanalytiker warnen gerade wegen dieses destruktiven Kerns vor den traditionellen Volksmärchen. Sie machen Angst, sind gewalttätig, erzwingen Anpassung und Gehorsam auf vernichtende Weise. In dem glorifizierten Beispiel von dem phlegmatischen Mädchen zeigt sich dieser Mechanismus überaus deutlich.

Man kann sich für oder gegen Märchen entscheiden – sie still und leise, aber vehement und permanent als heimliches Erziehungs- und Unterrichtsmittel einzusetzen, ist blind und gefährlich.

Erziehung ist eine ständige Aktualisierung der eigenen aggressiven und regressiven Wünsche durch die Kinder. Märchen, Legenden, Mythen usw. eignen sich zur Rache. Sie eignen sich auch zur Selbstüberhöhung und Autoritätsfestigung. Und sie eignen sich zum heimlichen, stellvertretenden Kampf gegen die Kinder.

Sie können mit all den versteckten Sadismen und Forderungen erzählt werden, mit all den Wünschen und Aggressionen, die die Erzieher auf die Kinder haben.

Natürlich können die Lehrer bei vierzig Schülern niemals überblicken, was sie in den Einzelnen anregen und auslösen. Daß sie die Kinder aber gerade durch dieses subtile Erziehungsmittel im wahrsten Sinn des Wortes an sich fesseln, leuchtet sofort ein.

»Die Perle der Wahrheit« – Heimlichkeit und Scheinheiligkeit

> »Alles dasjenige, was wir hier besprechen, das ist dazu da, um dem Lehrer Autorität zu verleihen. Wenn er sich verraten würde, würde er nicht durchkommen.«
>
> **R. Steiner**, Erziehungskunst. Seminarbesprechungen, S. 55.

Die angestrebte übersinnliche Beziehung zwischen den Lehrern und ihren Kindern bekommt einen doppelten Boden: so klar, wie den Anthroposophen ihre Vorhaben sind, so unklar sollen sie den Kindern bleiben. Sie dürfen nicht einmal ahnen, »daß man ihnen Moral beibringen will« (Steiner). Auf diesem Hintergrund verbinden sich die sog. Erkenntnismethoden –, die Spaltungs- und Immunisierungsprozesse der Anthroposophen –, mit einer ganzen Reihe von Verheimlichungstaktiken. Sie tragen Namen wie »künstlerisch«, »schöpferisch«, »intuitiv«, »entwicklungsgemäß«, sind aber Techniken, mit denen suggestiv und manipulierend gearbeitet wird. Mit ihnen werden die Kinder in ein gespenstisches Netz verstrickt und verwirrenden Prozessen unterworfen. Sie dürfen nicht wissen, was ihnen geschieht; nur dann sind sie empfänglich für ihre »heilende« Erziehung und offen für alles, was die Anthroposophen an Lebenssinn zu spenden scheinen.

Wenn es den Erziehern erst gelungen ist, sich in die objektiven Sphären absichtsvoll zu erheben, sind sie weitgehend immunisiert. Das bietet ihnen die Möglichkeit, phantasievoll und spielerisch sogar noch mit Situationen umzugehen, die andere zur Verzweiflung bringen. Einen guten Lehrer z. B. stört die Unruhe in seiner Klasse nicht. Er kann so tun, als sei er nicht berührt. Ignorieren kann zudem Schuld- und Schamgefühle wecken, und das hat eine kathartische Reinigung zur Folge. Und wenn nicht? Dann wird er die Klasse vielleicht mit einem kräftigen Donnerwetter konfrontieren – zum Wohl der Schüler, denn IHN erregt die Unruhe nicht, weshalb er sich sogar zum Krachschlagen »zwingen muß« (F. Carlgren).

Bei den jüngeren Schülern, die noch keine langgewachsene Verbindung mit dem Lehrer haben und mit deren Schamgefühlen noch nicht gerechnet werden kann, wird er die Unruhe eher in ein Spiel umlenken.

Da läßt er alle richtig austoben, tobt sogar mit über Tische und Bänke, und ruft dann: »Husch-Husch, alle Mäuschen in ihr Häuschen. Stillgestanden wie ein König.« Oder er reiht sich ein in den großen Lärm, macht ihn, rhythmisch stampfend noch größer, um ihn zu bannen: »Leiser«, »Leiser«, »Noch leiser«, bis er flüstert und es still wird »wie in einer Kirche« (R. Grosse).

Wenn alles nichts hilft, muß der Lehrer selbstverständlich strafen. Aber, ganz im Sinne der Schwarzen Pädagogik: die Strafe hat mit seinem Verhältnis zum Kind und seinen eigenen Forderungen nichts zu tun. Ist er vollkommen objektiv, so kann er guten Gewissens sagen: »Für Dich ist es notwendig, daß ich Dich strafen muß. Du brauchst das, damit Du wieder zu Dir finden kannst. Und die Strafe, die ich Dir geben muß, schmerzt mich wahrscheinlich sogar mehr als Dich.«

Tiefe Beschämung zu erzeugen nennt Steiner in seinen Seminarbesprechungen eine »gute Methode«. Muß man mit »Rädelsführern« reden, so sollte man die Gespräche kurz halten und immer so führen, daß ein Rest von Unklarheit bei den Schülern zurückbleibt. Diese seelische Grausamkeit wird als heilsam ausgegeben.

Die beliebtesten Maßnahmen sind jene, mit denen die immer wieder in Frage gestellte Autorität des Lehrers gestärkt werden

Strafe ist eine Wohltat

»Wie beim Erwachsenen hat das Schmerzerlebnis eine seelisch reinigende und zugleich eine das Bewußtsein aufweckende und aufhellende Wirkung. Dabei kann solcher Schmerz in der Strafe von der allerverschiedensten Art sein. Er kann wirklich rein physischer Schmerz sein, wie bei einem Schlage, einer Ohrfeige. . . . (Aber) man kann die Regel aufstellen, daß der eigentliche höhere Zweck des Strafens um so besser erreicht wird, je mehr man auf die körperlich oder seelisch groben Schmerzen verzichtet und mit feinen, zarten Formen auskommen kann.«

E. Gabert, Die Strafe, S. 61 f.

kann, der über die langen Jahre und die Besonderheit der hermetisch abgeriegelten Bindung eine Art Elternersatz geworden ist.

Steiner erzählt gerne von einem Lehrer, der die unter dem Tisch geschriebenen »Briefchen« seiner Kinder scheinbar nicht bemerkte. Er lenkte dafür seinen Geschichtsunterricht auf die Entstehung der Post, und hatte Erfolg: das Briefe-Schreiben hörte auf. Meistens denken sich die Lehrer ein Märchen aus. Sie erzählen es am nächsten Tag so, wie sie sonst Märchen erzählen: spannungsgeladen, plastisch ausgemalt, liebevoll; scheinbar ohne Bezug auf das Gewesene. Z. B. Folgendes: Ein Junge bekam von einem König den Auftrag, Schafe zu hüten. Wenn er sie verliert, steht sein Leben auf dem Spiel. Aber die Schafe waren dumm. Teils wurden sie vom bösen Wolf vertrieben, teils liefen sie einfach weg. So begann, der Junge unter größten Gefahren, seine Schafe zu suchen. Er wäre verloren gewesen, hätten ihm nicht gute Menschen geholfen, sie wiederzufinden.

– Das Bild vom Lehrer über sich selbst und seine Schüler spricht Bände: Natürlich ist der Junge der Lehrer, mit dem sich das Kind identifizieren soll. Es soll sich empören über die Dummheit der Schafe, und das ist seine eigene. Natürlich ist der König der Gott, der Aufträge verteilt, und sieht sich der Lehrer als Vermittler göttlicher Wünsche. Sein Beruf ist die Berufung, Kinder vor der bösen Außenwelt zu schützen. Ist er nicht da, dann kommt der Wolf und frißt sie auf mit Haut und Haar. Dumm sind die, die sich vom Bösen umgarnen lassen. Noch dümmer jene, die einfach weglaufen. So geht er nun hinaus in die Welt, muß den Gefahren bitter trotzen. Verloren gewesen wäre er, wenn es nicht andere gute Menschen gegeben hätte, und, vor allem, hätte er seine Schäfchen nicht wiedergefunden. Im Namen seines Auftrages und ihres schäflichen Wesens führt er sie wieder in ihre behütete Einfalt zurück – heilt sie von ihrer Krankheit der Rebellion.

»Am meisten scheinen Waldorfschüler unter dem Moralisieren ihrer Lehrer zu leiden. Wie es an allen Schulen unterschiedlich gute Lehrer gibt, so ist es natürlich auch an den Waldorfschulen – es gibt gute und schlechte, verehrte und abgelehnte. Aber ein ständiger moralischer Druck ist sehr allgemein verbreitet. Etwas vom richtenden Geiste des Alten Testamentes weht durch alle Klassen. Die

Schüler fühlen sich sehr bald in ›Schafe‹ und ›Böcke‹ getrennt und fühlen sehr genau, auf welche Seite sie gestellt sind.«[1]

Mit einem sehr plumpen und alten, doch immer wirksamen Trick werden sie auch tatsächlich auf die verschiedenen Seiten gestellt. Gut ist, so Steiner, »dankbare Schüler« aus der Klasse dazu zu bringen, daß sie ihren Klassenkameraden das Gefühl von Beschämung über ihre Untaten erzeugen; »dann wird die Autorität wieder aufgerichtet ... Man muß die Klasse kennen und diejenigen herausfinden, die zu einer solchen Mission geeignet sein könnten.«[2]

Damit diese Klassenteilung aber nicht zu transparent wird, und auch, weil »Brävlinge« leicht glauben, sie seien etwas Besonderes, gibt es gegen diesen »heraufziehenden Egoismus« ebenfalls Mittel. Hier läßt sich z. B. die Methode anwenden, den Schülern zu starke Leistungen abzuverlangen, damit sie sehen, daß sie nichts wissen.

Deutlich wird an all diesen Beispielen, daß in der Waldorfschule ein ungeheurer Anpassungsdruck herrscht. Dabei werden Mittel verwendet, die (sei es von der Familie her, sei es auch von anderen Schulen her) allen als die gewöhnliche heimliche Alltagsrepression wohl vertraut ist. Nur werden sie in der Waldorfschule systematisch und bewußt eingesetzt, gezielt verheimlicht und vor allem mit dem Wesen der Kinder legitimiert. Darüber hinaus hat jeder Waldorferzieher den großen Vorteil, daß er sich im Recht fühlt. Er agiert nicht hilflos, bereut nicht, wenn er Kinder erniedrigt, sie mit seiner Moral unterdrückt, sie gegeneinander ausspielt und für seine eigenen Zwecke einsetzt; er agiert geplant und verkörpert eine nicht wankende Objektivität. Er scheint wirklich ein guter Mensch zu sein, an den sich die Kinder in ihrer Ohnmacht halten können; denn daß sie entmündigend behandelt werden, ist ihnen ja seit langem allgemein vertraut.

Waldorfkinder müssen über die Hilflosigkeit der Erwachsenen nicht hilflos werden, und auch die allgemeine Sinnkrise ist hier gebannt. Ein klares Weltbild ist vorhanden, und ein Mensch, der nicht dazu zwingt, Konflikte auszutragen; der nicht nach dem Warum fragt, sondern ganz schnell hilft, sich anders zu verhalten.

1 *F. Beckmannshagen,* S. 43 f.

2 *R. Steiner,* Erziehungskunst. Seminarbesprechungen, S. 58.

Freundlich, aber bestimmt, dirigiert er das Kind, das sich nur allzuleicht als böse empfindet, hin zu dem, wie es wieder gut sein kann. Und wenn es das ist, kann er auch wirklich mit all seiner Wärme, die ihm zur Verfügung steht, belohnen.

In den Kindern der Waldorfschule werden permanent Schuldgefühle mobilisiert, aber sie werden davon, und das ist das vertrackte, wieder errettet. Ein wesentliches Moment der kindlichen Freude dort scheint mir darin zu bestehen, daß dieses System so gut funktioniert, daß sich die Kinder zwar mit Schuldgefühlen quälen, ihnen aber immer der Weg gewiesen wird, wie alles besser zu machen sei. Das entlastet, – solange es funktioniert.

Was die Schuldgefühle selbst betrifft, so lassen sie sich nur schlecht auf etwas Konkretes beziehen. Solange der Lehrer den größten Wert darauf legt, absichtslos zu erscheinen, müssen die Kinder glauben, daß sie es sind, aus denen Schuld und Reue, schlechtes Gewissen und das Vorhaben zur Besserung entspringt. Stärker als andere Kinder quälen sich die Waldorfschüler mit inneren Fragen und Konflikten, die von der verehrten Person vollkommen unabhängig zu sein scheinen. Hinter den Verheimlichungstaktiken die Forderungen der Lehrer zu sehen, dazu gehört Abstraktionsfähigkeit und Distanz. Die jüngeren Kinder haben sie mit Sicherheit noch nicht, und die Älteren mögen den alt-testamentarischen Geist schon kennengelernt haben und auch benennen können, aber sie sind bereits in der Waldorfschule tief verwurzelt. Die Weltanschauung ihrer geliebten Autorität ist ihnen bis dahin selbst zur Wirklichkeit geworden, und deren Verhalten scheint gerecht zu sein.

Zusätzlich bindet, daß wohl alle die Besonderheit ihrer Erzieher spüren: Jeder Waldorfpädagoge geht mit seiner ganzen Person in seinem Beruf auf. Natürlich verlangt er von den Kindern entsprechende Lebensfreuden. Der bis hin in die Konferenzen wirkende Befehl zur allseitigen Harmonie, das ständig herzustellende positive Lebensgefühl und der Himmel der Konfliktlosigkeit, hat auch hier seinen Grund. Und die Kinder, die so oft hören, wie sehr sich die Erwachsenen für sie opfern, fühlen sich ihnen gegenüber tief verpflichtet. In solcher Beziehung verflochten, *müssen* die Kinder, und das kann auch mit Freude geschehen – sinngebend sein. Sie müssen die ihnen vermittelten Lebensgefühle und Ideen zurückspiegeln. Hier finden sie ihre soziale Realität. In der notwendigen Verarbeitung dessen, was sie nicht einmal ahnen dürfen, bleiben sie allerdings elend auf sich zurückgeworfen.

Der »gute« Waldorflehrer verfügt nicht nur über sein Talent, sich flexibel danach zu verhalten, was er für richtig hält. Er ist auch eine Art pädagogisches Chamäleon. Er gaukelt seinen Schülern Betroffenheit vor, auch wenn er innerlich gelassen ist. Und er baut Gefühle auf, die er zunächst nicht hat. Für diese widersinnigen Schauspielereien benutzt Steiner die Metaphern »künstlerisch-intuitiv« oder auch »selbstverständlich-instinktiv«. Was immer ein anthroposophischer Erzieher erzählt, er muß sich nicht nur ständig selbstverleugnen, er muß sich auch je nach Temperament des Kindes in dessen Temperament verwandeln, damit er heilen kann:

»Habe ich ein phlegmatisches Kind, so behandle ich . . . das Kind selber mit einem noch größeren Phlegma, als es selber hat. Ein sanguinisches Kind, das immer von einem Eindruck zum anderen läuft, bei keinem festhalten kann, bei dem versuche ich, die Eindrücke noch schneller wechseln zu lassen, als es sie selber behandelt. Einem cholerischen Kind versuche man, möglichst in stößiger Weise, so daß man selber ins Cholerische hineinkommt, die Dinge beizubringen, und Sie werden sehen, wie es nach und nach sich abstößt in seiner Cholerik an der dargestellten Cholerik des Erziehers.«[1]

Nun soll der Pädagoge nicht vollends in der jeweils projizierten Rolle aufgehen, er könnte seine Identität verlieren. Steiner rät also seinen Lehrern unbedarft: »Versuchen Sie selbst, Ihr Wesen zu spalten.«

Der Nachdruck, mit dem Steiner dazu aufruft, seine Spaltungen zu leben, läßt sich daran erkennen, wie vielschichtig er das wahre Verhältnis zur Wirklichkeit bestimmt:

Er sah sich

- als *Arbeiter* »innerhalb der Materie, innerhalb welcher man schon einmal leben muß«[2]
- als *Werkzeug*: »Jeder Wissenschaftler bedient sich gewisser Werkzeuge und Methoden . . . die übersinnliche Erkenntnisart bedient sich auch eines Werkzeugs. Nur ist dieses Werkzeug der Mensch selbst«[3]

1 *R. Steiner*, Kunst des Erziehens, S. 69 f.
2 *dgl.*, Anthroposophie, S. 128.
3 *dgl.*, Geheimwissenschaft, S. 40.

»Der pädagogische Beruf bietet eine scheinhafte Sinnchance, auf die man etwa als Rechtsanwalt für Steuerrecht oder internationales Privatrecht, als Arzt für Hautkrankheiten oder Hals-Nasen-Ohren, als Betriebswirt oder Wirtschaftsjournalist gar nicht mehr verfallen kann; eine totale Rolle, in der gedanklicher Inhalt, soziale Form und existenzielles Ethos bruchlos ineinander aufgehen. Der so verstandene Erzieherberuf gewinnt einen Heiligenschein höherer Einsichten und Wirkungen; aber eben nur als Schein des Heiligen und Gelungenen, eine großangelegte Scheinheiligkeit, die so tut, als ob sie sich aufopfert für andere und in Wahrheit die anderen mehr braucht als diese den Erzieher.«

K. Prange, Erziehung zur Anthroposophie, S. 168.

- als *(Voll-)Mensch*, wo und weil er die »wahre Wirklichkeit in sich selbst«[1] geschaut zu haben glaubt. Und
- als *Geist*, weil er einen inneren Menschen fand, der »in völliger Loslösung von dem physischen Organismus im Geistigen leben, wahrnehmen und sich bewegen kann.«[2]

Sein Wesen in bezug auf das richtige temperamentsspezifische Verhalten »für die Schüler« zu spalten heiß:, innerlich genau den umgekehrten Prozeß zu vollziehen wie den, der nach außen hin produziert wird. Ein solcher Lehrer aber muß nicht nur eine Scheinperson bilden, er muß auch schizoid sein, wenn er dieses Ideal ernstnehmen und einlösen kann. Ich betone das, weil ich davon überzeugt bin, daß die Anthroposophie insgesamt parapsychotische Zustände von Steiner enthält und tendenziell in die gleiche Richtung treibt, klettert man »erkennend« die Leiter der Spaltungsprozesse hinauf.

Es reicht hier aber aus zu wissen, daß die Lehrer vorspielen, was sie nicht sind, und dabei zu allem, was sie vorgeben zu sein, Gegenreaktionen in Gang setzen. Für die Kinder bedeutet das eine Art double-bind-Beziehung mit Scheinpersönlichkeiten. Da ist der Lehrer äußerlich nicht, was er innerlich polarisierend ist; da spürt das Kind die innere Teilnahme, während es zugleich die äußere

1 *dgl.*, Lebensgang, S. 124.
2 *dgl.*, a. a. O., S. 230.

Teilnahmslosigkeit verspürt. Da hört es, z. B. am »Donnerwetter«, daß Gehorsam erwartet wird, während es zugleich – an den wohlgesetzten Worten – hört, daß auch dieser Sinneswahrnehmung nicht zu trauen ist. Während in der Zwieschlächtigkeit eines gespielten Donnerwetters aber wenigstens noch wahrnehmbar ist, daß der Lehrer Gehorsam erwartet, ist in seinen sonstigen indirekten Vorgehensweisen sein Anliegen weitaus versteckter. Da bleibt sein Blick vielleicht strafend lange an einem Kind hängen, doch bei dessen Antwort schweift er weiter, scheint ihm das Problem bedeutungslos gewesen zu sein.

Das Element des Lehrers ist das unausgesprochene und fast unsichtbare In-Ahnung-Halten der Schüler. Über die wirkliche Beziehung des Lehrers zu ihnen, können sie nur spekulieren. Und wenn sie erahnen, was er auf sie gerichtet hat, so brauchen sie in der Tat eine Art übersinnliche Antenne, um diese Ahnungen näher fassen zu können. Sich in Böcke und Schafe eingeteilt zu empfinden, bedeutet in der Waldorfschule noch lange nicht, zu wissen, warum.

Das oberste Gebot der gesamten anthroposophischen Erziehung und ›Seelenpflege‹ ist: »Wir müssen durch das Kranke hindurch auf das Gesunde blicken« (Dr. med. Treichler); hinter jedem »abnormen« Verhalten webt eine göttliche Seele, die sich nur unvollkommen offenbaren kann. Konsequenterweise wird, ohne das überhaupt zu bemerken, mit Liebesentzug gestraft, wird durch die Kinder regelrecht hindurchgeblickt, wenn sie für ihre Lehrer nicht liebenswert sind. Wenn sie auf etwas böse sind, werden sie für ihre Lehrer schlicht bedeutungslos. Doch ist diese Mißachtung nicht genug. Lehrer können bestimmte Situationen nicht übergehen, aber ihre Grenzen und Verhaltensweisen darauf sind anderer Art als die Üblichen.

Eine wohl allen Waldorfkindern vertraute Geschichte ist »Die Perle der Wahrheit« von Zacharias Topelius. In diesem Märchen bekommen alle Lügner schwarze Ringe um den Mund, und die, die besonders viel lügen, schwarze Flecken im Gesicht. (Es ist also ein rechtes Lügenmärchen mit wahrheitsliebendem Titel.) Dieses Märchen hat, F. Carlgren gibt es wieder, eine Lehrerin extra für einen oft lügenden Jungen in ihrer Klasse erzählt. Und als es dann, den Zusammenhang erahnend, aus ihm herausbricht: »Ich lüge immer!«, erzählt sie weiter, als sei nichts geschehen.

Die Ignoranz der Anthroposophen dient nicht nur der eigenen Immunisierung, sie ist auch ein Kampfmittel. Kinder sind nichts, wenn sie nicht gut sind. Scheinheilig werden sie im Namen ihrer Selbsterkenntnis alleingelassen, auch wenn sie sich hilfesuchend an diejenigen wenden, die ihnen solche Märchen erzählen. Die Grausamkeit, erst Angst gemacht zu bekommen, und dann damit stehengelassen, verlassen zu werden, ist nicht die einzige. Die größte Grausamkeit liegt vielleicht darin, daß dem Kind nicht die Chance gelassen wird, Haßgefühle auf eine geliebte Lehrerin zu entwickeln, die ihm mit lebenslänglichen Lügenflecken droht, sondern sie deckt. Es findet eher sich selbst böse, als daß es die Autorität böse findet, die es liebt; es beginnt, sich mit den Aggressionen zu identifizieren, die es gegen sich selber richten. Diese (besonders in psychoanalytischen Untersuchungen viel interpretierte und diskutierte) Form der Identifikation beginnt allerdings nicht erst in der Waldorfschule. Sie wird dort nur in aller Massivität und Vielfältigkeit fortgesetzt. Um es mit Steiner zu sagen: das Kind wird wirklich »mit allen Mitteln *kultiviert*«.

Daß sich Kinder verfolgt fühlen können, Angst haben vor den Ungeheuern aus den Märchen, scheint anthroposophischen Lehrern ein vertrautes Problem zu sein. Auf keinen Fall aber sollen die Eltern darüber mit den Kindern reden, sie über ihre Ängste erzählen lassen oder gar darüber aufklären, daß es die Ungeheuer in dieser Form nicht gibt.

»Nein, es gilt, die helle Seite zu stärken. Oft helfen schon Abendlied, Gebet und ein ablenkendes Gespräch. Ein harmonisches, heiteres, geliebtes Märchen kann die dunklen Bilder verdrängen. Oder man kann dem Kinde etwa ein hölzernes Schwert geben und ihm sagen: ›alle Kinder werden von Engeln beschützt – Tag und Nacht. Du brauchst dich nicht zu fürchten. Nichts wird dir passieren. Aber *wenn* es nun sein sollte, daß irgendein Kobold sich zu dir ins Zimmer verirrt, dann zeig ihm nur das Kreuz deines Schwertes oder ziele nach seinem Kopf. Du wirst sehen, wie er da verschwindet.‹ Manche Eltern, die dieses Bild wählten, haben bezeugt, wie wirksam es sein kann.«[1]

1 *F. Carlgren*, S. 86.

Selbst noch, wenn die Kinder selber beginnen, an dem Wahrheitsgehalt der Märchen zu zweifeln, sollen die Erwachsenen daran festhalten, daß die Märchen wahr sind. Sie könnten das auch guten Gewissens tun, wenn sie darauf achten, daß auch für sie die Märchen Ausdruck für innere Wahrheiten, also wahr sind.

Kinder müssen gute Stimmungen, Glaube und Hoffnung, Schutzengel usw. gegen Dämonen auffahren. Woher sie aber kommen, dürfen und können sie nicht wissen. Sie dürfen es nicht, weshalb ihnen bewußt verschwiegen wird, daß die Ungeheuer in dieser Gestalt nicht existieren. Sie können es nicht, weil sie zur Distanzierung und Kritik von solchen ihnen wirklich gewordenen Welten nicht fähig sind. Die Notwendigkeit zu den Kämpfen mit den Ungeheuern aber entspringt nicht zuletzt der Unmöglichkeit, die wirklichen Gespenster in dem heimlich-unheimlichen Erziehungsverhältnis zu entdecken. Kinder können niemals wissen, daß sie wirkliche Verfolger in denen haben, die ständig bereit sind, ihnen zu »helfen«, ihre bösen Einseitigkeiten auszutreiben. Mit solchen Menschen können sie nur Schattenkämpfe führen, gerade weil sie sie lieben.

Das Scheitern und die Strafe, das Gelingen und der Lohn

»Meine Waldorflehrer hatten alle ihre Ausflipps, wo sie angefangen haben zu brüllen. Herr H. hat mich im Religionsunterricht einmal durch die Stuhlreihen durch verfolgt, und dann mit einem Stuhl nach mir geworfen, hat dann die Tür getroffen, die ich hinter mir zugeschlagen hatte, die dann in der inneren Tür ein Loch hatte. Wenn er mich mit dem Stuhl getroffen hätte, hätte er mich umbringen können. Wenn unsere Lehrer einen Ausflipp hatten, breitete sich normalerweise eine heilige Ruhe in der Klasse aus. Jedenfalls bei angesehenen Lehrern . . . Herr H. wurde eigentlich immer ausgelacht; bei Ausflipps noch mehr.

Meine Lehrer waren immer entweder auf den Unterricht konzentriert oder ausgeklinkt. Einfach mufflig, gelangweilt, schlecht gelaunt oder müde waren sie nie. Ich habe restlos jeden meiner

Zeugnis aus einer 1. Klasse 1958. Der Name ist geändert.

Liebe Monika!

Du bist das ganze Jahr hindurch ein vergnügtes, frohes SchulKind gewesen. Alles, was wir tun, macht Dir Freude. Besonders liebst Du, Geschichten zu hören; aber Singen und Rechnen und Schreiben tust Du auch gern, oder „Schweben wie eine Elfe" und „traben wie ein Reh" — alles ist für Dich schön. Beim Schreiben geht es manchmal noch allzu lustig bei Dir zu, und Dein Werk sieht zum Schluß nicht säuberlich und noch nicht schön genug aus. Aber Deine Bildchen gefallen mir gut, sie sind so farbig und voller Kraft. Alle Liedchen und Verse lernst Du leicht und Kannst sie gut behalten. Auch Weben und Stricken hast Du schnell gelernt.
Manchmal nur, da schlüpft ein eigensinniges Böckchen in Dich hinein. Dann wird es schwarz wie die Nacht in Monikas Herzchen, und die Welt ist gar nicht mehr froh und hell.
Ich glaube, das Böckchen nehmen wir nicht mit ins zweite Schuljahr - was meinst Du?
Dein Sprüchlein heißt:

MIR STRAHLT DER SONNE SCHEIN,
MIR LEUCHTEN DIE STERNELEIN,
UND AUCH DES MONDES LICHT
SCHEINT MIR INS ANGESICHT.
VON ALLEN EMPFANG ICH
LIEBE ALLEIN,
LIEB WILL ICH SCHENKEN UND
FRÖHLICH SEIN!

R. Zimmer

Lehrer mindestens einmal zum Brüllen gebracht. Frau Sch. hat sich nie getraut, mich anzufassen. Einmal hat sie mich aus dem Unterricht rausgeworfen, war bleich vor Wut und am Zittern. Sie hat meine gesamten Schulsachen genommen, auf den Boden geschmissen, mit den Füßen aus der Tür rausgekickt und mich hinterher.

Herr T. hat mich einmal mit einer Holzlatte verprügelt und dazu gesagt, daß ich das manchmal bräuchte. Daß ER das vielleicht auch manchmal bräuchte, kam mir nicht.« (Ein Waldorfschüler über seine Schulzeit zwischen 1970 und 1980.)

Vor einigen Jahren traf ich eine Frau, die von einer anderen Waldorfschule ähnliches erzählte und überlegte, ob sie ihre Kinder deshalb nicht mehr hingehen lassen sollte. Ich fand damals nur die Antwort, daß ich Brutalitäten dieser Art nicht für anthroposophisch halte und solche dort nicht erlebte, obwohl auch ich bestimmte Lehrer mit Absicht zur Weißglut gebracht hatte. Später fragte ich mich, ob nicht gerade die abrupt auftretenden Ausbrüche zur Anthroposophie gehören. Sicherlich werden sie von keinem Waldorflehrer bejaht, und kann man sagen, daß seine Ideen von der Objektivität und der dazugehörenden inneren Gelassenheit immer wieder an der Realität scheitern müssen. Stellt man aber die Frage, wie und warum sie scheitern, so kommt man zurück auf die Anthroposophie. Was sich in offensichtlicher Gewalt gegen Kinder wenden kann, hat eben eine Vorgeschichte in der unsichtbaren Gewalt, die der Lehrer seinen Schülern und sich selbst schon lange zuvor angetan hat.

Diese Vorgeschichte beginnt im Grunde mit dem ganz normalen Erziehungsverhältnis, das ein Herrschaftsverhältnis ist, solange sich Erwachsene von vornherein *über* Kinder stellen. Kinder müssen, das ist das meist unhinterfragte Selbstverständnis, gehorsam sein. Sie müssen erzogen, belehrt und kultiviert werden. Und wenn die Zöglinge nicht wollen, was die Erzieher wollen – und wenn sie nicht anders zu bekehren sind, dann muß das »Böckchen raus«. Doch bevor es zu Gewalttätigkeiten kommt, gibt es meistens nicht nur zwischen den Lehrern und Schülern, sondern auch zwischen den Lehrern und Eltern, eine langanhaltende Krise. Was zunächst human erscheint, die geforderte Elternmitarbeit, hat auch seine Kehrseite. Sie wird zur Pflicht, wenn die Lehrer mit ihren Mitteln nicht mehr weiterwissen. »Es gibt nicht wenige Lehrkräfte, die eine solche ausgeprägte Scheu vor dem sogenannten ›Niederen‹ haben, daß sie etwa den Erscheinungen der Pubertät bei ihren Schülern hilflos wie einer peinlichen Krankheit gegenüberstehen und von den Eltern erwarten, daß sie das ›in Ordnung bringen‹.«[1] Eltern beklagen sich oft darüber, daß sie von den Klassenlehrern aufgefordert werden, die derzeitigen Verhaltensschwierigkeiten ihres Kindes baldmöglichst abzustellen. Und hier müssen sie den anthroposophischen Ratschlägen gehorchen, weil sie wissen, daß sich dem zu entziehen einen Schulverweis zur Folge haben kann. Daß aggressivere Kinder auf Waldorfschulen allgemein »nicht tragbar« sind, ist vielen vertraut. Daß die Lehrer aber über die Möglichkeit zu einer sanften Erpressung verfügen, und Probleme, die u. U. erst in Zusammenhang mit der Schule entstehen, von den Eltern aufgelöst werden sollen, muß zunächst nicht einmal auffallen.

»Wie kann man sich dem . . . Kinde gegenüber verhalten, wenn es uns zur Verzweiflung bringt? Das Idealste wäre, die Mutter zu bitten«[2] . . . so Steiner.

Gebeten und schließlich befohlen wird nicht nur eine richtige Umgebung. Da müssen Kinder ihrer temperamentsmäßigen Einseitigkeiten wegen auf Instrumenten spielen, auch wenn sie sie nicht mögen, und bekommen Diäten verordnet. Da sollen »spezifisch Unbegabte« acht Tage lang nüchtern zur Schule gehen und träge Kinder eine Stunde früher als gewohnt geweckt werden.

Wenn alles nichts hilft, muß etwas anderes im Elternhaus nicht stimmen. Dann beginnen Hausbesuche, die sich zu einem Alptraum entwickeln können, weil sie in die Privatsphäre machtvoll eingreifen und die Haushalte meist nicht so aussehen, wie sie aussehen sollen. Dann beginnen auch Telephonate, Sitzungen, in denen den Eltern klargemacht wird, daß sie vollkommen ungeeignet sind, ihre Kinder richtig zu erziehen.

Die Ohnmacht der Lehrer kehrt sich, das ist ganz naheliegend, gegen die Kinder SOLCHER Eltern, und gegen die Kinder, die sowieso nur Schwierigkeiten machen. Von dieser Sündenbockfunktion abgesehen, verkörpern sie durch ihre Eigenheiten auch nur

1 *F. Beckmannshagen*, S. 39.

2 *R. Steiner*, Erziehungskunst. Seminarbesprechungen, S. 25.

allzuleicht Krankhaftes. Inzwischen dringen hin und wieder Kindesmißhandlungen an die Öffentlichkeit. Das mag daran liegen, daß dieses Thema allgemein ent-tabuisiert wird. Aber sicher auch daran, daß viele Eltern die alten Erziehungsvorstellungen nicht mehr teilen. Trotzdem ist es erschreckend, wie lange sie manchmal brauchen, bis sie ihre Kinder endgültig von der Schule nehmen. Und erschreckend ist auch, wieweit die meisten der Schule durch Stillschweigen weiter verpflichtet bleiben. F. Beckmannshagen berichtet nicht nur von der großen Angst von Waldorfeltern vor der Schule, er benennt auch Strafformen, von denen er in seiner Beratungsstelle gehört hat:

Festkleben von Händen auf dem Tisch. In der Ecke stehen, gegebenenfalls bis zum Einnässen. Ohrenverdrehen. Prügeln. Ein Kind kollektiv moralisch zu verurteilen, und es alleine vor die Gesamtkonferenz zu bestellen, scheint zu den eher üblichen Maßregelungen zu gehören. Ehemalige Waldorfschüler können sich auch an rituelle Strafformen erinnern. Ich habe von rhythmischen Schlägen mit frommen Sprüchen erzählt bekommen, auch von einem Jungen, dem von einem Lehrer die Hand abgebunden wurde, weil er einen Klassenkameraden stieß. Einem anderen Kind an einer anderen Schule wurden, bei ähnlicher Gelegenheit, die Hände zusammengebunden und in einen Sack gesteckt. In einer westdeutschen Waldorfschule mußte ein Schüler auf einen Stuhl steigen und wurde von seinem Lehrer so lange angeprangert, bis er sich übergeben mußte. In einer süddeutschen Waldorfschule hatte ein Kind laut Eurythmielehrer einen »zerfranzten Ätherleib«. Wieder woanders lernen Kinder gerade stehen, indem sie in die Höhe gehoben und, bis sie weinen, von oben herunterfallen gelassen werden. Aus der Klasse fliegen kann man als »Drachen«, – gegen die Tafel geschleudert und dann hinaus. Immer wieder das gleiche Bild: viele Lehrer »rasten aus«, andere strafen gelassen, doch nicht minder brutal.

Eine Waldorfschülerin, die sich an die Klassenlehrerin wandte, weil sie von ihrem Vater sexuell mißbraucht wurde, wurde mit der karmischen Antwort zurückgewiesen: »Du hast Dir deine Eltern selber ausgesucht.«

Kürzlich wurde einem Jungen der Mund mit Seife ausgestrichen, weil er schmutzige Worte benutzte. Aber nicht etwa in hilfloser Wut, sondern nach langem Nachdenken. War es doch die schwere

»Wir denken heute alle nur noch mit Schaudern an die Waldorfschulzeit zurück«, schreibt der Vater eines Kindes, das 5½ Jahre auf der Waldorfschule war. »Mein Kind wurde beschuldigt, Kontakt zu Nicht-Waldorfkindern und Ausländern zu haben, Fußball zu spielen und Fernzusehen, obwohl wir nach einem totalen Fernsehverbot durch den Lehrer den Fernseher abgeschafft hatten. Nach einem Hausbesuch sollte ich das gerade frisch renovierte Kinderzimmer ändern, ich sollte die Wände mit roter Wandfarbe streichen und leicht abtupfen. Meiner Frau wurde erklärt, daß die Strümpfe, Unterwäsche und die ganze Kleidung meines Sohnes in roter Farbe gehalten werden muß. Schon in der ersten Klasse wurde mein Sohn und ein anderer Mitschüler mit einem ›Kälberstrick‹ an einen Stuhl gefesselt. Ein anderer Schüler wurde ohne gründliche Aufklärung eines Sachverhaltes zum Lügner vor der ganzen Klasse erklärt.«
(Die Waldorfschule löste 1983 den Schulvertrag: vier Tage vor Weihnachten.)

Pflicht der Kindergärtnerin, dem Kind bei seiner Entwicklung zu helfen; sei bei einer so extremen Handlung eben auch eine extreme Strafe notwendig gewesen, und mußte der Ort des Vergehens, der Mund, wieder gereinigt werden. Sie selbst beschmutzte sich nicht einmal die Hände: eine Praktikantin führte den Befehl aus.

1986 wurde der »Distelbund« von Eltern gegründet, deren Kinder z. T. ebenfalls mißhandelt worden sind.

Zur bürgerlichen Erziehung – und die Waldorfschule ist nur eine ihrer bürgerlichen Varianten – stellte J. Korczak 1928 fest:

»Kindern ist es verboten, zu kritisieren, sie dürfen unsere Fehler, Leidenschaften und Lächerlichkeiten nicht bemerken. Wir treten im Gewand der Vollkommenheit auf. Unter Androhung unseres höchsten Zornes verteidigen wir die Geheimnisse des herrschenden Clans, der Kaste der Eingeweihten, die zu höheren Aufgaben berufen sind. Nur ein Kind darf man ungeniert nackt und bloß an den Pranger stellen.«[1]

1 *J. Korczak*, 1928, zit. nach A. Miller, Du sollst nicht merken, S. 199.

Wer die Berichte von den Konferenzen der ersten Waldorfschule liest – und das müssen alle, die für dic Waldorfschule ausgebildet werden –, kann Steiners Omnipotenz ebenso kennenlernen wie seine Jagd nach Sündenböcken. Mindestens 50% seiner Schüler sind sowieso krankhaft-abnorm, körperlich wie seelisch. Daran sind mal die Eltern schuld (meist sind sie »innerlich total verlogen« oder auch »pathologisch«, besonders die Mütter). Mal sind die Lehrer schuld (sie schaffen es nicht, den Unterricht moralisch zu heben, eine ehrfürchtige Stimmung zu erzeugen oder vorbeugend pubertäre Krisen mit intellektuellem Ablenken zu behandeln. Manche Lehrer haben sogar mit Schülern von Mensch zu Mensch gesprochen. Kein Wunder, wenn solche Schüler größenwahnsinnig werden!)

Mal sind die Kinder schuld: Die Schülerin L. A. stiehlt und lügt, und braucht offenbar härtere Maßnahmen. Sie soll vom Lehrer diktierte Geschichten über stehlende Kinder schreiben und sie so auswendig lernen, daß sie sie kann wie das Vaterunser. Sie muß sie solange vor der Klasse wiederholen, bis der Abscheu vor dem Stehlen in ihr Karma gedrungen ist. Besonders schwer ist der Fall von dem Mädchen L. K. Sie mag keine Gedichte und Märchen, was ja eigentlich gar nicht möglich ist, weil es hier um die aus der geistigen Welt stammenden Imaginationen geht. Steiner erklärt das Mädchen schlicht zu einem Rechenfehler im Kosmos, zu einem Naturdämon.

Waldorfschüler müssen ihre Lehrer als höhere Wesen respektieren, und werden selbst nicht respektiert. Sie müssen Achtung vor ihnen haben, und werden selbst mißachtet. Sie müssen Frieden und Harmonie bewahren, obwohl sie ständig bekämpft werden. Tendenziell bleibt ihnen nur die Anpassung oder der Widerstand. Aber dieser ist, wenn die Waldorferziehung so gelungen ist, daß die Kinder ihre Lehrer wirklich lieben, kein eigener: Der Weg, doch wenigstens noch die negative Zuwendung zu bekommen, wenn es keine positive mehr gibt, und sich bestrafen zu lassen, um die Schuldgefühle zu entlasten, ist gebahnt. Die »Identifikation mit dem Aggressor« (Freud) ist dann nicht mehr versteckt.

Am sichtbarsten zeigt sich dieser Prozeß, wo mit mißhandelten oder seelisch vernachlässigten Kindern gearbeitet wird. Ich selbst bin in diesem Bereich seit einigen Jahren tätig und mache immer wieder die Erfahrung, daß diese Kinder ihre Eltern lieben, daß sie

»*Dr. Steiner*: ›Das Mädchen L. K. in der I. Klasse; da wird irgendeine recht schlimme Verwicklung da sein mit dem ganzen Inneren. Da wird auch nicht viel zu machen sein. Das sind diese Fälle, die immer häufiger vorkommen, daß Kinder geboren werden und Menschenformen da sind, die eigentlich in bezug auf das höchste Ich keine Menschen sind, sondern die ausgefüllt sind mit nicht der Menschenklasse angehörigen Wesenheiten. Seit den neunziger Jahren schon kommen sehr viele ichlose Menschen vor, wo keine Reinkarnation vorliegt, sondern wo die Menschenform ausgefüllt wird von einer Art Naturdämon. Es gehen schon eine ganze Anzahl alte Leute herum, die eigentlich nicht Menschen sind, sondern naturgeistige Wesen und Menschen nur in bezug auf ihre Gestalt. Man kann nicht eine Dämonenschule errichten.‹
X: ›Wie ist das möglich?‹
Dr. Steiner: ›An sich ist nicht ausgeschlossen, daß im Kosmos ein Rechenfehler geschieht. Es sind doch lange füreinander determiniert die heruntersteigenden Individualitäten. Es geschehen auch Generationen, für die keine Individualität Lust hat herunterzukommen und sich mit der Leiblichkeit zu verbinden, oder die sie auch gleich am Anfang verlassen. Da treten dann andere Individuen ein, die nicht recht passen . . .

Wir würden auch nicht solchen Niedergang der Kultur haben, wenn ein starkes Gefühl dafür vorhanden wäre, daß manche Menschen herumgehen, die gerade dadurch, daß sie rücksichtslos sind, etwas werden, daß die keine Menschen sind, sondern Dämonen in Menschengestalt.
Aber wir wollen das nicht in die Welt hinausposaunen. Die Gegnerschaft ist so schon groß genug. Solche Dinge schockieren die Menschen. Es hat einen furchtbaren Schock hervorgerufen, als ich genötigt war zu sagen, daß ein ganz berühmter Universitätsprofessor, der einen großen Ruf hat, daß der, nach einem sehr kurzen Leben zwischen Tod und neuer Geburt, ein wiederverkörperter Neger war, ein Forscher. Aber diese Dinge wollen wir nicht der Welt verkünden.‹«

R. Steiner, Konferenzen Band I, S. 70.

bei ihnen bleiben wollen und der Überzeugung sind, die eigentlich Schuldigen zu sein. Sie gehen meistens vom »Recht« der Eltern aus, sie zu strafen – und auch davon, daß sie nicht liebenswert sind, eigentlich kein Recht zu leben haben, wenn sie nicht die Bedingungen für deren Liebe erfüllen. Eine zwanzigjährige Frau:

»Wer mich wirklich liebt, schlägt mich auch. Eine andere Beziehung kann ich mir überhaupt nicht vorstellen.«

E. Gabert, einer der ersten Waldorflehrer, hat ein Buch über die Strafe geschrieben, in dem es ihm gelingt, eine sadistische oder auch masochistische Lobhymne auf die Strafe zu singen.

Das Strafrecht der Eltern wird bei ihm zum Recht der Kinder auf Strafe. Strafe sei eine Gnade, und Schmerzen, auch wenn sie grausam und körperlich sind, sind ein echter Freund des Menschen, weil sie das Gewissen wecken. Sie tilgen Böses und lassen sittliche Harmonie entstehen. Und weil sich Gabert schließlich doch noch daran erinnert, daß sich Kinder anfangs gegen Strafen heftig wehren, kommt er zu dem Schluß: Gerechte Strafen muß man eigentlich in Ergebung hinnehmen. Wer das nicht tut, tut es aus Eigenliebe nicht. Allerdings seien die Kinder früher robuster gewesen und heute seien feinere Methoden angebracht. Denn, daß häufig mißhandelte Kinder nur noch »kriechen« oder ungeheuer aggressiv sind, darauf ist auch die erste Waldorfschule gestoßen.[1]

Die heimliche Gewalt, die an Waldorfschulen stattfindet, ist kein Unfall und kein individuelles Vergehen von Lehrern, die sich anders nicht mehr zu helfen wissen. Die »Ausflipps« gehören zum System.

Aber im Unterschied zu all denen, die es nur allzu menschlich finden, wenn »einem die Hand ausrutscht« oder »der Geduldsfaden reißt«, können sich Waldorflehrer mit diesen Rationalisierungen nicht trösten. Sie müssen »gerecht« strafen. »Objektivität« ist ihr oberstes Gebot. Wenn ein Waldorflehrer »ausklinkt«, seine Ohnmacht spüren muß, dann bricht ihm eine ganze Welt zusammen. Hier kommen die verbannten Schatten wieder, gleicht er einem Priester, der sich göttlich und liebend glaubte, aber in sich selbst einen unendlichen Haß auf andere Menschen entdecken muß.

1 Vgl. *E. Gabert*, Die Strafe.

Anthroposophen haben nicht nur den Anspruch, daß man ihnen fast bedingungslos glauben, vertrauen und folgen soll, sie haben auch an sich selber unendlich hohe Ansprüche.

Menschlichkeit suchen sie im Übermenschlichen, und übermenschlich ist, was jeder Lehrer von sich verlangt: Nimmt er etwas wahr, wodurch er provoziert werden soll, er darf es nicht wahr-nehmen. Fühlt er sich persönlich betroffen, er darf es nicht fühlen. Hat er ein Kind in seiner Klasse, das er als unverbesserlich beurteilt, er darf es nicht denken. Sieht er in seinen Kindern keine »göttlichen Rätsel« mehr? Er muß sie trotzdem sehen. Hat er bevorzugte Lieblinge in seiner Klasse? Das darf nicht sein. Ist er nicht jederzeit vorbildlich, und gleicht sein Unterricht nicht einem Gottesdienst? Das wird lebenslängliche Schäden bei den Kindern zurücklassen.

Es bleibt natürlich keinem Lehrer erspart, immer wieder die Erfahrung zu machen, »daß zwischen der tiefen Ehrfurcht, die er bei dem Gedanken an die ewige Individualität des Kindes in sich aufsteigen fühlt einerseits und seinem realen täglichen, alltäglichen Verhalten andererseits ein schneidender Widerspruch klafft«.[1]

Um diese Kluft zwischen seinen widersinnigen Ideen und der Realität zu schließen, bemüht er Selbsterziehung und Selbsttherapie. Da hackt z. B. ein »Choleriker« jeden Morgen Holz, damit sich sein Temperament austoben kann, und überwindet ein Lehrer laut Carlgren sogar eine schwere Phobie. Selbstverständlich »seinen Kindern zuliebe«.

Standhafte Anthroposophen halten jeden Abend eine medidative, autosuggestive Rückschau. Sie soll eine reine Gedankenschulung sein, persönliche Gefühle ausschalten, objektive Schwächen erkennbar machen. Darüber hinaus holen sie sich jedes Kind in seinem Temperament und mit all seinen Eigenheiten vor ihren inneren Geistesblick. Das gleiche findet morgens statt, damit sie in der richtigen Seelenstimmung den Klassenraum betreten und es ihnen auch leichter fällt, alles auf einen Blick intuitiv zu überschauen.

Und sollte es trotzdem passieren, daß unter der Schar von Schülern einer dabei ist, den ein Lehrer ganz und gar nicht mag?

1 E. Gabert, *Die Strafe*, S. 114.

Steiner: »(die) besten Übungen kann man an Menschen machen, vor denen man einen Abscheu hat. Man unterdrücke mit aller Gewalt diesen Abscheu und lasse alles unbefangen auf sich wirken, was sie tun.« (. . .) »Nur hohe Grade von solch selbstloser Hingabe befähigen zur Aufnahme der höheren geistigen Tatsachen, die den Menschen überall umgeben. Man kann zielbewußt in sich diese Fähigkeit ausbilden.«[1]

Natürlich hinterlassen solche Wesens-Schauen auch ihre Narben bei denen, die sie vollziehen. Können Geschehnisse nicht auf die gesellschaftliche Wirklichkeit bezogen werden, so nur auf das eigene, private Vermögen oder Versagen.

Der wahre Ausgangspunkt der Anthroposophen ist nicht die kostbare Individualität, der gute Mensch – vielmehr die gegenteilige Wahrnehmung und Empfindung. Der wahre Ausgangspunkt ist auch nicht das Ganze, wie es in den Reden von der ganzheitlichen Erziehung immer wieder suggeriert wird – vielmehr geht es um eine Zertrennung von Zusammenhängen, die in unserer Privatheit sowieso schon zerrissen sind.

Die Übermenschlichkeit, die so vehement angestrebt wird, ist im Grunde unmenschlich, und der unbeirrte Blick auf das Positive nur die Folge der eingeschränkten Perspektive. Er mag kraft- und sinngebend erscheinen, solange an dem Schüler Krankhaftes, Einseitiges, Animalisches, Egoistisches und Primitives diagnostiziert wird. Solange der Lehrer immunisiert ist – und nur so lange – kann er sich offen fühlen, auch warmherzig und gütig sein. Aber wenn die Vergöttlichungen nicht gelingen, liegt es nahe, die Kinder zu verteufeln – oder auch sich selbst. Hier kehrt Verdrängtes wieder, oft bis zur Unkenntlichkeit entstellt.

Steiner treibt seinen Mythos von der Ethik der Entfremdung ins Absurde. Auf seiner Suche nach Identität und sinngebenden Zielen landet er bei einer desolaten Seele – einem autistischen Neutrum, das nur noch darum bemüht ist, sich zu kontrollieren, zu läutern, zu vervollkommnen. Hier macht er aus sämtlichen Tätigkeiten und Gefühlsregungen Äußerungen göttlicher oder dämonischer Mächte, je nachdem, von welcher Seite her er sie beleuchtet. Da gibt es nicht nur eine unendliche Vielfalt von Welten und Geistern (in

1 *R. Steiner*, Theosophie, S. 138.

Der Lehrer als Drachentöter

»Für die Menschen im allgemeinen mag es verschiedene Gebete geben; für den Lehrer gibt es außerdem noch dieses Gebet: »Lieber Gott, mache, daß ich mich in bezug auf meine persönlichen Ambitionen ganz auslöschen kann.« Und: »Christus, mache besonders an mir wahr den paulinischen Ausspruch: Nicht ich, sondern Christus in mir.«
Und wie sieht ein solcher Christus aus? Er kämpft gegen den Materialismus so, wie der heilige Sankt Michael mit dem Drachen kämpfte:
»Der Drache hat die verschiedenste Gestalt; der Drache hat alle möglichen Gestalten. Die von menschlichen Emotionen kommenden sind schädlich genug, aber die sind nicht so schädlich wie diejenige Gestalt, die der Drache von dem toten, von dem ertötenden Wissen der Gegenwart bekommt . . .
Dem Michael müssen wir uns verbinden, wenn wir in das Schulzimmer eintreten; denn nur dadurch können wir die nötige Stärke hineinbringen. Und Michael ist stark. Verstehen wir den Streit Michaels mit dem Drachen auf einem besonderen Gebiete, dann wirken wir zum Heile der Menschheit in der Zukunft.«

R. Steiner, zit. nach Rittelsbacher, S. 215.

manchen gnostischen Systemen gibt es bis zu 365 Himmel mit »Örtern«, »Mysterien«, »Äonen« –, und von der »Pistis-Sophia« hat Steiner viel gelernt) – da gibt es auch DEN Zorn, DEN Egoismus, DIE Begierde usw., als seien sie die wahren Subjekte, die im Menschen nur ihren Auftritt haben. In dem Versuch, das eigene Schwanken zwischen Allmacht und Ohnmacht aufzuhalten, wird in Steiners Lehre über die »Seelenmetamorphosen« selbst der teuflische Egoismus noch sanft eingebettet. Auch wenn es Kriege gibt, soll Waffenstillstand herrschen. Und so findet selbst noch das Böseste seine gute Mission, findet jede Lebensäußerung ihr hohes Ziel.

»Ich bin 19 Jahre alt, war auf der Waldorfschule, habe einen fast dreijährigen Sohn, und hole derzeit meine Mittlere Reife nach.
1973 wurde ich eingeschult. Meine beiden Geschwister waren schon auf der Schule, und mein Vater war selbst einmal Waldorfschüler. Im ersten Zeugnis wird mir bescheinigt, hochbegabt zu sein. Ich habe ein ›vorbildliches diszipliniertes Verhalten‹, das mich zum ›zuverlässigen und tüchtigen Träger der Klasse‹ werden läßt. In meinem künftigen Zeugnisspruch die Zeile: ›Des Menschen Wille schafft noch mehr . . .‹
Die heile Welt überträgt sich nicht auf die Familie. Meine Eltern lassen sich scheiden. Im Zeugnis der zweiten Klasse werde ich dafür gelobt, daß ich meinen Mitschülern gerne und gut helfe, und dafür getadelt, daß ich die Klasse nicht mehr so oft stütze. Ich habe es (siebenjährig!) schwer, zu innerer Ordnung und Harmonie zu kommen. Ich bin ›vorwitzig‹ und sage ein Jahr lang jeden Donnerstag ›Mein Mund ist meiner Seele Tür‹.
In den folgenden Jahren zeige ich schönste Anlagen auf allen Gebieten und erfreuliche Leistungen, aber ich bekomme keine Harmonie, weil meine Aufmerksamkeit wechselnd ist. Das ewige ›Wenn sie nur‹ entmutigt mich. Ich täusche Mattigkeit und Migräne vor, die ich später tatsächlich habe, und ich bekomme meine ›Schulkrankheit‹.
In der Ecke stehen oder vor die Tür müssen, Strafarbeiten und Drohungen werden häufiger, je mehr ich zu verstehen versuche und Fragen stelle. Probleme mit der Schilddrüse treten auf. Ich leide an Apathie. Meiner Mutter wird nahegelegt, mich in eine anthroposophische Klinik zu geben. Cello spielen, was ich so gerne gemacht habe, wird mir dort verboten. Laut Arztbericht habe ich eine zu starke Helfermotivation und werde als präpsychotisch abgeurteilt. Ich bräuchte eine ›geliebte Autorität‹. Zur Konfirmation werde ich entlassen. In den Sommerferien verstärken sich meine

Konflikte. Ich stürze mich aus einem Fenster und liege ½ Schuljahr im Krankenhaus. Im zweiten Halbjahr kann ich nur noch den Hauptunterricht mitmachen und habe große Lücken. Die Lehrer wollen mich nicht zurückversetzen, weil ich die Klassengemeinschaft nicht zerbrechen darf. Nach einigen Kündigungen der Schule wegen ›Provokationen‹ kündige ich.
Erstaunlich, wie gut ich inzwischen zurechtkomme, war ich doch immer wieder gewarnt worden, es fehle »draußen« an Seelennahrung, Harmonie und Menschlichkeit.«

Rückblick einer ehemaligen Waldorfschülerin, aufgezeichnet am 25. 1. 1987.

Hier kann der Anthroposoph, manchmal von einem Flair hegelianischer Dialektik umweht, unaufhaltsam höher steigen, oder auch (wie es Marx einmal zu Proudhon formulierte) »Schritt vor Schritt gehen und gerade auf dem Punkt ankommen, von dem er ausgegangen ist«.

Ideal ist das »schlechthin Gute«, wie es ein Pfarrer der anthroposophischen »Christengemeinschaft« umschreibt: »Das Gute ist in sich so vollkommen, daß es keinen ›Feind‹ kennt. Das Gute opponiert nicht, es erlöst – es kämpft letztendlich nicht, sondern es heilt. Für das schlechthin Gute besteht kein grundsätzlicher Unterschied zwischen dem aus Schwäche Unerlösten und dem Bösen. Das Gute nimmt beides liebend und erlösend in sich auf und wandelt es um.«[1]

Diese freundliche Abgehobenheit, die man vielen Anthroposophen schon ansehen kann, in der selbst Widerspenstige noch einen göttlichen Glanz erhalten, ist erklärtes Lebensziel. Doch was man hier einzulösen sucht, ist eine friedensliebend erstarrte Unberührbarkeit; eine Haltung, in der sich die »Guten« zwar liebend und lebend verspüren, längst aber, im doppelten Sinne, VERSTEINERT sind.

Es ist, als gäbe es unter vielen Anthroposophen eine Art depressiven Totstellreflex immer dort, wo sie leidenschaftlich lebendig werden und konkret Stellung beziehen müßten. Das ist, besonders bei der älteren Generation, die mit der Schwarzen Pädagogik und

1 *A. Schütz*, S. 48.

dem Dritten Reich aufgewachsen ist, nicht sehr verwunderlich. Schlimm aber ist, daß sie diesen Totstellreflex als eine gute Lebenshaltung weitergeben. Wenn das »schlechthin Gute« nicht kämpft, nicht einmal opponiert, kann, genaugenommen, selbst der Widerstand im Dritten Reich nicht »gut« gewesen sein.

Wenn der Einzelne so erzogen ist, daß ihm »der Atem stockt«, wenn er etwas Böses sieht, wie Steiner verlangt, ist er handlungsunfähig, reagiert gelähmt, auch wenn er sich wehren oder andere schützen müßte. Und wo das Ideal eingelöst wird, daß die Lehrer und Eltern jederzeit nachahmbar und priesterlich-übermenschlich sind, steht das Kind vor einer großen Gefahr: Jeder erfahrene Psychoanalytiker kennt, so A. Miller, die ehemaligen Pfarrerskinder, die so wie ihre Eltern stets lieb, gütig, dankbar, zufrieden und hilfsbereit sein sollten und wollten; die immer alles von der positiven Seite her sehen mußten; die keine Kritik üben, und wenn sie traurig oder unzufrieden sind, immer an diejenigen denken, denen es »noch viel schlechter geht«. Jeder Analytiker weiß, daß es viele dieser Kinder fertigbrachten, keine »bösen Gefühle und Gedanken« zu haben, wenn auch um den Preis einer späteren schweren Neurose.

R. D. Laing erzählt die Geschichte von David, einem schizophrenen Jungen. Sie erinnert mich oft an die Art und Weise, wie sich Lehrer in der Waldorfschule bewegen, und auch daran, wieviele Möglichkeiten Kinder haben, gesund und »glücklich« zu sein, und dennoch krank: David war ein Kind, wie es sich seine Mutter wünschte und aufgewachsen in der Überzeugung, daß das, was er sein »Selbst« und seine »Persönlichkeit« nannte, zwei vollkommen unterschiedliche Dinge seien. Das machte es ihm leicht, das zu sein, was seine Mutter wollte, ohne das Gefühl zu haben, sich zu verleugnen. Seine Aktionen gehörten einfach zu dieser oder jener Rolle, die er spielte. Dadurch glaubte er, sich niemandem auszuliefern und alles unter Kontrolle zu haben. Er war niemals spontan, einfach er selbst – aber er fühlte sich als Herr der Dinge. Er schien vollkommen normal zu sein, bis ihm, als Jugendlicher, die Kontrolle entglitt. Er hatte es sich gestattet, einmal in einer seiner Rollen aufzugehen.[1]

1 Vgl. *R. D. Laing*, Das geteilte Selbst, S. 58 ff.

»Jeder Mensch muß seine Form der Aggressivität finden, wenn er sich nicht zur gehorsamen Marionette anderer machen lassen will. Nur jemand, der sich nicht zum Instrument eines fremden Willens reduzieren läßt, kann seine persönlichen Bedürfnisse durchsetzen und seine legitimen Rechte verteidigen. Aber diese angemessene, adäquate Form der Aggression bleibt vielen Menschen verschlossen, die als Kinder in dem absurden Glauben aufgewachsen sind, ein Mensch könne ständig nur liebe, gute und fromme Gedanken haben und dabei gleichzeitig ehrlich und wahrhaftig sein. Allein diese unmögliche Forderung erfüllen zu wollen, kann ein begabtes Kind an den Rand des Wahnsinns treiben.«[1]

Die Waldorfschule ist nicht nur ein Panoptikum, in dem alle Lebensäußerungen der Schüler beobachtet und bewacht werden. Sie ist ein falsches Pantherapeutikum, ein Ort umfassender, heimlicher, unter Umständen krankmachender Therapien. Die notwendig im Erziehungsprozeß entstehenden Konflikte müssen sich dabei vorwiegend im Inneren der Kinder bewegen, denn ein Gegenüber, das diese Konflikte offen und diskutierbar macht, ist der Waldorflehrer auf keinen Fall. Die »guten« Waldorfschüler passen sich an, indem sie eine schier unermüdliche und fast akrobatische Gelenkigkeit entwickeln, aus Nöten Tugenden zu machen. Sie haben also große Ähnlichkeiten mit denen, die sie erziehen und ihnen die Mittel dazu auch im Unterricht zur Verfügung stellen.

Waldorfschüler sind im allgemeinen nicht steif und starr. Ihre angepaßte Haltung fällt nicht in den Blick, mit Ausnahme vielleicht ihrer ausgesprochenen Höflichkeit und Freundlichkeit (die aber normalerweise eher positiv als negativ auffällt).

Und Waldorfschüler sind kreativ. Obwohl sie auf phantasievolle Weise ihre scheinbaren Freiheiten nur in einer Einbahnstraße entwickeln und ausleben können, haben sie (wie viele ihrer Eltern auch) doch zumindest das Gefühl, in keiner zu sein. Das ist selbst ein Bestandteil ihrer scheinbar lebensbejahenden, fröhlichen Haltung, ihrer Art, selbst dort noch spielerisch mit ihrem Leben umzugehen, wo es gebrochen wird. Die anthroposophische Verinnerlichungspädagogik webt ein feines Netz, das lange gefangenhalten kann.

1 *A. Miller*, Am Anfang war Erziehung, S. 305.

»Könntc es sein, daß die Unterdrückung der Gefühle, die beherrschte ruhige ›Ausgeglichenheit‹, die man sich so mühsam zugelegt hat und auf die man stolz ist, im Grunde eine traurige Verarmung und nicht ein ›kultureller Wert‹ ist?«

A. Miller, Am Anfang war Erziehung, S. 131.

»Man muß wohl – nach Art der Kippbilder-Regel – den höchstgeschätzten Wert verkehrt darstellen: wie wäre es, wenn jener Inbegriff der europäischen Zivilisation – die Selbstkontrolle – präzise für das verantwortlich ist, was immer als ihre Bedrohung ausgegeben wurde?«

D. Kamper, F. Guttandin, Selbstkontrolle, S. 212.

Doch bleiben, wie schon erwähnt, beim Verlassen der Waldorfschule Erschütterungen nicht aus. Plötzlich fehlt die wirkliche Aufgehobenheit in der Schule, sehen sich die Ehemaligen konfrontiert mit einer Welt, die gerade nicht »schön, gut und wahr« ist, in der auch andere zwischenmenschliche Beziehungen tragen. Hier fehlt dann der Boden für die gebildeten Überzeugungen, müssen sich die einzelnen zurechtfinden in dem, wovon sie so lange sorgfältig ausgeschlossen waren. Da sind die Waldorfschüler oftmals nicht nur auffallend weltfremd und naiv, sondern ihre eingeimpfte Gläubigkeit, Vertrauensseligkeit und Anpassungsbereitschaft dreht ihnen nun einen Strick. Diese Erfahrungen können nicht nur das bisherige Weltbild erschüttern. Auch eine »Wiederkehr des Verdrängten« steht auf der Tagesordnung: Die »bösen Seiten« werden wieder sichtbar, der leidvolle Konflikt mit dem eigenen Selbst und der anthroposophischen Moral muß ausgetragen werden und die Suche nach einem Therapeuten ist noch einer der rationalsten Wege, die eigene Vergangenheit in der Waldorfschule aufzuarbeiten.

Wo aber die Waldorfpädagogik gegriffen hat, brechen solche Konflikte weniger offen aus, wird man zwar erschüttert, scheitert aber nicht.

»Waldorf-Absolventen sind überwiegend kommunikative Individualisten, kleben weder am Stuhl noch am Geld, wechseln

»Als wir Eltern nach einer Alternative zu den umstrittenen ›Staatsschulen‹ suchten stand für uns fest: ›Nur die Waldorfschule kommt für unsere Kinder in Frage.‹
Heute, nach fast 20 Jahren, gibt es für den, der sucht oder gar Selbstinitiative hat, viele Möglichkeiten.
Was habe ich für meine kleinen, noch so zerbrechlichen Kinder erwartet?
Wärme, Entgegenkommen, Freundschaften unter den Mitschülern. Ein Geben und Nehmen zwischen Schülern, Lehrern und Eltern. Das ist leider mein Traum gewesen, den ich jahrelang mit vielen Opfern und Kompromissen aufrecht gehalten habe.
Meine Kinder waren nicht akzeptiert, wahrscheinlich weil ich eine unübliche Mutter war. Die allgemeine Überheblichkeit duldet keine Kompromisse.
Meine Kinder haben sich bis zur Erschöpfung bemüht, anerkannt zu werden, um dann freudlos, mutlos und apathisch die Waldorfschule abzusitzen.«

(Eine Mutter von drei ehemaligen Waldorfschülern, Januar 1987.)

spielerischer als der strebsame Durchschnitt ihrer Altersgenossen Berufe, Aufenthaltsorte, Perspektiven.«[1]

Sie sind meist umgänglich, haben immense Fähigkeiten, Probleme vorauszuahnen und zu umgehen. Sie sind meist kreativ und wirken verändernd im kleinen, wo sie nicht kämpfen müssen. Sie scheinen den anderen eine Wahrheit vorauszuhaben, ohne sich als Elite störend aufzudrängen.

Sie haben lange die Not gehabt, ein permanentes Wohlgefühl verkörpern zu müssen, Konflikte nicht wahrnehmen zu dürfen, haben es aber geschafft, in allem noch etwas Positives zu entdecken und hierauf den verdrängenden, immunisierenden, abwehrenden Blick zu richten. Und sich damit einzurichten in dieser Welt. Im Idealfall also besitzen sie alle Voraussetzungen, selbst gute Waldorflehrer zu werden.

1 *P. Brügge,* S. 99.

Der Grundstein

Wir legen den Stein in die Erde hinein,
Wir bitten er möge gesegnet sein,
Als Träger des Hauses, das wir nun bau
Auf das die Engel vom Himmel schauen.
Es werden, es werden aus Holz und aus Stein
Dem Wahren, dem Guten wollen wir e
weihen

Epilog
Der heimliche Lehrplan einer Ordensschule – Anthroposophie und Waldorfschulen

von Dr. Klaus-Peter Meyer-Bendrat, Hannover

Steiner als Programm

Das Wesen der Anthroposophie vergegenständlicht sich in dem Steinerschen Gesamtwerk von über 360 Buchbänden und der interessierte Nichtanthroposoph müßte ein Jahr lang jeden Tag ein Buch lesen, um der wesentlichsten Systematik der Anthroposophie auf die Spur zu kommen.[1]

Zunächst muß festgehalten werden, daß die anthroposophische Waldorfpädagogik als praktizierte weltanschaulich gebundene Lebenswelt ohne die übersinnlich-okkulten Erkenntnisse der sogenannten »Geisteswissenschaft« nicht funktionieren kann. In jedem Unterrichtsfach, in jedem Epochenunterricht und in Unterrichtsinhalten und Gegenstand werden zumindest als heimlicher Lehrplan die Denk- und Handlungsanweisungen der Anthroposophie über die Werthaltung des Lehrerkollegiums den Waldorfschülern vermittelt. So wie es für jede Konfessionsschule selbstverständlich ist, nach christlichen oder sonstigen Leitzielen den Unterricht zu gestalten, so ist es auch für jeden ehemaligen Waldorfschüler außer Zweifel, daß er nach anthroposophischen Wertkonzeptionen erzogen und ausgebildet wurde.

Die Anthroposophie Steiners stellt für den Nichtanthroposophen kein einheitliches widerspruchsloses Menschen- und Weltbild dar. Schon Waldorfschüler der Oberstufe können Steiner mit Steiner-Zitaten widerlegen.

1 Um ein einigermaßen vollständiges Bild der Anthroposophie und ihrer Sinninterpretation über die kosmische und kulturelle Lebenswelt zu erhalten,

Die *praktische Handhabung* als heimlicher Lehrplan und Werthaltung des anthroposophischen Lehrers begründet die Waldorfschule als Weltanschauungsschule. Schon das alltägliche Morgengebet am Anfang des Hauptunterrichts dokumentiert die wesentlichen Seelenstimmungen und Denkkategorien des drei-, bzw. viergegliederten Weltzusammenhanges, den die Anthroposophie für Schüler und Lehrer sinnstiftet:

»Ich schaue in die Welt;
In der die Sonne leuchtet,
In der die Sterne funkeln;
In der die Steine lagern,
Die Pflanzen lebend wachsen.
Die Tiere fühlend leben,
In der der Mensch beseelt
Dem Geiste Wohnung gibt;
Ich schaue in die Seele,
Die mir im Innern lebet.
Der Gottesgeist, er webt
Im Sonn- und Seelenlicht,
Im Weltenraum, da draußen,
In Seelentiefen, drinnen.
Zu Dir, o Gottesgeist,
Will ich bittend mich wenden,
Daß Kraft und Segen mir
Zum Lernen und zur Arbeit
In meinem Innern wachse.«[1]

sollte man zum Verständnis der Waldorfpädagogik folgende Werke Steiners im Original heranziehen:
– Theosophie; – Wie erlangt man Erkenntnisse höherer Welten; – Die Stufen höherer Erkenntnis; – Die Geheimwissenschaft im Umriß; – Die geistige Führung des Menschen und der Menschheit; – Ein Weg zur Selbsterkenntnis des Menschen; – Die Schwelle der geistigen Welt; – Vom Seelenrätsel; – Die Erziehung des Kindes vom Gesichtspunkt der Geisteswissenschaft; – Allgemeine Menschenkunde als Grundlage der Pädagogik; – Konferenzen mit den Lehrern der Freien Waldorfschule in Stuttgart in drei Bänden: Erziehungskunst. Seminarbesprechungen und Lehrplanvorträge.

1 *R. Steiner,* Konferenzen, Bd. 1, S. 97 f.

Die Welt schlüsselt sich für den Waldorfschüler im Morgengebet und in den von den Lehrern diktierten Epochenheften auf in die Sonnenkraft, in die astrologischen Sternenkräfte, in das Pflanzen- und Tierreich, sowie in den geistbeseelten dreigegliederten Menschen, in dem die hellsichtigen Gesetze des großen Geistführers Steiner widergespiegelt werden.

Den Begriff der Anthroposophie (aus dem Griechischen anthropos = Mensch und sophia = Weisheit) übernimmt Steiner u. a. aus den philosophischen Schriften von Fichte. Der Ausdruck umfaßt die von Steiner aufgrund seiner von ihm verkündeten übermenschlich-okkulten Einblicke in die Zusammenhänge der geistigen Welten gemachten Erkenntnisse, die er geisteswissenschaftliche Erkenntnisse nennt. Anthroposophische Geisteswissenschaft darf mit der normalwissenschaftlichen Geisteswissenschaft nicht verwechselt werden. Steiners Geisteswissenschaft ist eine Weltanschauung, die den Versuch unternimmt, eine Synthese von Normalwissenschaft und gnostisch-christlichen sowie indischen Religionsvorstellungen wiederzubeleben.

Das lebenslange Wirken des Begründers und seiner Anhänger in den anthroposophischen Lebenswelten (Lebenswelten der Waldorf- und Seelepflegebedürftigenpädagogik, der homöopathischen Medizin der Weleda-, Walaprodukte, anthroposophischen Kliniken, der anthroposophischen Architektur und Kunst und Wissenschaft) besteht in dem Versuch, die Überlegenheit des Geistes über die Materie nachzuweisen. Es geht den Anthroposophen darum, den (Schöpfer-)Geist sowie die höheren Wesenheiten (diverse Erzengel) und ihre finsteren Gegenspieler (Ahriman und Luzifer) in Natur und Wissenschaften ein berechtigtes Dasein der realen Wesensexistenz zukommen zu lassen.

In Anlehnung an Goethes phänomenologische Naturbetrachtung von der Einheit von Geist und Materie und Haeckels Naturphilosophie und Versatzstücke der romantischen Philosophie Fichtes, Schellings und Novalis gelingt Steiner der eklektische Entwurf einer Weltanschauung, die aus der religiösen Glaubenssphäre des mythisch-okkulten Mittelalters gespeist wird.

Wenn Anthroposophen im Waldorfunterricht und gegenüber den Eltern die Begriffe »Geist«, »Kräfte«, »Wesenheiten« verwenden, dann gehen sie von realen übersinnlichen Entitäten aus, die durch den esoterischen Schulungsweg der anthroposophischen Hellsichtigkeit erkannt und wahrgenommen werden können. Ausgangsform dieses Erlebens- und Denkweges ist die Glaubensüberzeugung, daß jeder materiellen Form eine bestimmte Idee zugrunde liegt, deren sichtbarer Ausdruck die Materie oder der Wortbegriff ist. Anthroposophen sind davon überzeugt, daß sehr viele außersinnliche Formen und Gestalten die Schöpfungskräfte der menschlichen Vorstellungskraft und Ideenbildung sind. Die esoterisch auf dem anthroposophischen Schulungsweg wahrnehmbaren Kräftekonstellationen sind konkrete, vermeßbare und benennbare Gestalten, die die kulturelle Geschichte beeinflussen. Diese übersinnlichen Gestaltungskräfte und Geistwesen werden in der Anthroposophie unter drei Gesichtspunkten mit Sinn ausgestattet:

1. Nach ihrem *Inhalt*, dann heißen sie im anthroposophischen Sinnverstehen »Bilder«, »Ideen«, »Vorstellungen« oder »Gedanken«.
2. Nach ihren *Kräften*, dann werden sie als »Tugenden«, »Wünsche« oder »Begierden« bzw. als Emotionen sinninterpretiert.
3. Nach ihrer *Form* oder dem *Wesen*, dann personifiziert man sie namentlich als bestimmte Geister und Erzengel bzw. Naturgeister wie »Zwerge«, »Elfen«, »Sibyllen«, »Nixen«, »Gnome« etc.

Zwei Gruppen von Wesen werden unterschieden:

Die *beseelten und durchgeistigten* Wesen, zu denen die Menschen, die Übermenschen bzw. die Heiligen und Erleuchteten gehören, sowie die Planeten- und Sonnengötter, die den oberen Stufen der hierarchischen Weltengrundebene angehören. Dagegen stehen nur die *belebten* Wesen und Formen der empirischen und über- bzw. untersinnlichen Welt, zu denen die Naturgeister, Dämonen sowie die bösen Kumpane von Ahriman und Luzifer gehören. In alchemistisch-mittelalterlicher Traditionspflege ordnet die Anthroposophie Naturgeister den Wirkprinzipien Erde, Wasser, Luft und Feuer zu. So sieht sie die gnomenhaften Wesen dem Prinzip der Erde zugeordnet, die undinenhaften Wesen als Geister des Wassers, die sylphenhaften Wesen als Geister der Luft an. Salamanderartige Wesen gehören zur Gattung der Geister des Feuers. Die vier Wirkbereiche Erde, Wasser, Luft und Feuer bilden Naturreiche, die mit ihren »Bewohnern« miteinander im Kampf liegen und versuchen, den Menschen und seine kulturellen Werke negativ zu beeinflussen.

Alle durchgeistigten und beseelten Wesen besitzen die göttliche Schöpfungskraft, selbst neue, selbständige und wirkende Wesen zu schaffen, die ein von ihrem Schöpfer unabhängiges Leben nach dem Weltenplan führen können. Erzengel, Teufel, Dämonen oder Gespenster sind Schöpfungen der gestaltenden Vorstellungskraft des Menschen. Je nach deren Charakter nehmen sie in der feinstofflichen esoterischen Wahrnehmungswelt des Anthroposophen schöne oder häßliche Farbgestaltungen mit hellen oder dunklen Schattierungen an. Je nach der Intensität, mit der sie der menschliche Schöpfer dachte und sich mit ihnen auseinandersetzt, werden sie von kürzerer oder längerer Lebensdauer auf die empirische Lebenswelt Einfluß nehmen. Gegen die dunklen negativen Wesen zu kämpfen ist die Aufgabe der Anthroposophie.

In der liebevollen Zuwendung zu den Engelskräften, die ja die personifizierten Tugenden des Menschen sind, wird durch die Anthroposophie der Kampf mit den bösen Gegenkräften aufgenommen.

Durch die Aneignung engelhafter Tugenden in einem der vielen Erdenleben wohnen die menschlichen Geistkräfte im nachtodlichen Leben auf den verschiedenen Läuterungsebenen in der geistigen Welt. Die individuellen Seelen, die eigentlichen »Iche«, dienen sich in einem Lebensdurchgang in der materiellen Lebenswelt durch die Anwendung christlich-anthroposophischer Tugenden der Seelenvervollkommnung in immer höhere übersinnliche Daseinsformen hinein, wo sie schließlich unter Zuhilfenahme des Metamorphosegedankens sich selbst, bei sehr tugendhafter Führung in der Erdenwelt als Engelwesen und höhere Wesenheiten organisieren können. Dabei helfen ihnen die Kräfteelemente der einzelnen Planeten in unserem Sonnensystem. Die astrologisch-okkult geschauten Planetenkräfte stehen den »Ichen« bei ihrem nachtodlichen Läuterungs- und Reinigungsweg zur Seite und bereiten zusammen mit den erzengelhaften höheren Wesenheiten die neuen Lebensaufgaben für das zukünftige Leben vor. Der Mensch dient sich über viele Inkarnationsdurchläufe den göttlichen Lichtgestalten entgegen und rettet die darunterstehenden, noch nicht so tugendhaft metamorphosierten anderen »Iche« herauf.

Der Sinn des Lebens liegt in der Durchgeistigung alles niederen empirisch Sinnlichen. Der Sinn der Schöpfung liegt in der Durchgeistigung und Metamorphorisierung der Materie in göttliche Lichtkräfte, in der Vereinigung von Gott und Materie auf einem geläuterten und qualitativ höherstehenden Organisationsniveau. Der Mensch hat die Pflicht und Aufgabe, in seinen vielen Reiseleben zwischen sinnlicher und übersinnlicher Welt den Prozeß der qualitativen Verbesserung der Schöpfung voranzutreiben und gegen die Widersachermächte des Bösen, die den Weltenplan aufhalten wollen, zu kämpfen. Der anthroposophische Erkenntnisweg ist wie die metaphysischen Daseinsformen hierarchisch organisiert, und der Geistesschüler Steiners schreitet Stufe um Stufe, Schritt um Schritt den Pfad der Erkenntnis empor und durchgeistigt dabei seinen dreigeteilten Körper, Geist und Seele mit den höheren Wesensgliedern des übersinnlichen Weltengrundes. Dabei wird ein leibfreies vorgestelltes Denken angestrebt, welches das Geistige selbst unmittelbar offenbart. Man kann das Gesamtwerk und Steiners Lebens- und Denkweg strukturell in drei periodische Sinnbezüge einteilen:

Bis etwa 1900 spricht man von den vortheosophisch-monistischen Gedankengängen. Danach folgen die theosophisch-antievolutionistischen Sinnkonstrukte, und ca. ab 1917 bindet Steiner seine Theosophie an die Gedanken der romantisch-idealistischen Philosophie zurück.[1]

Anthroposophie versucht den Erkenntnisstand der Normalwissenschaften mit dem Erkenntnisstand einer »Geisteswissenschaft« vom Okkult-Geistigen in ein synthetisches »ganzheitliches« Welt- und Menschenbild zu integrieren. Im Sinnsystem der Diltheyschen Geisteswissenschaft kann man die Anthroposophie als Typus der pantheistischen Weltanschauungen bzw. dem objektiven Idealis-

1 Wenn im folgenden von *der* Anthroposophie die Rede ist, werden alle Widersprüchlichkeiten und Ungereimtheiten zugunsten der Übersichtlichkeit seiner Ausführungen bewußt zurückgestellt.

mus zuordnen. Steiners Welt- und Menschenbild ist der Denktradition eines intuitiven Sinnverstehens verpflichtet, die von den Mythologien des Ostens, den Mythenbildern der Antike über Plotin, Paracelsus, Böhme bis zur romantischen Naturphilosophie Schellings, Fichtes sowie der phänomenologischen Naturforschung Goethes reichen. Aber Goethes phänomenale, qualitative Erkenntnisform ist nur eine Vorstufe für die vollständigere anthroposophische Erkenntnisgewinnung. In Anlehnung an und Umbiegung von Goethes Naturstudien fordert Steiner ein qualitatives Umdenken in den methodischen Grundlagen der naturwissenschaftlichen und geisteswissenschaftlichen Forschung. Im vergleichenden morphologischen Studium der Architektur der Naturgebilde, einzelner Organe in mineralischen, pflanzlichen, tierischen und kulturellen Lebenswelten und ihrer Funktionszusammenhänge soll der »Geisteswissenschaftler« und intuitive »Seher« im denkenden Anschauen, die höheren Gestaltungsprinzipien des Künstlers Natur und die darin widergespiegelten höheren Wesenheiten als evident erkennen. Die von Steiner gegebenen esoterischen Meditationstechniken ermöglichen dem Anthroposophen die Herausbildung »geistiger Sinnesorgane«, mit deren Hilfe ihm ermöglicht wird, die im Menschen und in der Welt geistig-übersinnlichen Kräfte und Wesenheiten bei ihrer Arbeit der Umwandlung an der materialen sinnlichen Welt wahrzunehmen und ihnen unterstützend bei der Verwirklichung des Schöpfungsplanes beiseite zu stehen.

Vier Einweihungsebenen der Wahrnehmung übersinnlicher Weltenzusammenhänge stehen dem Anthroposophen durch den esoterischen Schulungsweg zur Verfügung:

1. Die Ebene der materiellen Erkenntnis; (Normalwissenschaftliche Erkenntnisform)
2. Die Ebene der imaginativen Erkenntnis;
3. Die Ebene der inspirativen Erkenntnis;
4. Die Ebene der intuitiven Erkenntnis.

Bei ihrer Schulung lassen die Anthroposophen den wissenschaftlichen Denkweg der intersubjektiven Überprüfbarkeit von Erkenntniskategorien weit hinter sich, ihre Resultate sind mit naturwissenschaftlicher Verstandeskraft nicht nachvollziehbar.

Da alle pädagogisch-curricularen Strukturen in der Waldorfpädagogik auf den gleichen Erkenntnisquellen der Imagination, Inspi-

»Imagination ist, einfach gesagt, ein geistiges Schauen. An verschiedenen Stellen hat Steiner Übungen beschrieben, die dazu dienen, die für diese Stufen nötigen seelischen Organe zu entwickeln: die Samenkornmeditation, die Rosenkreuzermeditation oder die Wortmeditation ›Die Weisheit lebt im Licht‹ . . . Was sich nach einiger Zeit solchen Übens einstellt, ist das Auftauchen einer Bilderwelt, die sonst unter der Schwelle unseres tagwachen Bewußtseins liegt. Die im physischen Leib und in der Welt tätigen Ätherkräfte werden als seelische Bilder, als Imaginationen, anschaulich erlebt. Das erste Erlebnis solcher inneren bildhaften Wahrnehmungen ist die Anschauung des eigenen Lebenslaufs . . . Man schaut den eigenen Lebenslauf, wie er durch die Wachstumskräfte von Kindheit auf geformt worden ist. Wie in Gedankengebilden die Wachstumskräfte verdichtet sind, schaut man ihn an. Man hat nicht bloß die Erinnerungsbilder des eigenen Lebens vor sich. Man hat Bilder von einem ätherischen Tatsachenverlauf vor sich, der sich in der eigenen Wesenheit abgespielt hat, ohne daß er in das gewöhnliche Bewußtsein eingetreten ist . . . Man überschaut das Weben und Wirken des eigenen Ätherorganismus im Zeitverlauf des Erdenlebens (Steiner). Auf der Stufe der imaginativen Erkenntnis erlebt der Mensch die ›seelische Äußerung‹ geistiger Wesen, doch diese Äußerungen bieten sich in rätselvollen Bildern dar . . . (Auf der Ebene der Inspiration löscht man) ›ja dabei nichts Geringeres aus als das Innere seines Seelenlebens selbst‹ (Steiner). Gelingt es so, bei größter innerer Wachheit ein völlig leeres Bewußtsein herzustellen, eine innere Ruhe, die, wie Steiner sagt, weniger als null sein muß, eine negativ saugende Über-Stille, dann tritt dem Übenden von innen die geistige Welt entgegen. Steiner hat die Erlebnisse, die nun eintreten, ein ›geistiges Hören‹ und ein ›Lesen der verborgenen Schrift‹ genannt. Ist der Schüler auf der Stufe der Imagination mit der ätherischen Welt des eigenen Lebensleibes und des Kosmos bekanntgeworden, so lernt er jetzt seinen Astralleib und die Welt kennen, aus der die Kräfte dieses Leibes genommen sind. Die höchste Erkenntnisstufe, die der Mensch im gegenwärtigen Zustand seiner Entwicklung erreichen kann, ist die Intuition. Wurde er durch die Inspiration in das Innere der geistigen Wesen geführt, so dringt er in der Intuition ›in die Wesen selbst ein‹ (Steiner). Zugleich lernt er durch sie sein ›wahres Ich‹ kennen ... Auszubilden ist auf dieser Stufe außerdem die Liebe zu einer Erkenntniskraft. Die Liebe muß so umgebildet und verstärkt werden, daß sie fähig wird, in den anderen Wesen ganz aufzugehen. Es muß ihr möglich sein, das gewöhnliche Ich, diesen Block von Egoismus, der uns im irdischen Leben hilft zu leben, ganz aufzulösen. Wenn dann der Mensch mit dieser intensiveren Liebeskraft untertaucht in die Wesenheiten der geistigen Welt, tritt ihm sein wahres Ich, das sich gar nicht inkarniert, als geistiges Wesen entgegen. Im Aufstieg durch die drei Stufen des imaginativen, des inspirativen und des intuitiven Erkennens lernt der Mensch die im eigenen Lebensgang wirksamen Kräfte, die Tore von Geburt und Tod, das Leben in der geistigen Welt vor dem Geborenwerden und nach dem Sterben, die Geheimnisse der wiederholten Erdenleben und die damit verbundene Gestaltung des eigenen Erdenschicksals und die der Erde vorangehenden Verkörperungszustände unseres Planeten kennen. Alle Ergebnisse der anthroposophischen Geisteswissenschaft sind auf diese Weise gewonnen worden.«

A. Baumann, ABC der Anthroposophie, ein Wörterbuch für Jedermann, S. 216 ff.

ration und Intuition basieren, muß hier schon die Unüberprüfbarkeit aller pädagogischen Aussagen durch Steiner und seine Nachfolger festgehalten werden. Waldorfschüler und ihre Eltern müssen den okkult-hellsichtig gewonnenen Denkgewohnheiten der Anthroposophie *Glauben* schenken. Sie sind weder mit den Mitteln der Naturwissenschaft noch mit den diskursiven Mitteln der verstehenden Sozialwissenschaft rational überprüfbar.

Steiner hat mit seiner Weltanschauung einen sehr alten archaischen Gedanken wiederbelebt und ihm einen quasi modernen naturwissenschaftlichen Anstrich gegeben.

Anthroposophie basiert auf der schlichten Konzeption: Der Mensch und der Kosmos sind in ihrem Aufbau strukturgleich organisiert. Der Mensch ist im Kleinen ein Kosmos, der Kosmos ist im Großen ein Mensch. Natur, kulturelle Lebenswelt und Kulturgeschichte sind ein Analogon der Menschenschöpfungsgeschichte; der Mensch ist ein Analogon von Stein, Pflanze, Tier und Schöpfungsgeschichte.

Die Anthroposophie erfaßt den Menschen als viergliedriges Wesen, daß sich aus physischem Leib, Ätherleib, Astralleib und Ich-Leib zusammensetzt. Dabei erschloß sich dem hellsichtigen Steiner das *Ich* in vier unterschiedlichen Manifestationsformen:

1. Im Leben des esoterisch eingebildeten Menschen steigt das Ich als Selbstbewußtsein aus dem Bewußtsein auf:
   »Es erfüllt sozusagen die Leere, die dadurch entsteht, daß der Mensch Bewußtsein entfaltet und dabei den Physischen und den Ätherleib abbaut. Doch dieses Ich bleibt schattenhaft, ist ein blasser ›gedankenhafter Abglanz‹ (Steiner) einer höheren, verborgenen Wirklichkeit.«[1]
2. Durch den esoterischen Schulungsweg betritt der Anthroposoph mit Bewußtsein die »elementare Welt«, der er mit seinem Ätherleib angehört. Die Bilder des Unbewußten werden in das wache Erleben hereingenommen und der Esoteriker erlebt nun sein Ich als »Bild« unter Bildern.
3. Wenn der Anthroposoph seinen Astralleib mit Bewußtsein durchdringt, dann betritt er die »geistige Welt« bzw. das »Geistgebiet«, in dem die »Gedankenwesenheiten« zu Hause sind. Es sind Wesen, die aus Gedankensubstanz bestehen.
   »Und als ein solches Gedankenwesen taucht aus den ›Seelenfluten‹ ein höheres Ich des Menschen auf, das Steiner das ›andere Selbst‹ nennt. Dieses ›andere Selbst‹ ist ein ›Dauerwesen‹, das heißt, es führt den Menschen von Inkarnation zu Inkarnation. Aus dem Wissen um unsere vergangenen Lebensläufe heraus inspiriert es das Schicksal unseres gegenwärtigen Lebens, und aus der Kenntnis der Gegenwart wird es das Schicksal unseres kommenden Daseins auf Erden gestalten.«[2]

1 *A. Baumann*, S. 139.
2 *A. Baumann*, S. 139 f.

4. Das andere Selbst reicht noch nicht vollständig aus, um die »übergeistige Welt« erkennen zu können. Durch die esoterische Willensarbeit tilgt der Überhellsichtige, was ihn noch an Erlebnisse seines Denkens, Fühlens und Wollens und mit der irdischen, der elementaren und der geistigen Welt verbindet, aus.

»Er muß sich selber auslöschen. Die Seele steht dann buchstäblich als ein Nichts vor dem Nichts. Hat der Mensch die nötige Seelenstärke erworben, um diesen Schritt bewußt zu tun, ›dann tauchen ihm aus dem selbst hervorgerufenen Vergessen die Wahre Wesenheit des Ich auf‹ (Steiner). Dieses ›wahre Ich‹ existiert in der übergeistigen Welt als eine von seiner Umgebung ›relativ unabhängige, selbständige Wesenheit‹ (Steiner). Dieses, ohne meditative Schulung nur unbewußt im Schlaf und im Leben nach dem Tode erst in den höchsten erreichbaren Regionen des Jenseits zu erfahrende Ich, ist der wahre Kern des Menschen. Es inkarniert sich nicht, sondern wirft nur seinen als irdisches Ich erscheinenden Schatten in das Leben zwischen Geburt und Tod.«[1]

Diese Vergliederung des anthroposophischen Iches, das zwischen okkulter Welt und Lebenswelt pendelnd sich den Schöpfungsplan aneignet, erklärt bei einigen Waldorflehrern die schizoide geistige Abwesenheit in versponnenen Erklärungsmustern. So hören manche Waldorfschüler von ihren Lateinlehrern »Geschichten aus meinem Inkarnationsleben zur Zeit des römischen Reiches«, und es soll Englischlehrer geben, die am Hof des Gralshüters Arthus und seiner Tafelrunde als Kreuzritter lebten. Im Sozialkundeunterricht der Oberstufe lernte der Autor, daß ENGELS als Raubritter die MARXsche Nachbarburg überfallen hatte und so die esoterische Basis für den Kommunismus geschaffen war. In der naturphilosophischen Begründung des viergegliederten Menschen konstruiert Steiner einen Zusammenhang zwischen den Kräfte-Leibern und den mittelalterlichen Elementarqualitäten fest, flüssig, gasförmig, wärmehaft, sowie den Mineral-, Pflanzen-, Tier- und Menschenreichen:

»So ist der Elementen-Mensch vierfach gegliedert: Der feste Mensch (Strukturmensch) schwimmt im Flüssigkeitsmenschen, er wird von dessen Strömung getragen, stets aufgelöst und wieder neu

1 *A. Baumann*, S. 140.

gebildet. Beide zusammen sind durchdrungen von den wechselnden Spannungen des Luftmenschen. Alle drei endlich sind innerlich getragen und durchkraftet vom Wärmemenschen, wenn wir gerade in der Wärmeorganisation (wozu wir auf Grund unserer physiologischen Erfahrungen voll berechtigt sind) den Ausdruck der innersten leibgestaltenden und leiberhaltenden Wesenheit des Menschen erblicken. Ist das lebendige Ineinanderwirken dieses vierfachen ›Elementenmenschen‹ gestört, so treten einzelne Elementarzustände isoliert hervor und bedrohen die Ganzheit . . .«[1]

Die hierarchisch organisierte Hereinnahme und Verinnerlichung der Elemente, die als übersinnliche makrokosmische Kräftefelder verstanden werden, vergegenständlicht sich in der Stufenfolge der vier Lebensbereiche. Der anthroposophische Mensch als Krone der Schöpfung ist die Synthese des vollendeten Mikrokosmos. Die Wesensprinzipien der Lebensreiche sind Umwelt- und Sinnkonstrukteur des Anthroposophen. Dem Mineralreich entspricht u. a. mit seinem Prinzip der Verfestigung das menschliche Knochengerüst. Dem Reich der Pflanzen entsprechen die Organisationskräfte des Wachstums und der Fortpflanzung. Dem Reich der Tiere werden die seelischen Welten der Antriebe und der Sinnesempfindungen zugesprochen. Das spezifisch Menschliche wirkt in Sprache und Selbstbewußtsein.

Das natürliche Zusammenspiel des Geschehens zwischen Wesen und Umwelt in den niederen Naturreichen kann im Innern des Menschen durch die angebliche »freie« Selbstgestaltung der esoterischen Willensschulung beeinflußt werden. Steiner betrachtet seinen Menschen, der in der Viergliedrigkeit seiner Wesenheit die Naturreiche in sich vergegenständlicht, als die evolutionäre Ur-Einheit aller Lebensprinzipien und Lebensorganisationen, aus denen sich schritt- und stufenweise die Reiche der Mineralien, Pflanzen und Tiere ausgegliedert haben. So macht das kosmische Wesen und Urprinzip Sinn für das menschliche Wesen und das menschliche Wesen macht Sinn für das kosmische Überwesen.

Die Viergliedrigkeit des Menschen und der Natur resultiert für den Anthroposophen letztlich aus dem weltgeschichtlichen Prozeß der Inkarnation des Geistigen.

1 *O. J. Hartmann*, Menschenkunde, S. 141.

Das Schema der Dreigliederung von Natur und Mensch ist ein wesentlicher Schlüssel zur Lösung differenzialdiagnostischer Fragen für das Arbeitsfeld der Medizin, Psychologie und Pädagogik.

Steiner unterscheidet einen oberen Nerven-Sinnes-Pol des *Denkens* von einem unteren Stoffwechsel-Gliedmaßen-Pol des *Wollens*. Zwischen diesen beiden Spannungspolen sorgt in der Mitte das rhythmische System der Atmung und des Kreislaufes für den harmonisierenden Ausgleich im Bereich des *Fühlens*. Diese drei psychophysischen Funktionsbereiche werden im bildhaften wilden Denken auf alle viergegliederten Funktionsbereiche des Makro- und Mikrokosmos bezogen. So herrschen im Nerven-Sinnes-System die zentripetalen Kräfte des Abbaus und des Todes, der Antipathie und des Egoismus. Sie gewähren den Wachzustand des Bewußtseins und tendieren zur Verhärtung der Substanz und zur Exkarnation. Im Stoffwechsel-Gliedmaßen-System herrschen die zentrifugalen Kräfte des Aufbaus, der Bejahung, der Sympathie und der Liebe. Sie versetzen den Körper in den Schlafzustand und steuern die Inkarnation. Sie haben die Tendenz zur Verflüchtigung der Substanzen. In diesem Bereich walten die Kräfte, die die Trennung vom Hier und Dort, vom Ich und Nicht-Ich überwinden. Im rhythmischen Herz-Kreislauf-System erfolgt der Ausgleich durch plastisches Umgestalten der Krafttendenzen. Hier herrscht die Tendenz zur Umgestaltung und Verflüssigung der Substanzen vor.

Steiner sieht die Existenz des Universums, sowie die des Menschen als einen hyperbolischen Prozeß des Ausflusses aller Dinge aus dem vollkommenen göttlichen Weltengrund entsprechend dem gnostischen Emanationsprinzip an. Seine Kosmologie funktioniert nach einem evolutionären Prinzip der Wiederverkörperung und Verdichtung alles höheren Geistesschaffens. Nach der urzeitlichen Emanation des geistigen Ideenelements ins Weltendasein und seiner materiellen »Verdichtung« durchläuft z. B. die Erde (analog der theosophischen Siebengliederung der menschlichen Wesenheit) sieben planetarische Stufen der Wiederverkörperung bis zu ihrer Vergeistigung und Rückkehr in den göttlichen Daseinsgrund. Wie im Gnostizismus der Spätantike handelt es sich in der Anthroposophie um totale mystische Deutungsprinzipien, die alle wichtigen

Ereignisse von der Entstehung der Welt bis zur fernen Zukunft erklären. Glaubensprinzipien sind der Dualismus von Geist und Materie, der Mythos vom Fall der Seelen bzw. der Inkarnation und die Gewißheit der Wiedervergeistigung durch die Gnosis bzw. die geisteswissenschaftliche hellsichtige Erkenntnis.

Der hellsichtige Anthroposoph sieht sieben planetarische Weltenalter der Erde. Jedes der sieben Weltalter teilt sich in sieben Unterperioden auf, die nach unterschiedlichen Menschenrassen und materiellen Verdichtungsgraden unterschieden werden:

1. Im *Polarischen Zeitalter* war die Erde ein Gebilde von feinstem Äther, ohne jede Spur von der heutigen physischen Materie. Erde und Menschen in dieser Entwicklungsperiode beschrieb Steiner wie folgt:
   »Sie ist eine Kugel, die sich wieder aus unzähligen kleinen Ätherkugeln – den Äthermenschen – zusammensetzt, und ist von einer astralen Hülle umgeben, wie die gegenwärtige Erde von einer Lufthülle umgeben ist. In dieser astralen Hülle leben die Astralmenschen und wirken von da aus auf ihre ätherischen Abbilder. Die astralen Menschenseelen schaffen in den Ätherabbildern Organe und bewirken in diesen ein menschliches Ätherleben. Es ist innerhalb der ganzen Erde nur ein Stoffzustand, eben der feine lebendige Äther, vorhanden.«[1]
2. Im *Hyperboräischen Zeitalter* verdichtete sich ein Teil des Äthers zur Luft und ein Teil zur wässrigen Substanz. Erste Tierformen und pflanzenähnliche Wesen hatten nun die Möglichkeit zur irdischen Existenz. Der Mensch bestand in seiner Leiblichkeit nach aus verschiedenen Ätherformen und noch nicht aus physischen Stoffzusammensetzungen. Die Sonne trat nun aus dem Erdenkörper heraus und bildete ihren eigenen Weltenkörper. Die Erde, noch verbunden mit dem Mond, kreist seit dieser Zeit um die Sonne.
3. Im *Lemurischen Zeitalter* spaltete sich der Mond von der Erde ab. In der Mitte dieses Zeitalters lösten sich die Mondenkräftesubstanzen und die mit ihnen verbundenen Wesenheiten als ein eigener Himmelskörper von der heutigen Erde ab und wirken nun von außen auf sie ein.

1 *R. Steiner,* zit. nach A. Baumann, S. 66.

»Durch dieses zweite kosmische Geschehnis änderten sich die Lebensbedingungen des Menschen wieder von Grund auf. Hatte er sich vorher in schwimmender Bewegung, fischähnlich, über die Erde bewegt, so faßte er nun auf ihr Fuß und richtete sich in die Senkrechte auf. Eine weitere Folge der Abspaltung des Mondes war die Trennung der Geschlechter. Bis zu diesem Ereignis war der Mensch ein zweigeschlechtliches Geschöpf gewesen, das sich durch Zusammenwirken der beiden Geschlechtskräfte im eigenen Wesen selber fortpflanzen konnte. (. . .) Der Masse niedriger stehender Menschen gelang es damals nicht, den starken Versuchungen des Luzifers zu widerstehen. Sie entfesselten durch ihre ungezügelten Begierden und Leidenschaften die noch überall tätigen Feuerkräfte der Erde. Gewaltige Vulkanausbrüche und Feuerstürme waren die Folge, in denen der Kontinent Lemuria (Atlantismythologie als Weltanschauungsstoff, K.-P. M.-B.) im Gebiet des heutigen indischen Ozeans gelegen, unterging. In Voraussicht der kommenden Feuerkatastrophe hatten Führer von übermenschlicher Weisheit die entwicklungsfähigsten Menschen der Lemuria um sich versammelt und sie quer durch Afrika in einen Raum geführt, der von solchen Zerstörungen verschont blieb. Es war ein Landgebiet, das damals den Raum zwischen Afrika, Europa und Amerika ausfüllte: der Kontinent Atlantis. Damit begann eine neue Phase der Menschheitsgeschichte: das Atlantische Zeitalter.«[1]

Waldorfschüler hören in weitausschweifenden Erzählungen von diesen Ur-Schöpfungsvorgängen und vergegenständlichen das Gehörte auch in ihren Epochenheften.

Es ist in diesem Rahmen nicht möglich, auf alle hellsichtig gefundenen Märchenbilder des 4. *Atlantischen Zeitalters*, sowie des 5. gegenwärtigen 6. *Nachatlantischen Zeitalters* einzugehen. Auch auf die 6. und 7. zukünftigen »Rassen- und Unterrassenentwicklungsperioden« kann hier nur verwiesen werden.[2]

Für den curricularen Rahmen des Geschichtsunterrichts an den Waldorfschulen sind die historischen Sinnkontexte der sieben nach-

1 *A. Baumann*, S. 67 ff.
2 vgl. *R. Steiner*, Aus der Akasha-Chronik.

atlantischen Kulturepochen, wie sie die Anthroposophie beschreibt, von großer Bedeutung. Das sog. *Nachatlantische Zeitalter* wird in folgende Kulturepochen bzw. »Unterrassen« gegliedert:

1. Erste nachatlantische oder Urindische Kultur (Nach Steiner von 7227–5067 v. Chr.)
2. Zweite nachatlantische bzw. Urpersische Kultur (5067–2907 v. Chr.)
3. Dritte nachatlantische bzw. Ägyptisch-chaldäische Kultur (2097–747 v. Chr.)
4. Vierte nachatlantische bzw. Griechisch-lateinische Kultur (747 v.–1413 n. Chr.)
5. Fünfte nachatlantische Kultur (1413–3573 n. Chr.)
6. und 7. zwei künftige nachatlantische Kulturen (3573–5733 bzw. 5733–7893)

Fragt ein Waldorfschüler der Oberstufe seinen anthroposophischen Lehrer, warum die Kulturgeschichte gerade in dieser Form und nicht anders verlaufen sei, dann bekommt er als Antwort, daß Steiner den kosmischen und weltlichen Entwicklungsprozeß als geisteswissenschaftlicher Forscher mit den Methoden der Naturwissenschaft auf der höchsten Stufe des Erkenntnispfades (Ebene der intuitiven Hellsichtigkeit mit der Herausbildung »höherer Organe«) in der »Akasha-Chronik« gesehen und gelesen habe. (Siehe auch S. 46 f.).

Darum kann ein Waldorfschüler häufig in seinen Epochenheften schwer unterscheiden, welcher Lehr- und Lernstoff geisteswissenschaftlich-hellsichtig begründet ist, und welche Inhalte einem normalwissenschaftlichen Sinnkontext entspringen.

An dieser Stelle soll festgehalten werden, daß Steiners Lehre von der periodisch-rhythmisch sich erstreckenden (Höher-)Entwicklung der Welt mit den neuzeitlichen historischen und entwicklungsgeschichtlichen Vorstellungen nichts zu tun hat. Da Steiner seine genauen Zahlenangaben über die Zeitalter, Perioden und Epochen aus astrologischen Gesetzmäßigkeiten ableitet und berechnet, betreibt er eine »Wissenschaft«, wie sie in den bildhaften Vorstellungen des Mittelalters noch üblich war. In Hinblick auf solche »Wissenschaften« bezeichnete es Kant als Mystik:

»nicht etwa, wie die Vernunft es verlangt, die Zahlen der Weltepochen von den Begebenheiten, sondern umgekehrt die Begebenheiten von gewissen Zahlen abhängig zu machen«.[1]

Wenden wir uns nun der anthroposophischen Entwicklungslehre zu, die als wesentliche Grundlage der Waldorfpädagogik anzusehen ist.

Entsprechend den makrokosmischen Entwicklungsperioden und Stufen organisierten sich als mikrokosmische Abbildfunktionen die individuellen Entwicklungsperioden des Menschen.

Prinzipiell durchläuft jedes Individuum als Stufenfolge in seinem Lebenslauf den Weg und Organisationsgrad, der von den Naturreichen aufwärts zum Menschen führt. Dabei besteht die Entwicklung des Kindes bis zum Erwachsenen in einem gesetzmäßigen Wandel der Wesensglieder untereinander. Im sichtbaren morphologischen Gestaltwandel sowie im unsichtbaren Wesensgliederwandel dokumentiert sich die Entwicklung im Rhythmus von sieben mal sieben Jahren.

Für den Waldorfpädagogen lassen sich insbesondere zwei große Wachstumsperioden beobachten: eine von der Geburt bis zur Schulreife, die andere bezieht sich von der Geschlechtsreife bis zum Erwachsenenalter. Der Schwerpunkt des Wachstumsprozesses liegt in den ersten sieben Jahren in der Kopfregion, bis zum 14. Lebensjahr im Gebiet von Atmung, Herz und Kreislauf und bis zum 21. Lebensjahr im Stoffwechsel-Gliedmaßen-System. Der Prozeß der psychischen und physischen Entwicklung wird aus den morphologischen Körperdaten sowie aus den drei Leib-Konfigurationen bildhaft erschlossen.

Steiner sieht den Prozeß der Entwicklung als schrittweise Entfaltung des sichtbaren und der drei übersinnlichen Leiber an. So wie das Kind bis zu seiner Geburt von der physischen Mutterhülle umgeben ist, so soll es bis zur Zeit des Zahnwechsels von einer Ätherhülle und Astralhülle umgeben sein. Während des Zahnwechsels entläßt die Ätherhülle den Ätherleib, und es verbleibt die Astralhülle bis zum Eintritt der Geschlechtsreife. In diesem Zusammenhang spricht er von vier Geburtsformen des Menschen. Aus der zeitweisen Vorherrschaft der Wirksamkeit der verschiedenen Leiber ergibt sich der epochenmäßige Verlauf der menschlichen Ent-

1 *I. Kant*, zit. nach *H. Ullrich*, S. 100.

wicklung in 7-Jahres-Rhythmen. Jedes Jahrsiebt verlangt eine andere pädagogische Haltung und Einstellung gegenüber dem Heranwachsenden. (Siehe S. 116 ff.)

Der schöne Schein – ein Abglanz des Mittelalters

Der Lehrplan der Waldorfschulen vermittelt dem Waldorfschüler in jeder Unterrichtssituation entweder offen oder verdeckt eine mittelalterliche animistische Denkform okkulter Zusammenhänge und Sinndeutungen der Lebenswelt. Das Wesen des Lehrplanes und der Haltung des Lehrers soll sein:

Alle materiellen Ausdrucksformen der Welt, sowie alle lebendigen Organismen stehen im Kräfteeinfluß übersinnlich wahrnehmbarer höherer und niederer Wesenheiten. Die anthroposophische Pädagogik speist sich durch eine okkulte Wesensschau in Anlehnung an die Goethesche Naturbetrachtung und die Prinzipien der Metamorphosenlehre. Der Waldorfschüler wird im Hinblick auf den Wiederverkörperungsgedanken mehrerer Erdenleben als zweifelsfreie Tatsache hin ausgebildet.

Das »Wissen von Wiederverkörperung und gesetzmäßigem, selbstgeschaffenem Schicksal gehört zum Herzstück der anthroposophischen Weltanschauung. Durch die Aufnahme dieser Idee in das abendländische Denken könnte sich unsere Kultur von Grund auf erneuern, denn Reinkarnation und Karma rücken sämtliche Kardinalfragen in ein neues Licht: den Sinn des Lebens, das Verständnis für Glück und Unglück, die Begründung moralischen Handelns, die Religiosität, die Bedeutung des Christentums und anderes mehr.«[1]

So ist auch das Herzstück der Waldorfpädagogik die Anthroposophie. Ohne diese Weltanschauung kann Waldorfpädagogik nicht praktiziert werden, denn das Welt- und Menschenbild und das curriculare Konzept sind in ihrer »Logik« und Begründungsmöglichkeit voneinander abhängig und bedingen sich zirkulär gegenseitig. Steiner begründete die Waldorfschule als spiritualisierter Evolutionist und ethischer Individualist, der von seinen Nachfolgern als

1 *A. Baumann,* S. 280.

Menschheitsführer und Sonnenwesen als fünfter Apostel verehrt und anerkannt wird. Weite Teile der Anthroposophie sind beherrscht vom Gedanken der architektonischen Schichtung bzw. Stufung und vom Grundsatz der gegenseitigen Sinndeutung von Kosmos und Mikrokosmos. In bildhaften Analogieketten entwirft sie ein System wissenschaftlicher Scheinverfahren. Das anthroposophische Sprachspiel scheut die klare Begriffsbestimmung und Begriffsanalyse und bestimmt sich überwiegend durch bildhafte, verdinglichte Vergleichskonstrukte im bio-physikalischen Sprach- und Deutungsstil des 19. Jahrhunderts. Dem Grundsatz der Analogiebildung andauernd folgend, behauptet die Anthroposophie bzw. der Waldorflehrer dort vermeintliche wissenschaftliche Zusammenhänge, wo sich nur scheinbare gedankliche Ähnlichkeiten auffinden lassen. Was erst bewiesen werden muß, wird unbefangen als soziale Tatsache im Unterricht vorausgesetzt und ausschließlich durch höhere hellsichtige Einsichten des Schulgründers begründet.

In der okkult-esoterischen Denktradition stehend dogmatisierte Steiner für alle pädagogischen Prozesse die Gültigkeit der Wechselwirkungskräfte zwischen Sinnlichem und Übersinnlichem. Die philosophische Rechtfertigung seiner Weltanschauungsschule gründet in der platonisch-aristotelischen Tradition und basiert auf der mittelalterlichen wissenschaftlichen Weltsicht des Universalien-Realismus. Ausgehend von der scholastischen Philosophie glauben Steiner und seine Waldorflehrer fest an kosmische Realität der Universalia ante rem (der im Geiste des Weltschöpfers wirkenden ideellen Kräfte) und an die Universalia in re (der in den Dingen selbst gesetzmäßig wirkenden Wesenskräfte). Eher skeptisch ist man den nominalistischen Normalwissenschaften gegenüber eingestellt.

Die Anthroposophie erzeugt bei den Waldorflehrern eine holistische Werthaltung und ein geschlossenes Weltbild, das die Unterrichtsinhalte nach Konzepten griechischer und germanischer Mythologie, mittelalterlicher Alchemie und christlich-gnostischen sowie fernöstlichen Religionsbildern mit dem wissenschaftlichen Sprachspiel der Physik und Biologie in den Sinndeutungsmustern des 19. Jahrhunderts organisiert. So wird z. B. in Anlehnung an das Haeckelsche Evolutionstheorem im Unterricht gegen die Erkenntnisse der modernen Geschichtsforschung eine ganzheitliche Wesensschau der Welt- und Kulturgeschichte praktiziert. Als wahre universalistische Interpretation der Natur- und Menschheitsgeschichte werden die moralischen, religiösen und ästhetischen Einstellungen und Werthaltungen der Anthroposophie über die Inhalte des Unterrichts den Schülern vermittelt. Die Anthroposophie als eine Degeneration in Form der idealistisch-romantischen, deutschen Philosophie eines Ein-Mann-Unternehmens ist ein dogmatisiertes universelles Deutungsmuster, das durch keinen Gegenbeweis widerlegt werden kann. Sie befriedigt das infantil-regressive Bedürfnis einer theoretisch-normativen Ganzheit und Identität von Mensch und Welt durch eine okkult-hellsichtige Schau des Welt- und Schöpfungsganzen von einem egozentrisch-animistischen Gesichtspunkt aus.

Um die Ganzheitlichkeit des Weltbildes zu wahren und im Unterricht auch praktizieren zu können, müssen Waldorflehrer gläubige Anthroposophen sein. Ihren Schülern gegenüber treten sie als überzeugte Eliteträger einer okkult einsehbaren Macht auf, in deren Auftrag sie in der Gegenwart gegen das Böse in der Welt anzukämpfen haben, um die Weltenevolution voranzutreiben. Sie sind sich sicher, daß sie zu einer okkulten Kampfgemeinde als Gralshüter gehören, deren übersinnliche Führungspersönlichkeit in dem Erzengel Michael erblickt wird. Die alljährlichen Michaelsfeiern und die wachskreidebemalten Michaelsbilder in den Unterklassen dokumentieren beispielsweise den Versuch der ideologischen Durchsetzung der sogenannten »Michaelitischen Herrschaft«, die auch über die Schülerindoktrination in vielen Unterrichtsinhalten stattfindet.

Insbesondere mit den Anthroposophenkindern betreiben die Waldorflehrer über den »freien« Religionsunterricht und »Christengemeinschaftsunterricht« eine »Christologie«, mit Christus als Sonnengott, der in seinem Inkarnationswesen, den unschuldigen Teil Adams, den Astralleib Buddhas, das Ich des Zarathustra und Rudolf Steiner bei seiner Weltgeburt in Palästina vereinigte. Die Schüler lernen u. a., daß es zwei Jesusknaben gegeben haben muß und daß Steiner der 5. Evangelist ist, der im Buch der Weltenschöpfung lesen konnte. Die manipulative Ausrichtung aller Schüler auf das anthroposophische Weltbild erfolgt überwiegend im Deutsch-, Geschichts- und naturwissenschaftlichen Epochenunterricht.

So ist z. B. jedem Waldorfschüler ab der dritten Klasse unbezweifelbar selbstverständlich, daß der Tintenfisch dem Kopf und dem Nerven-Sinnes-System des Menschen entspricht, der Adler symbolisiert das Gliedmaßensystem und das ist in seinem Wesen eindeutig der menschlichen Verdauung und dem phlegmatischen Temperament zuzuordnen. Die Nichtverwendung naturwissenschaftlicher Lehrbücher garantiert den Lehrern, im Deutungshorizont der Anthroposophie stoffliches Wissen zu vermitteln. Waldorfschüler, die sich ein vertieftes Wissen durch offizielle Fachbücher aneignen, tun dies gegen den ausdrücklichen Willen ihrer Lehrer. Auf dem curricularen Schul-Index stehen besonders:

- Grammatikbücher (ausgenommen ist davon der Lateinunterricht),
- naturwissenschaftliche Schulbücher, besonders der Physik, Biologie und Chemie (ausgenommen zur Vorbereitung auf staatliche Schulabschlußprüfungen),
- Lehrbücher für den Fremdsprachenunterricht, insbesondere in den ersten acht Schuljahren,
- Fachbücher der Sozialwissenschaften,
- zeitgenössische Literatur mit gesellschaftskritischem Anspruch.

Die Anthroposophie organisiert für den Schüler einen spezifisch musisch-künstlerischen Unterricht (Waldorfkunst) und vernachlässigt eine pluralistisch strukturierte Ästhetikausbildung sowie Geschmacks- und künstlerische Stilbildung. Das anthroposophische Weltbild vermittelt den Schülern festgelegte ästhetisch starre Deutungsmuster einer schönen bzw. häßlichen Kunst. Für einen Waldorfschüler ist es eine ästhetische Selbstverständlichkeit, daß das cholerische Wasserfarbenrot lebendiger ist als das phlegmatische Blau, daß das Gelb in seinem Wesen lebendiger und bewegter ist als das Grün und die Farbe Lila auf die Seelenstimmung anders wirken muß als das zarte Rosa. Die intrapsychische Modellierung der ästhetischen Wahrnehmungsmuster des Waldorfschülers wird durch eine repressive, einseitige Kunsterziehung von der ersten Klasse an im Bezugssystem der kosmisch-genetischen Entwicklungsgesetze bis in die Oberklassen durchexerziert.

Das Unterrichtsgeschehen wird nach astrologisch-kosmischen, sowie rhythmischen Organismusvariablen und Vorgaben des hellsichtigen Begründers gestaltet. Besonders werden okkult-alchemistische Zahlenmythologien mit der Drei, Sieben, Zwölf und Dreiunddreißig, sowie alle abgeleiteten Proportionszahlen aus dem menschlichen Knochenbau, sowie dem astrologischen Weltenbau im Unterrichtsverlauf berücksichtigt. Jeder Ton, Rhythmus oder jedes Intervall steht in einem komplexen Sinndeutungsgeflecht astrologisch übersinnlicher Daten, die der Schüler sich ehrfurchtsvoll-ahnend anzueignen hat. Insbesondere im Musik- und Eurythmieunterricht werden schamanenhafte Rituale künstlerisch gepflegt. So steht jede eurythmistisch bewegte Tonfolge und jeder, über die »Gebärdensprache« zum Ausdruck gebrachte Vokal bzw. Konsonant im Wechselspiel mit den Planetenkräften, die der Eurythmielehrer zur Gesundung des Schülerleibes und seiner Wesenglieder in den Unterricht einbezieht. (Siehe auch S. 52 ff.).

Schüler, die sich intuitiv mit Verhaltensabweichungen bzw. »Verhaltensstörungen« gegen den eurythmisierten dornacher Tempeltanz wehren, müssen über kurz oder lang die Waldorfschule verlassen, denn der Eurythmieunterricht ist die Loyalitätsprobe für die Akzeptanz des okkult-messianischen Überbausystems durch Eltern und Schüler. Der Eurythmieunterricht symbolisiert in seinem schulischen Stellenwert die ritualisierenden Gruppenbindungskräfte der sakramentalen Schulgemeinde und hat neben dem anthroposophischen Religionsunterricht den Charakter eines allseitig verpflichtenden religiösen Gottesdienstes zu Ehren der anthroposophischen Bewegung und ihres Begründers.

Die Werthaltungen im Eurythmieunterricht, die die Lehrkraft in ihrer geisteswissenschaftlichen Wesenschau als analoges Beziehungssystem gegenüber jedem Schüler einnimmt, reichen aus, um den anthroposophischen Unterricht als weltanschaulich gebunden zu charakterisieren.

In der Lebensgeschichte des Schulgründers bzw. in der Anthroposophie verdichtet sich der Glanz und das Elend der Waldorfpädagogik. Sie bleibt letztlich eine curriculare Konzeption für weltabgerückte, idealistische Romantiker mit dem latenten oder offenen Zug, nach sektiererhafter Kooperation für das nachtotliche Weiterleben des Menschengeistes zu sorgen. Die zu erziehenden Waldorfkinder sind dafür Mittel zum Zweck, denn grundsätzlich ist die gnostische Weltenschöpfung finalistisch festgelegt, und der evolutionäre Weltenschöpfungsplan soll durch die Gralsstätten der Waldorfinstitutionen vorangetrieben werden. Die Anthroposophie und die mit ihr symbiotisch vernetzten Lebenswelten werden sich durch die jetzt beginnende vierte Industrielle Revolution mehr und mehr zu religiös-klösterlichen Gemeinden und Gesinnungsgenossenschaften entwickeln, da ihre Lebensformen und Lebenswelterklärungen einem okkult-alchemistischen, evolutionistisch-mechanischen Weltbild des 19. Jahrhunderts entspringen und entsprechen.

Wenn dies so ist, dann lernt der Waldorfschüler sehr viel über die Lebenswelten vergangener Produktionsformen und ihre kulturellen Deutungsmuster der romantisch-restaurativen Zeitepoche. Er lernt strickend und Schafwolle-webend, schnitzend und gartenbauwerkelnd die manufaktoriellen Lebensverhältnisse einer feudalistischen Lebensordnung kennen und durch sein musisch-künstlerisches Tun lernt er, sich einzuordnen in ein alternatives, voraufgeklärtes klösterliches Gemeinwesen. Dagegen lernt er weniger, sich gründlich mit den Übergangsproblemen in die Post-Moderne-Gesellschaft auseinanderzusetzen.

Waldorflehrer achten stets darauf, daß das erzieherische Geschehen weitgehend der Öffentlichkeit entfremdet bleibt. Das unmittelbare Unterrichtsgeschehen und der anthroposophische Sinnkontext sollen verborgen bleiben. Grundsätzlich zeigt man nur die schönen kindgerechten reformpädagogischen Seiten. Der autokratisch-reaktionäre sowie metaphysische Teil, der die Handlungsstrategien der Pädagogen sinnstiftet und sich in der Anthroposophie gründet, bleibt im Geheimen. Die Waldorfwelten durchzieht eine unsichtbare deutsche Tragik, der viele Waldorfschüler und deren Eltern zum Opfer fallen. Diese Tragik beschrieb der Philosoph Bloch schon 1934 als eine Form Bildungsgut, das er als Gnosis für den Mittelstand für eine sinkende abgewirtschaftete Klasse umschrieb.

Wer diesen lunarischen Steiner-Strauß seinen Kindern am Ausgang des 20. Jahrhunderts schenken will, der hat sich schon bei der Entscheidung für die Waldorfsozialisation für eine Lebenswelt entschieden, die auch direkt in eine mittelalterliche Hexenküche des Glaubens und der Voraufklärung führt. Zu dieser Konsequenz kommt auch der Erziehungswissenschaftler Ullrich, wenn er schreibt:

»In schul- und bildungsgeschichtlicher Betrachtung weist die Waldorfschule durch die Einheitlichkeit der Erziehungsmethode

»Das sind die ›Weltenwenden‹ für Halbgebildete oder der Reflex apokalyptischer Stimmungen im Kleinbürgertum . . . Wirren noch, wo der beherzte Blick völlig fernhin zu treffen scheint. Dann herrscht Steiner, geschwätzig und viertelsgebildet, hat Geheimes zu versenden. Man erfährt vom wenig dichten Leib früherer Menschen, und daß die heutigen Knorpeln des Kindes dessen Rest sind. Eine Abfolge von sieben mal sieben Unterrassen innerhalb der sieben Wurzelrassen faßt das Ganze der geschichtlichen Entwicklung ein, wobei die Welt eine Schule ist und ihr Gang ein Pensum abarbeitet. Lehrer aber sind die sogenannten Geisteswesen, von der Zeit an, als die Erde noch feucht-innerlich war, bis zum fernen Ziel, wo auch sie verengelt wird, nämlich zu Seelendunst . . . Gerade sogenanntes ›Christentum‹ ist hier völlig in verspukter Natur versenkt, zugleich auch (diese Geheimwissenschaft ist modern) eine Art gnostischer Lückenbüßer Haeckelscher Weltenrätsel geworden. Dies Sonnenwesen Christus, wenn es sich in die Erde versenkt und sie mit kurz begrabener Sonne tingiert, präpariert lange vor den Neuheiden oder ›deutschen Christen‹ einen Naturgott für nordischen Faschismus: daher die Adaptierung Jesu auf Siegfried, der Bibel auf nordgermanische ›Einweihungen‹ . . . Steiners Mysterien sind jedes Orts atavistischer Spuk, trivial gewordener Astralmythos, travestierte ›Naturwissenschaft‹. Doch auch ihr Lager ist recht vielseitig: Malerei, Farbenlehre, Tanzkunst. ›Demeter-Bewegung‹. . . kurz, alle Geisteszweige und Hexenbinsen werden hier, mit wahrhaft enzyklopädischer Konfusion ausgerissen und zum Strauß gebunden.«

E. Bloch, Erbschaft dieser Zeit, S. 192 f.

und durch die autoritative Sicherung des Bildungsganzen, durch die Geschlossenheit der Schulorganisation, durch das missionarisch-pastoral zu nennende Selbstverständnis der Erzieherschaft und durch die einheitliche Prägekraft des Schullebens starke *formale* Ähnlichkeit mit den Jesuitenschulen des Zeitalters der Gegenreformation auf. Es ist deshalb denkbar, daß ein guter Teil der Wirksamkeit der Waldorfschulen auf diesen ihren Charakter als ›Ordensschule‹ zurückzuführen ist.«[1]

Zusammenfassend soll hier von einem ehemaligen Waldorfschüler gesagt werden, daß es einer Bildungskatastrophe gleich käme, würde das Waldorfschulmodell einen staatspolitisch verbindlichen Modellcharakter zugesprochen bekommen. Die dogmatisch-okkult begründete Bildungstheorie und Menschenkunde Rudolf Steiners kann für die Weiterentwicklung der Pädagogik kein Wegweiser sein, so wenig wie das staatliche Schulwesen am Modell »Waldorfschule« als Voraufklärungsinstitution seine derzeitigen Krisenerscheinungen bewältigen kann. Nur ein undemokratisches Staatswesen könnte am Ende dieses ausgehenden Jahrhunderts einen pädagogischen *Sinn* in der Waldorfpädagogik erkennen.

1 *H. Ullrich*, S. 227.

Anhang

Literatur

Steiners Werke

Gegenwärtiges Geistesleben und Erziehung, Stuttgart 1957.
Die Kernpunkte der sozialen Frage, Stuttgart 1920.
Geisteswissenschaft und soziale Frage, Dornach/Schweiz 1977.
Neugestaltung des sozialen Organismus, Dornach 1963.
Erziehungskunst. Methodisch-Didaktisches, Dornach 1975.
Erziehungskunst. Seminarbesprechungen und Lehrvorträge, Dornach/Schweiz 1985.
Allgemeine Menschenkunde, Dornach 1975.
Die Mission einzelner Volksseelen, Dornach 1974.
Die pädagogische Praxis vom Gesichtspunkte geisteswissenschaftlicher Menschenerkenntnis, Bern 1956.
Mein Lebensgang, Stuttgart 1975.
Wie wirkt man für den Impuls der Dreigliederung des sozialen Organismus, Dornach/Schweiz 1969.
Die Erziehung des Kindes vom Gesichtspunkte der Geisteswissenschaft, Stuttgart 1961.
Theosophie, Dornach 1962.
Anthroposophie, Stuttgart 1962.
Die Philosophie der Freiheit, Dornach 1977.
Geheimwissenschaft im Umriß, Dornach 1976.
Briefe I und II, Dornach/Schweiz 1955.
Die Kunst des Erziehens aus dem Erfassen der Menschenwesenheit, Dornach/Schweiz 1963.
Konferenzen mit den Lehrern der Freien Waldorfschule in Stuttgart 1919–1924. Band I–3, Dornach 1975.
Aus der Akasha-Chronik, Dornach 1973.

Werke seiner Anhänger

Aeppli, W., Aus der Unterrichtspraxis einer Rudolf-Steiner-Schule, Basel 1934.
Baumann, A., ABC der Anthroposophie. Ein Wörterbuch für Jedermann. Bern 1986.
Beichler, Ch., Kindgemäße Vorschulerziehung, Schaffhausen 1976.

Bock, E., Kindheit und Jugend Jesu, Stuttgart 1976 (5. Auflage).
Berichtshefte, Hrsg. vom Bund der Freien Waldorfschulen, Stuttgart.
Carlgren, F., Erziehung zur Freiheit. Die Pädagogik Rudolf Steiners. Bilder und Berichte aus der internationalen Waldorfbewegung, Stuttgart 1977.
Der Lehrerkreis um Rudolf Steiner in der ersten Waldorfschule. Hrsg. vom Lehrerkollegium der Freien Waldorfschule Stuttgart-Uhlandshöhe 1977.
Die Drei. Monatsschrift für Anthroposophie und Dreigliederung. Stuttgart.
Die Rudolf-Steiner-Schule Ruhrgebiet. Hrsg. Bai, S. u. a., Reinbek bei Hamburg 1978.
Die Hibernia-Schule. Hrsg. Rist, G. u. a., Reinbek bei Hamburg 1978.
Erziehungskunst (früher: Zur Pädagogik Rudolf Steiners). Monatsschrift zur Pädagogik Rudolf Steiners. Stuttgart.
Flinsbach, J., Waldorfkindergärten bauen. Studienheft 13 der Internationalen Vereinigung der Waldorfkindergärten e. V. Stuttgart 1985.
Gabert, E., – Autorität und Freiheit in den Entwicklungsjahren. Schriften der pädagogischen Forschungsstelle beim Bund der Freien Waldorfschulen. Stuttgart 1977.
– Die Strafe in der Selbsterziehung und der Erziehung des Kindes. Stuttgart 1951.
Glas, N., – Gang und Haltung des Menschen, Stuttgart 1981.
– Die Haare des Menschen – eine Physiognomik, Stuttgart 1979.
Grosse, R., Erlebte Pädagogik. Schicksal und Geistesweg. Dornach 1968.
Hartmann, O. J., Menschenkunde. Die Physiognomik der Lebenserscheinungen als Grundlage einer erweiterten Medizin. Frankfurt 1941.
Heilende Erziehung. Vom Wesen seelenpflege-bedürftiger Kinder und deren heilpädagogischer Führung. Hrsg. Bort, J. u. a., Arlesheim 1977.
Kühn, H., Dreigliederungszeit. Hrsg. Sektion für Sozialwissenschaft am Goetheanum, Dornach/Schweiz 1978.
Leber, S., Geschlechtlichkeit und Erziehungsauftrag. Schriften der pädagogischen Forschungsstelle beim Bund der Freien Waldorfschulen, Stuttgart 1981.
Lievegoed, B. C. J., Die Entwicklungsphasen des Kindes, Stuttgart 1979.
Lindenberg, Ch., – Die Lebensbedingungen des Erziehers, Reinbek bei Hamburg 1981.
– Waldorfschulen. Angstfrei lernen, selbstbewußt handeln, Reinbek bei Hamburg 1979.
Müller, H., Von der heilenden Kraft des Wortes und der Rhythmen – Die Zeugnissprüche in der Erziehungskunst Rudolf Steiners, Stuttgart 1985.
Rittelsbacher, K., Wirkungen der Schule im Lebenslauf. Ein Quellenlesebuch der Pädagogik Rudolf Steiners, Basel 1975.
Schneider, J., Die Rudolf Steiner Schulen. Dissertation. Kiel 1953.
Schütze, A., Das Rätsel des Bösen. Frankfurt 1982.
Waldorfpädagogik in öffentlichen Schulen. Hrsg. Freie pädagogische Vereinigung Bern, Freiburg/Basel/Wien 1976.

Autorität und Familie, Bd. 2, Hrsg. E. Fromm u. a., Paris 1936.
Barz, M., Der Waldorfkindergarten. Weinheim/Basel 1984.
Beckmannshagen, F., Rudolf Steiner und die Waldorfschulen, Wuppertal 1984.
Bettelheim, B., Kinder brauchen Märchen. München 1980.
Bildungslebensläufe ehemaliger Waldorfschüler. Hrsg. Pädagogische Forschungsstelle beim Bund der freien Waldorfschulen. (Die Bearbeiter des Projektes scheinen der steinerschen Pädagogik wohlgesinnt, selbst aber keine Anthroposophen zu sein.) Stuttgart 1981.
Bloch, E., – Prinzip Hoffnung, Bd. II, Frankfurt 1979.
– Erbschaft dieser Zeit, Frankfurt 1956.
Braunmühl, E. v., Antipädagogik. Weinheim/Basel 1980.
Brecht, B., Geschichten, Frankfurt 1969.
Brena, A., Vom Weltgeist zur Alternativschule. Zur Pädagogik R. Steiners. Diplomarbeit. Marburg 1978.
Brenner, P., *Ledder, L.*, Abschied von der Anthroposophie. Öko-Journal, Schweiz, Bächli.
Brügge, P., Die Anthroposophen (Spiegelbuch). Reinbek bei Hamburg 1984.
Dolch, J., Lehrplan des Abendlandes. Ratlingen 1965.
Freud, S., Psychologie des Unbewußten. GEW Studienausgabe Bd. 3, Frankfurt 1975.
Gehres, W., Zur Autoritätsproblematik in der Waldorfschule. Diplomarbeit. Berlin 1986.
Guttandin, F., *Kamper, D.*, Selbstkontrolle. Dokumente zur Geschichte einer Obsession. Marburg/Berlin 1982.
Huber, D., Waldorfpädagogik, in: Widersprüche. Zeitschrift für sozialistische Politik im Bildungs-, Gesundheits- u. Sozialbereich. H. 21, Dezember 1986, Offenbach.
Hövels, K., Beiträge zur Kritik der anthroposophischen Welt- und Lebensanschauung und kritische Beleuchtung der anthroposophischen Unterrichts- und Erziehungslehre. Dissertation. Bonn 1925.
Hebenstreit, S., Einführung in die Kindergartenpädagogik. Stuttgart 1980.
Herbart, J. F., Berichte an Herrn Karl-Friedrich Steiger (1797/98) in: Kleinere pädagogische Schriften. Hrsg. W. Asmus. Stuttgart 1982.
Kafka, F., Tagebücher 1910–1923. Hrsg. Brod, M. Frankfurt 1980.
Karsen, E., Deutsche Versuchsschulen der Gegenwart und ihre Probleme, Leipzig 1923.
Leschinsky, A., in: Neue Sammlung. Zeitschrift für Erziehung und Gesellschaft. Nr. 3, Jhg. 23.
Laing, R. D., Das geteilte Selbst. Reinbek bei Hamburg 1976.

Miller, A., – Du sollst nicht merken. Frankfurt 1981.
– Das Drama des begabten Kindes. Frankfurt 1979.
– Am Anfang war Erziehung. Frankfurt 1980.
Musil, R., Der Mann ohne Eigenschaften. Bd. I, Reinbek bei Hamburg 1981.
Oestreich, P., *Tacke, O.*, Der neue Lehrer. Österwieck am Harz 1926.
Prange, K. – Erziehung zur Anthroposophie. Bad Heilbrunn 1985.
– Eine Kontroverse über die Waldorfpädagogik in: Zeitschrift für Pädagogik. August 1986.
– Mensch ist Kosmos und zeitlos in: Elternforum. Zeitschrift der katholischen Elternschaft Deutschlands. H. 3, 1986.
Rutschky, K., (Hrsg.) Schwarze Pädagogik. Frankfurt/Berlin/Wien 1980.
Ullrich, H., Waldorfpädagogik und okkulte Weltanschauung. Weinheim/München 1986.

Erläuterungen, Quellen und Rechtenachweis der Abbildungen

Seite	
7	Schülerin einer 12. Klasse während einer Probe für eine Eurythmie-Aufführung in der Rudolf-Steiner-Schule Ruhrgebiet (Bochum). Foto: Süddeutscher Verlag, München (SV).
16	Rudolf Steiner am Modell des ersten Goetheanums. Foto: Archiv für Kunst und Geschichte, Berlin (AGK).
19 o.	Waldorfschule in Rengoldshausen bei Überlingen am Bodensee. Die Schwingung der Hügellandschaft kehrt im Dach wieder. Von weitem sieht es aus, als wäre es nicht ein Bau, sondern als wäre ein ganzes Dorf eng zusammengerückt. Foto: SV.
19 u.	Hiberniaschule (Wanne-Eickel): Monatsfeier in der Aula. Foto: SV.
27–29	Zeugnis aus einer zweiten Klasse. Privatarchiv.
34/35	Lehrplan der Waldorfschulen. Quelle: Schulprospekt der Rudolf-Steiner-Schule, Kreuzlingen/Schweiz.
36/37	»Es lag Rudolf Steiner sehr viel daran, daß die Kinder erst nach voll erlangter Schulreife Lesen und Schreiben lernen sollten und daß sie dann im Prinzip denselben Prozeß durchmachen sollten, der sich schon in den alten Kulturen vollzog: der Schritt von einer Bild- in eine Zeichenschrift. Der kraftvolle König schrumpft in ein blasses, mageres K.« (Frans Carlgren, Erziehung zur Freiheit. Die Pädagogik Rudolf Steiners. Bilder und Berichte aus der internationalen Waldorfschulbewegung, Verlag Freies Geistesleben, 5. Aufl. Stuttgart 1986, S. 83). Abbildungen: F. Carlgren, S. 82.

Seite	
41–43	Aus einem Tierkundeheft der 5. Klasse. Privatarchiv.
45	Aus einem Pflanzenkundeheft der 5. Klasse. Das Leben der Pflanzen wird hier mit den Metaphern »Wachen, Träumen und Schlafen« »erklärt«. Die Frage des Kindes aber bleibt: »Was sind die Pilze denn nun eigentlich?« Privatarchiv.
47	Zeichnung aus einer Geometrieepoche, 8. Klasse. Grundsatz ist das Hervorgehen des Wissenschaftlichen aus dem Künstlerischen. Privatarchiv..
48	Aus einem geschichtlichen Epochenheft der 6. Klasse. »Und immer arbeitet mir entgegen der Erzverpester . . . O Ahuara Mazdao . . .« Dieser Leitspruch wurde in dieser Epoche von den Kindern jeden Morgen rezitiert. Privatarchiv.
55 o.	Eurythmie an der Rudolf-Steiner-Schule in Nürnberg. In einem vierjährigen Studium versuchen die Schüler, den »sichtbaren Gesang der Arme und Hände«, das Zusammenspiel von Körper und Seele, zu erlernen. Foto: SV.
55 u.	Kindergarten-Eurythmie (Spring Valley, USA). Foto: F. Carlgren, S. 56.
56	Organischer Lehrplan von Kristofferskolan, Stockholm 1976; aus: H. Ullrich, Waldorfpädagogik und okkulte Weltanschauung. Weinheim/München 1986, S. 125.
58	Abbildung: F. Carlgren, S. 90.
64	Mutter und Kind. Aquarell-Schichttechnik. »Bei der Aquarell-Schichttechnik wird eine dünne Farbschicht aufgetragen und muß erst trocknen, bevor die nächste Schicht gemalt wird. Im Miterleben der Gesten der verschiedenen Farben wird die Phantasie zu einer Bildgestaltung angeregt. Das Motiv erscheint also erst als Ergebnis eines langen Prozesses.« (F. Carlgren, S. 192) Abbildung: F. Carlgren, S. 193.
69	Rudolf Steiner, um 1895, in Weimar. Foto: Bildarchiv Preußischer Kulturbesitz, Berlin.
99	Sonnenboot mit Menschen, von einem Vorschulkind dargestellt. Abbildung: F. Carlgren, S. 37.
119	Schema nach: B. C. J. Lievegoed, Die Entwicklungsphasen des Kindes, Stuttgart 1979, S. 9.
125	Zeichnung und Text aus: N. Glas, Die Haare des Menschen – eine Physiognomik, Stuttgart 1979, S. 16.
127	Mathematikunterricht in einer Waldorfschule. Foto: Ulrike Krey, Der Spiegel Nr. 19, 7. Mai 1984.
135	Aus: H. Ullrich, S. 161.
137	Zeichnung aus: N. Glas, Gang und Haltung des Menschen, Stuttgart 1981, S. 23.

Seite

139 Farbübung in der dritten Klasse. Farbtöne: blau-grün-gelb. Privatarchiv.

141 Schaubild entnommen aus: R. Steiner, Erziehungskunst. Seminarbesprechungen und Lehrvorträge, Dornach 1985, S. 15.

145 Steiner empfiehlt für den Geschichtsunterricht, »in anschaulichen Bildern vor die Kinder hinzustellen und ihnen klarzumachen, wie sich die Menschen vor den Kreuzzügen nicht hingeräkelt haben auf den Sofas, wie sich Spießbürgerlichkeit noch nicht geltend machen konnte in den Familien auf Sofas in den guten Stuben.« (R. Steiner, Erziehungskunst, S. 82).
Abbildung: F. Carlgren, S. 127.

159 Zeugnis aus einer 1. Klasse. Der Name ist geändert.

176 Aus einem handwerklichen Epochenheft der 4. Klasse (Hausbauepoche): der anthroposophisch fünfeckige Grundstein. Das ganze Epochenheft mußte mühselig in Sütterlin-Schrift geführt werden. Privatarchiv.